网络信息的模式识别与可信测度

李保珍　著

科学出版社
北　京

内 容 简 介

本书从用户生成内容的新型网络环境入手，侧重介绍网络信息的模式识别及可信测度的新技术、新方法。与传统网络环境相比，基于用户生成内容的网络信息具有多源异构、异质关联及层次嵌套等特点。本书从以下方面展开介绍：网络信息的主题挖掘及关联挖掘；网络信息的概率性可信测度及语义性可信测度。

本书可作为高等院校计算机、信息管理及情报学等专业研究生和相关教师的参考资料，也可供从事精准营销及个性化推荐的研究、开发和应用的科研人员和工程人员阅读。

图书在版编目(CIP)数据

网络信息的模式识别与可信测度／李保珍著．—北京：科学出版社，2018.10

ISBN 978-7-03-059133-3

Ⅰ.①网…　Ⅱ.①李…　Ⅲ.①网络信息资源-研究　Ⅳ.①G255.76

中国版本图书馆 CIP 数据核字（2018）第 237858 号

责任编辑：李晓娟／责任校对：樊雅琼

责任印制：张　伟／封面设计：铭轩堂

科学出版社出版

北京东黄城根北街 16 号

邮政编码：100717

http://www.sciencep.com

北京建宏印刷有限公司 印刷

科学出版社发行　各地新华书店经销

*

2018 年 10 月第　一　版　开本：720×1000　1/16

2019 年 3 月第二次印刷　印张：14 3/4

字数：300 000

定价：188.00 元

（如有印装质量问题，我社负责调换）

前　言

互联网环境下，网络互联已经经历了主机互联的因特网、网页互联的万维网、用户互联的社交网、硬件互联的物联网，以及语义互联的语义网。网络信息也由狭义的网络信息内容，发展为广义的信息用户主体的偏好信息、信息对象客体的特征信息及其信息用户与信息对象间的隐含关联信息。如何识别网络信息的潜在特征及规律，以及如何有效利用网络信息实现信息用户的目标，一直是计算机科学及管理科学等相关学科理论及实践所关注的重点。

“大智移云物”环境下，多源异构的大数据、万物互联的物联网、移动交互的移动互联、海量存储的云计算，以及智能计算的人工智能，已经使网络信息的分析及利用发生了质的变化。由传统的统计描述过渡为深度挖掘；由用户被动浏览过渡为主动参与用户生成内容；由信息内容现状描述过渡为未来趋势预测。如何有效利用新型的大数据及人工智能技术，识别网络信息的属性特征，选择有价值的网络信息，也是相关学科所关注的热点。

根据网络信息分析的难易程度及其利用的增值程度，网络信息的分析及利用主要涉及如下四方面内容（图 1）：

1）描述性分析（descriptive analytics），即将已经发生的事实用数据表述出来。采用数据统计中的描述统计量、数据可视化等方法，描述数据的基本特征，如总体、均值、标准差等。对历史数据进行统计分析，描述过去发生了什么，是对已发生现象及事实的识别。

2）诊断性分析（diagnostic analytics），即回答为什么会发生。通常基于计量经济学理论及方法，采用假设检验的实证分析途径，探究变量之间的因果联系。通过对历史数据进行数据挖掘，发现事件发生的原因。

3）预测性分析（predictive analytics），即通过历史数据对未来的趋势进行预测。在第一阶段描述性分析结果的基础上，结合规则、数据科学、机器学习及实时外界数据，能够对未来进行实时预测，实时动态分析一个事件发生的概率。例如，交通流量预测、客户流失预测、用户画像等。

4）规范性分析（prescriptive analytics），即对目标变量进行优化，选择合适的决策变量值。通过分析可能影响行为结果的动态指标（或行为），并将指标和结果的关联关系进行量化，从而给出对结果产生最重要影响的指标，以及对应每个指标对结果产生不同影响程度的描述。结合收益分析、风险分析给出最优决策，这一阶段的分析需要基于实时数据流做出动态预测决策，根据外界数据变化持续调整自动化决策以达到最优效益。例如，RTB（real time bidding，实时竞价）、推荐系统、客户挽留等。

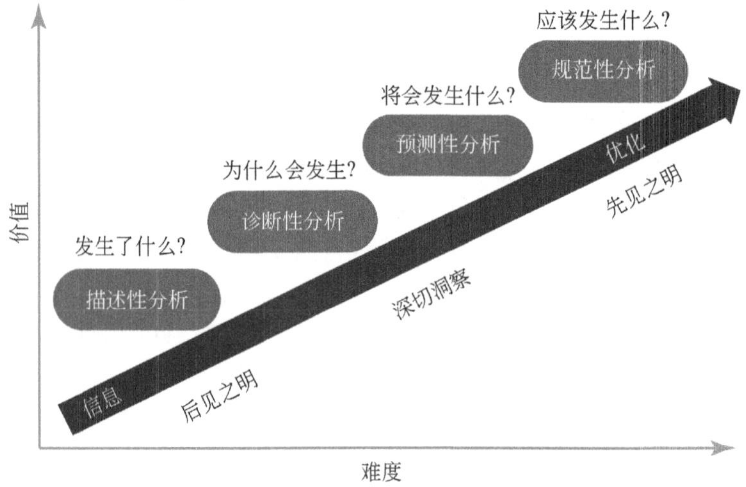

图1　数据分析类型[①]

模式识别涉及对已有事实、内在原因、未来可能事实的识别，主要体现为对已有事实的描述性分析、对内在原因的诊断性分析，以及对未来可能事实的预测性分析；可信测度涉及网络信息内容的真实性判别及完整性判别，主要体现为网络信息本身客观存在的可能性测度及语义性判别。

本书主要探讨新型网络环境下的网络信息的模式识别及价值选择。其主要内容包括网络信息模式识别相关的主题识别、关联识别；网络信息可信测度相关的概率性可信测度、语义性可信测度等内容。涉及的分析方法主要包括矩阵奇异值分解与隐含语义分析、贝叶斯推理及贝叶斯网络、社会网络分析与异质信息网络分析等。相关理论及模型有助于深入挖掘出规律性的网络信息隐含内容特征及其关联特征，并有助于优化选择出目的性的网络信息关键内容特征及其关联特征。

本书的缘起为作者博士阶段的论文，主题为新型网络环境下用户生成内容，尤其是社会化标注的关联性研究，在成文过程中受到恩师南京大学朱庆华教授，以及武汉大学马费成教授，南京大学盛昭翰教授等专家的耐心指导！博士毕业参加工作后，作者受江苏科技大学及江苏省高校优秀中青年教师留学基金资助，先

① https://datafloq.com/read/prescriptive-analytics-getting-ahead-of-the-curve/2202。

后在美国西北大学及麻省理工学院访学，合作导师分别为美国西北大学的 N. Contractor 教授及麻省理工学院的 J. Wang 教授，接触到了社会网络分析及社交媒体挖掘等方面的前沿理论及方法。博士毕业后的近十年间，作者先后指导的江苏科技大学及南京审计大学的卢海燕、封胜杰、张亭亭、王亚、王嵩、苏菁、王倩玉等研究生延续着该方向进行更加深入的研究，使网络信息模式识别的相关研究内容体系更加合理。相关的研究得到了国家自然科学基金面上项目“基于大众选择的网络信息语义性甄别研究”（71273121）及“多元交互视角下网络信息可信度的场景性测度研究”（71673122）的资助。为使内容体系更加完整，本书也引用了许多优秀学者的相关研究成果。特此致谢！

由于时间仓促，本书也存在一些不足，如由于有些研究仍在继续，较为前沿的深度学习及知识图谱在网络信息的模式识别中的运用尚未深入探讨，此外，由于成书的时间较长，一些研究主题可能缺乏当初的新颖性。相关的不足还请专家不吝赐教！

李保珍

2018 年 8 月

目　录

第一部分　理论基础及方法基础

第二部分　网络信息的模式识别

第三部分　网络信息的可信测度

1 引　言

1.1 网络信息的含义及特征

网络信息是指借助于网络环境可以利用的各种信息的总和,即以电子资源数据的形式,将文字、图像、声音、动画等多种形式的信息储存在光、磁等非印刷质的介质中,利用计算机通过网络进行发布、传递、储存的各类信息资源的总和[1]。

1.1.1 新型网络环境

WWW(world wide web,万维网)是英国人 Tim Berners-Lee 在 1989 年发明的。通过 Web 可以把互联网上的资源在一个页面里比较直观地表示出来,而这些资源之间也可以通过网页相互链接。在互联网发展初期,是静态 HTML(hyper text markup language,越级文本标记语言)的 Web 时代,也就是所谓的 Web1.0。Web1.0 单纯通过网络浏览器浏览 HTML 网页。在 Web1.0 时代,Web 只是一个信息的发布平台,由一个个的超文本链接组成,用户只能够对这些信息进行阅读。2003 年以来,以 Blog(博客)、Social Tagging(社会化标注)、P2P(peer-to-peer,对等网络)、SNS(social network software,社交网络服务)、Wiki(维客)等为代表的信息网络正经历着一场世界性的升级,人们称为从 Web1.0 时代逐步迈入 Web2.0 时代。2005 年 9 月,O'Reilly 媒体公司总裁 Tim O'Reilly 提出"Web2.0"这一概念,作为对互联网环境中出现的上述新的软件设计理念与新的商业模式的概括。Web2.0 是相对 Web1.0(2003 年以前的互联网模式)的新的一类互联网应用的统称,是一次从核心内容到外部应用的革命。由 Web1.0 单纯通过网络浏览器浏览 HTML 网页模式向内容更丰富、联系性更强、工具性更强的 Web2.0 互联网模式的发展已经成为互联网新的发展趋势。

1.1.1.1 Web2.0 技术

互联网协会对 Web2.0 的定义是①:Web2.0 是互联网的一次理念和思想体系

---

① www.360doc.com/showweb/0/0/543887.aspx。

的升级换代,从原来的自上而下的由少数资源控制者集中控制主导的互联网体系转变为自下而上的由广大用户集体智慧和力量主导的互联网体系。Web2.0 内在的动力来源是将互联网的主导权交还个人用户从而充分发掘个人用户参与到互联网体系中来,广大个人用户所贡献的影响和智慧,与以个人用户联系所形成的社群的影响替代了原来少数人所控制和制造的影响,从而极大解放了个人用户的创作和贡献的潜能,使互联网的创造力上升到新的量级。

Web2.0 不单纯是技术或者解决方案,Web2.0 是一套可执行的理念体系,实践着网络社会化和个性化的理想,使个人成为真正意义的主体,实现万维网生产方式的变革,从而解放生产力,这个理念体系在不断发展完善中,并且会越来越清晰。实践 Web2.0 的成型的应用元素包括:博客(Blog,包含文字、声音、图像、视频,让个人成为主体)及 RSS(really simple syndication,简易信息聚合)、Web service(Web 服务)、开放式 API(application programming interface,应用程序接口)、Wiki(维客)、Tags(分类大众标签)、SN(social networks,社会网络)、Ajax 等,底层是 XML(extensible markup language,可扩展标记语言)和接口协议,而这些应用又都是在一些 Web2.0 体系的理论和思想指导下形成的,包括:六度空间理论、长尾理论、社会资本、去中心化等。总之,Web2.0 是以 Flickr、Craigslist、LinkedIN、Tribes、Ryze、Friendster、Delicious、43Things. com 等网站为代表,以 Blog、TAG、SNS、RSS、Wiki 等应用为核心,依据六度分隔、XML、Ajax 等新理论和技术实现的新一代万维网模式。如图 1.1 是 Web2.0 应用的全景[2]:

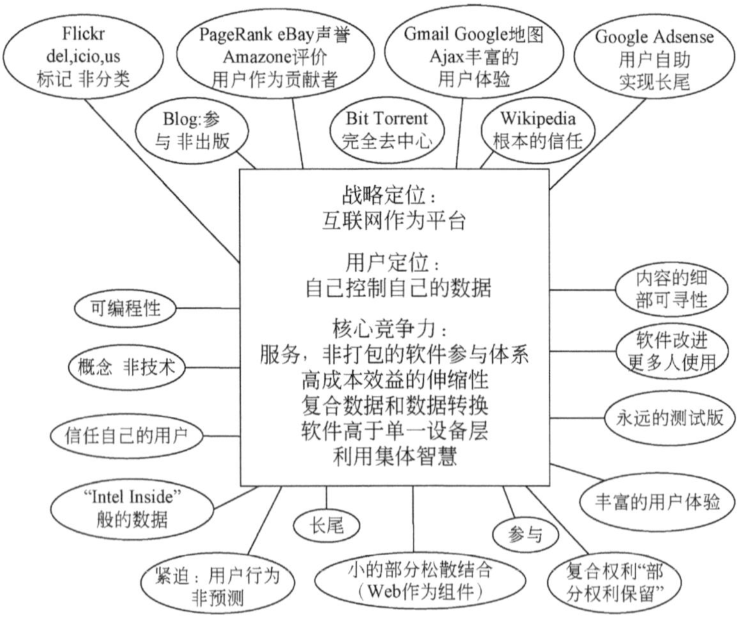

图 1.1　Web2.0 应用的全景图

比利时人 P. Forret 认为上述图形化描述比较混乱，并根据自己的理解又提出一个图形化描述①，如图 1.2 所示。

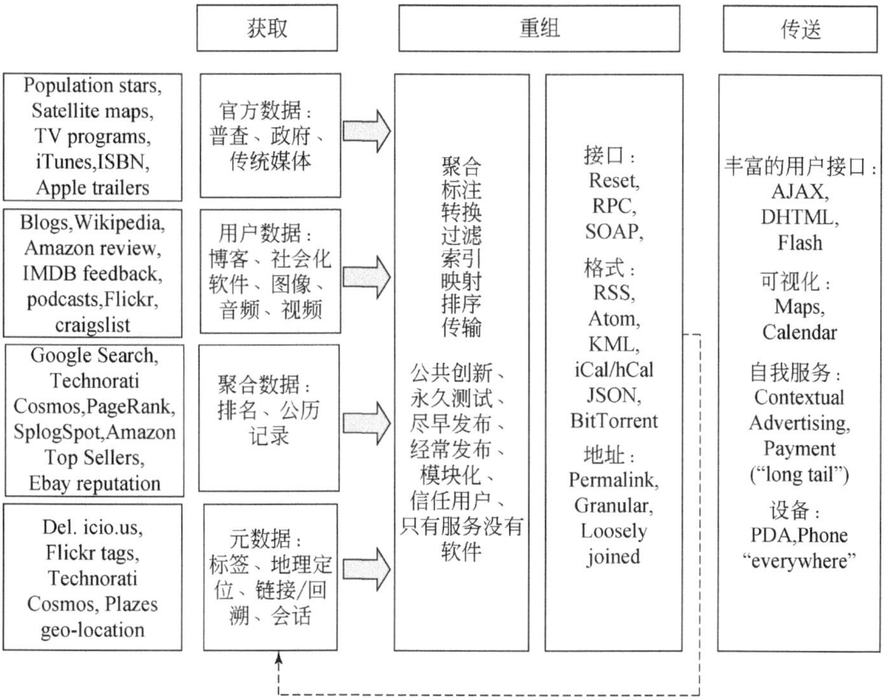

图 1.2　P. Forret 提出的 Web2.0 预览图

Web2.0 最核心的特点是以个人为中心和以自组织为中心。①以个人为中心。Web2.0 发挥的是个人的力量，Web2.0 就是个性化最大张扬的个人时代。个人深度参与到万维网中，而不是作为被动的客体，这是一个革命性的变化。当然，这个个人不是孤立的个人，而是彼此相连的。这就引发第二个特征。②以自组织为中心。Web2.0 发挥的是自组织力量。个人与个人之间，个人创造的内容与内容之间，以及个人汇聚的群体与群体之间，都是以不同的自组织方式架构起来。以自组织的方式让人、内容和应用等充分“活动”起来，自组织力量才能最大程度爆发。Web2.0 的特征集中体现在以上两方面，其中，基于万维网服务，Web2.0 逐渐被用来支持协作化行为、社会化网络、资源共享，以及社区构建等功能[3]。Web2.0 的影响表现为：①使用者参与：去中心化，信息需求者即为信息提供者。②量变引起质

① http://blog.forret.com/2005/09/web-20-mememap-overview/。

变:丰富的内容与关联,人人为我,我为人人。③互联网应用的成功法则:简单,自下而上。

Web2.0代表着万维网发展的一种新趋势:互联网不再仅仅是一种信息传播的媒介,而逐渐成为一个支持资源共享、社会交往等多种应用的平台,个人用户拥有更大的能力,能够在这个平台上得到多种自助式的服务;个人用户的信息需求更加多样化、个性化,互联网上的信息传播不再以门户式的大众传播为主,而是更加分众化,越来越多的文字、图片、视音频等形式的"用户产生内容"成为网络信息资源的重要组成部分;应用于互联网环境的各种软件、程序不仅要满足数据处理、人机交互的需求,还需要为人与人之间的交流提供更好的支持,互联网具有了更明显的社会化特征;互联网信息服务更加注重开放化与个性化,鼓励个人用户参与并贡献价值,"草根精神"得以发展壮大,协作与共享成为备受推崇的理念。

互联网发展形成了以下新的特点:互联网用户群体规模日益扩大、更加动态和分散,每位个人用户都能够成为一个信息源;由用户产生的信息内容更加丰富,且形式多样、结构各异、来源广泛,难以集中管理和控制;更为重要的是新的用户信息需求与信息行为:个人用户利用互联网不再仅仅是搜寻和获取信息,信息乃至思想的交流和分享也成为他们的重要目的,因此他们产生更加强烈的信息组织的需求,需要通过简单的方式管理由他们贡献的网络资源,并使其他用户也能够方便地发现和获得这些资源,实现资源的共享,并为用户间的进一步交流奠定基础。个人拥有的信息总是有限的,但通过一个群体内的交流与协作能够使原始信息产生巨大的增值。这一点在近年来搜索引擎开始尝试的"社会化搜索"中已经得以体现——发动大众的力量,调动个人头脑中的知识及人与人之间的协作,利用群体智慧解决问题,这也成为网络信息检索的一个新的发展方向。

1.1.1.2 社会化媒体

社会化媒体(social media)指互联网上基于用户关系的内容生产与交换平台,大致上指的是"能互动的"媒体[4]。社会化媒体改变以往媒体一对多的传播方式为多对多的"对话",社交化媒体是人们彼此之间用来分享意见、见解、经验和观点的工具与平台,现阶段主要包括社交网站、维基、微博、微信、博客、论坛播客等(表1.1)。社会化媒体在互联网的沃土上蓬勃发展,爆发出令人眩目的能量,其传播的信息已成为人们浏览互联网的重要内容,不仅制造人们社交生活中争相讨论的一个又一个热门话题,而且吸引传统媒体争相跟进。

表 1.1　社会化媒体[5]格局概览

社会化媒体类型	国外典型代表	国内典型代表
社交网络	Facebook	开心网、人人网
商务社交网络	LinkedIN	优士网、若邻网
微博	Twitter	新浪微博、腾讯微博
视频分享	YouTube	优酷、土豆网
社会化电子商务	Groupon	美团网、拉手网
签到/位置服务	Foursquare	街旁
即时通信	MSN	QQ
RSS 订阅	Google RSS	Baidu RSS
消费点评	Yelp	饭统网、大众点评
百科	Wiki	百度知道、互动百科
问答	Answers	知乎、天津问答
社会化书签	Delicious	QQ 书签
音乐/图片分享	Flickr	虾米网
博客	Blogger	新浪博客
论坛/论坛聚合	Big Boards	猫扑、百度贴吧
社交游戏	Zynga	开心农场

通俗来说，社会化媒体是依托于人与人之间的交流、分享、传播的工具和平台，是给予用户空间和可支配度的在线媒体。其特征表现在参与度、公开性、交流性、社区化和连通性。随着科技、商业与数据密不可分的发展，用户生活娱乐的方式逐步更替，社会化媒体从博客、论坛等 Web1.0 产品跨度到移动社交，如微博、微信、直播等，再到今天的内容社区、内容社群、社会化媒体 3.0、社交 APP（手机软件），每一步的发展都与用户的行为密不可分。

1.1.1.3　用户生成内容与专家生成内容

新技术具备快速、便捷和简易的特性促使“接入端”变得更加廉价与容易，用户生成内容（user-generated content，UGC）与专家生成内容（professor-generated content，PGC）是互联网内容的基本组成部分。PGC 内容专业、商业模式成熟，但是运营成本高昂。UGC 制作成本低，但也因为其质量问题还不能取代 PGC，观众既有观看的需求也有分享的需求。

UGC 和 PGC 是从两个不同的维度对其进行的分析和甄别。UGC 带来的是站点的广度，PGC 带来的是站点的深度，两者皆重要。即使再专业如果没有 U 那么这个站点的意义何在，同样地，如果只是 U，而没有 P 的话，站点的内容质量是无法保证的，随着人们对内容质量的需求越来越高，P 的重要性日益的展现。在带来的收益上面:UGC 带来的是用户访问量的收益,PGC 带来的是高质量差异化的优势①。

UGC 和 PGC 只是内容生产的方式差别,用户关注的是 C,而且 U 和 P 是能够互相转化的,界限并不是泾渭分明。在互联网出现之前的 U 和 P 转化,难度要大得多,转化的过程基本上是由 P 说了算。而在互联网时代,U 和 P 的转化是由广大 U 来说了算。所以未来的互联网内容生产方式,应该是 UGC 和 PGC 的结合,这样才能在内容的个性化/针对性与专业化之间找到平衡。互联网导致人类群体的解构和重构(从民族/地域等物质因素向文化/兴趣的非物质因素),内容的个性化/针对性和专业化的矛盾会越来越突出,UGC 和 PGC 的结合是个方向。

UGC 的噪声问题,是几乎每个人会提到的问题,UGC 的噪声问题是个伪问题,UGC 生产出海量内容,这不是“噪声”的根源。产生“噪声”的原因是 U 和 C 的不匹配,所有对于一样的 C,有的 U 觉得是噪声,有的 U 却认为是价值。这点在互联网用户加速解构和重构的未来,会越来越明显。所以 UGC 之后的“信息再加工”和“信息匹配”,就显得非常重要,也就是说,网站的运营者要能够分辨/区别出不同的用户群体,同时对内容进行分类,做好“信息再加工”和“信息匹配”工作,让所谓的“噪声”成为价值②。

1.1.2 网络信息的特征

(1)网络信息资源呈指数增长,而信息用户的获取能力相对有限

互联网的出现使人类的信息环境发生巨大的变化,对人类的信息管理方式产生深刻的影响。信息量剧增,信息内容丰富、形式多样、结构复杂、分布广泛、变化频繁,信息传递速度加快;用户范围宽广,需求多样化,处理信息的方式透明化、易用化——这些都是人们公认的互联网环境的特点。随着现代信息技术呈摩尔定律式的发展,信息资源呈现爆炸式增长。因特网和万维网的呈指数增长就是最好的例证。每年全球范围内网络路由器的数目是呈指数增长的;每年接入因特网上的计算机数目是呈指数增长的;万维网上的网页总数是呈指数增长的。

截至 2017 年 12 月,我国网民规模达 7.72 亿人,普及率达到 55.8%,超过全球平均水平(51.7%)4.1 个百分点,超过亚洲平均水平(46.7%)9.1 个百分点。其中,手机网民规模达 7.53 亿人,网民中使用手机上网人群的占比由 2016 年的 95.1% 提升至 97.5%。与此同时,使用电视上网的网民比例也提高 3.2 个百分点,

① https://www.zhihu.com/question/19863075/answer/51381731。

② https://www.zhihu.com/question/19863075/answer/15438012。

达 28.2%[①]。如图 1.3 所示。

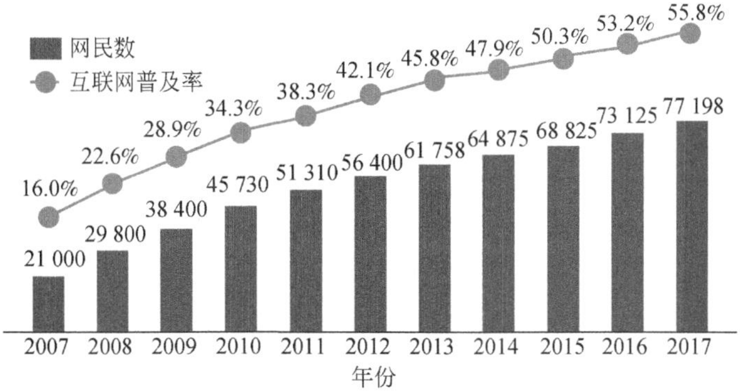

（a）中国网民规模和互联网普及率（单位：万人）

（b）中国手机网民规模及其占网民比例（单位：万人）

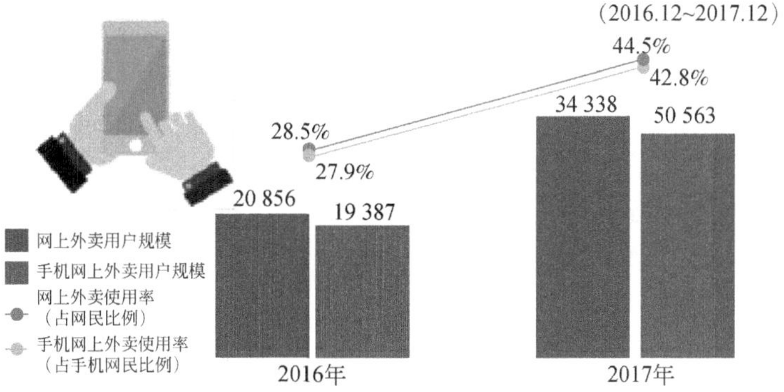

（c）网上外卖/手机网上外卖用户规模及使用率（单位：万人）

图 1.3　中国网民[①]

① 中国互联网络信息中心（CNNIC）在京发布第 41 次《中国互联网络发展状况统计报告》。

信息环境的变化为用户提供海量的信息,但同时也为用户辨别和选择最合适自己的信息带来困难。虽然信息数量快速增长,但用户获得信息的能力却没有适当的改善,存在着"信息过载"和"信息丢失"的现象[6]。人们面临着太多的信息资源,但却不能找到与他们的需求最相关的信息,用户不得不花费越来越多的时间通过浏览网页来查找需要的信息。目前收集某些信息所花费的成本已超过信息本身的价值。当前的瓶颈不再是检索或获取不到可能有用的信息,而是如何从大量的相关信息中筛选出最适用的知识。现在的信息用户不是缺乏信息,而是缺乏获取合适信息的手段。

(2)信息用户的个性化和社会化需求在不断增长

马费成等认为[7],在"文献驱动"(document-driven)意识主导信息检索研究的相当长一段时间里,人们致力于发展分类、索引和自然语言处理等技术,基于文献分析形成检索策略,而没有对那些与人相关的方面做出必要的解释,迫使用户让步于技术,无奈地去适应检索系统的固有模式。应该加强用户信息检索行为、用户需求调查、用户认知及以用户为中心的信息检索系统评价方法等方面的研究,如如何了解用户的信息需求、如何帮助用户表达其信息需求、如何提高用户的信息素质以便采用正确的方式与策略都是需要考虑的。

2006 年 12 月 17 日,《时代周刊》杂志选择"You"作为年度人物。"You"就是所有的互联网用户,与以往相比,他们从更大的规模上对社会和协作做出了贡献。这象征着信息社会的一个转折点,标志着专业和业余之间正在进行衔接。

当前信息用户的需求已经具有以下特征[8]:①多元化需求,无论是信息形式和内容都呈现多样性,文字、图片、多媒体乃至新型的 Blog、Wiki,用户关注的是信息本身,而非载体形式和来源;②个性化需求,用户认为一般性的信息可以通过各种方式获得,而基于信息用户的兴趣、特点和专业需要的信息需要独特的信息组织与分析;③知识性需求,原始的信息已经遍布网络,信息本身包含的知识需要挖掘和提炼后呈现在用户面前。

(3)Web2.0 环境下信息用户能够主动参与信息资源的标注和收藏

在传统的网络环境下,信息用户只能被动地浏览网页,而不能主动地参与信息资源的创建、组织或获取,此外,信息用户与信息用户之间,以及信息用户与信息作者之间缺乏有效的交互,因此,被动和隔离就构成传统网络的主要特征。在这种条件下,信息用户不能准确地把握信息资源的属性特征,进而不能恰当地获取合适的信息,信息服务提供商也很难准确把握信息用户的偏好特征,进而不能进行合适的个性化推荐。

随着社会化软件和 Web2.0 的出现,我们迎来了一个新的互联网秩序的时代。Web2.0 让每一个人能够真正完全参与到互联网的共同创作中来,相对于 Web1.0

时代网络中被动地参与和缺乏深层联系的简单页面跳转，Web2.0 是在实现让每一个人成为网络社会的真正主体，从而彻底释放网民创造潜能，带来一种全新的自主信息交互方式。

Web2.0 就是“主动”和“互动”的互联网，如图 1.4 所示。“主动”是指“以个人为中心”，开启了个性化最大张扬的个人时代，个人深度参与到互联网中，并彼此相连；“互动”是指“以自组织为中心”，个人和个人之间，个人创造的内容与内容之间，以及个人汇聚的群体与群体之间，都是以不同的自组织方式架构起来，以自组织的方式让人、内容和应用等充分“活动”起来，最大限度地爆发互联网的能量。通过这两大核心特点，互联网可以最大限度地发挥大众的创造力。

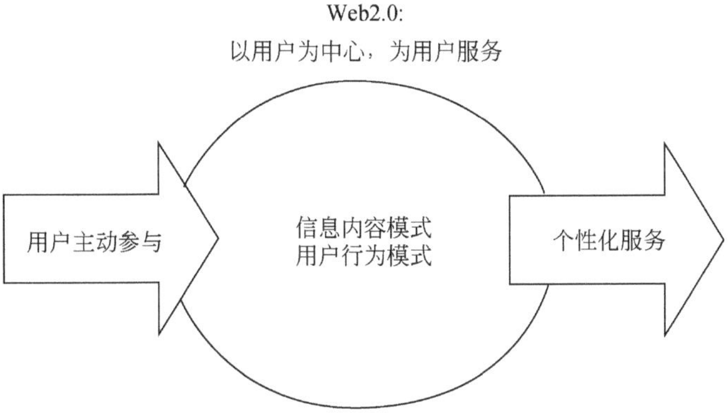

图 1.4　Web2.0 的核心思想

在这种环境下，信息用户有权实践他们自己的在线体验，并可以影响其他用户。信息用户通过添加元数据（社会化标签），并用标签来组织自己的数字化馆藏、对他人的内容进行分类，并建立自底向上的分类系统。大众的智慧、群众的建议、集体的才能所进行的是在此之前只有编目专家、信息构建师和网页作者才能做到的事情。他们对互联网资源进行分类和组织，并确定信息用户的体验。这一领域不再有专家垄断，在这个新时代，信息用户有权决定他们自己的编目工作的需要。元数据现在属于每个人都可支配的对象，这些元数据由于是信息用户根据自己的认识对相关信息资源进行选择和标注的结果，因此，这些元数据能够较准确地反映信息用户的信息需求偏好的个性化特征。

在 Web2.0 环境下，尤其是社会化标注技术的出现，信息用户能够根据自己对信息资源的理解，在网络环境中对其进行标注和收藏，此外，信息用户相互之间也能够看到他们对该资源所做的所有标注。这种机制的实现，使信息用户可以根据自己对资源的需求来对其进行选择，并根据自己对资源的认识来对其进行组织，进而能够恰当地体现主动性和个性化；此外，大众化地对特定资源进行标注，能够从不同方面来揭示该资源的属性，因此，这种社会化的标注能够较准确地反映资源的属性特征。

1.1.3 网络信息的组织、获取及利用

自从计算机问世并广泛应用于数据处理以来，人们遇到了两次大的数据危机。第一次数据危机出现在20世纪60年代，大的物理流伴随着大的信息流，传统的文件方式不能适应信息处理的需求，这就是所谓的第一次数据危机。在这次数据危机中诞生了信息处理大师 E. F. Codd，出现了数据库技术。第二次数据危机出现在90年代，人类积累的数据量以指数增加。特别是到了21世纪，信息资源的管理和服务需要面对的是互联网规模的复杂信息源，这些信息来源于不同的领域，存储在不同的数据源中，针对不同的应用服务要求，用户和所依赖的信息平台及管理系统也各不相同。单一的信息融合技术已经不能满足新的信息资源利用的需要，特别是对于分布、异构、异域的复杂信息资源的管理和服务，以及不同层次信息资源的聚合，使信息资源的深度共享与智能化服务、互操作性管理与协同的工作显得十分重要。

目前，网络信息空间已经成为信息资源依存和共享服务的主要场所，它产生和积聚海量、动态、不确定、非规范的各种网络资源（数据、信息、知识）。这些分布、异构、异域的复杂信息资源由于缺乏有效聚合，深度共享与互操作性管理，难以实现语义融合、资源重用和服务共享。同时，随着社会的发展，对网络资源的效益化利用和以用户为中心的人性化、个性化服务提出更高的要求，但由于缺乏科学有效的系统化理论与方法、处理技术和管理手段，网络信息资源呈现急剧膨胀的无序生长态势，难以提供高度协同的共享服务，造成信息资源的浪费。

近年来流行的网格理念、面向服务的架构思想和“虚拟组织与管理”运作模式正是针对上述现状所提出的解决途径，然而，如何进行信息资源的有效聚合，科学地构造、组织和管理大粒度复杂信息的业务服务，如何灵活地开发个性化的、能够适应业务动态变化和满足及时需求的应用服务，同时方便让用户自行组装出面向服务的协同应用等问题仍备受关注。

1.1.3.1 网络信息资源的组织

在解决复杂网络信息资源的智能聚合方面，有以下三方面需要进一步深入研究。

首先是资源重构。准确和完整的资源管理需要一种组织手段。传统的关系模型虽然成功地确保数据管理，但它并不能管理动态分布环境中复杂、语义丰富的信

息资源,如半结构化数据。因此,需要一种新的理论来支持语义丰富的资源组织形式,并在保持完整性的条件下使用资源。语义 Web(semantic Web)的先进特性使这一理论切实可行。为了消除领域差异,可以使用本体、元数据建模及知识图谱方法来描述各种异构信息资源的特征,构造新的资源模型,用于聚类、重聚异构资源;同时,在不同资源间建立基于本体的语义关联,使其能很好地支持语义 Web 服务,并为资源的互操作研究打好基础。

其次是协调规范化和自组织。目前,互联网络快速发展,呈现出"无标度"(scale free)、"小世界"(small world)和自组织等特征。协调规范化反映稳定和秩序,而自组织则反映无组织现象中的序。"小世界"现象说明"无标度"网络中的稳定性。资源组织的协调规范化保证操作的准确性;自组织则保证自治、平等和适应性。一种调和规范与自治的方法就是在某一层规范组织、在另一层实现自组织,并且在层次之间保持映射和一致性。在实际应用中如何既保持信息资源的适应性又使其具有与其他资源协同工作的能力,是目前研究的难点。支持自治资源的协同,实现资源的有效共享和综合利用,其中涉及的协调交互模式、控制恶性竞争的方法、同步问题及动态自主控制都是我们要深入研究的内容。另外,需要建立可预测、可评估、可调节的协同工作机制和运行环境,来保持不同自主实体(资源)间的映射和一致性,为智能聚合提供基础。

最后是语义互联。在多语义层上连接各种资源以支持智能应用,其关键在于建立一个语义计算模型,该模型应适用于同感觉、感情相关的隐含语义。自组织资源的"感知和感性"在语义互联中同样具有重要的作用。传统的互操作性研究主要解决互联(通信通用化)和互通(数据通用化)问题,而信息资源互操作性研究则更关注智能化服务,即语义互操作问题,这是解决信息智能融合的关键。目前,仅仅是数据融合和通信连接已经不能满足新的信息资源利用的需要,特别是对于分布、异构、异域的复杂信息资源的管理与服务,不同层次信息资源的聚合需要有更高层次的、更高要求的语义互操作性。因此,高度透明、分布、集成和自适应性的互操作性服务成为研究的热点,其相关建模与评估方法、动态优化算法是研究的重要内容。

1.1.3.2　网络信息资源的获取

网络信息资源的获取现在主要通过搜索引擎的方式来进行。搜索引擎实际上就是在用户(搜索引擎的使用者)和互联网资源(搜索引擎的搜索对象)这两者之间建立起一个联系,将用户真正想要的内容呈现给用户,同时用户不想要的内容不呈现给用户。我们称这一要求为"所得即所需"(what you get is what you want)。

过去二十多年间,对改善网络搜索的质量方面已有一些相关的研究。其中大多数从两个方面来进行:一是根据查询文档的相似性来定制网页。相关的技术主要有锚文本的生成、元数据抽取、链接分析及搜索日志挖掘;二是根据网页的质量来定制网页,如查询独立性排名或静态排名。很长一段时间,静态排名是基于链接分析来进行的,如网页排名、HITS(hyperlink-induced topic search)等。近年来,内容分布及用户的点击路径等特征方面也被关注,如特征排名,给定一个查询,检索结果会依据网页的质量及查询页的相似程度进行排名。

第一代搜索引擎的特征是目录搜索,代表产品是 YAHOO。他们首先建立一套图书文献分类标准,然后将文献按照分类标准手工或者计算机辅助地进行分类,这样用户就可以按照这个分类进行文献的检索。但这个分类体系是由文献的管理者人为给定的,用户并不一定清楚,这样就有可能找不到想要的信息。此外,手工分类的成本太大、效率太低,不能适应快速增长的网上信息资源管理的需要。

第二代搜索引擎在看到了第一代搜索引擎的弊端后,创新性地提出页面重要性分析技术——PageRanking 技术和超链分析技术等,将最重要的页面优先呈现给用户。代表产品就是 Google。与 YAHOO 不同的是,Google 并不对文献进行分类,而是从文献中识别出"关键字"来,然后建立倒排索引。但在这里"关键字"仅仅是出现在网页中的符号而已,它所指代的语义并没有被使用。页面分析所依据的也是存在于页面之间的链接关系,它不能表示这些页面本身包含什么信息。这就决定搜索引擎还不能很好地处理页面信息的语义,用户认为在互联网上查询信息时遇到的最大问题是重复信息太多、可得到的有用信息太少。

语义检索相关的语义 Web 采用 XML+RDF+Ontology 三个层次描述信息资源,构成计算机理解内容的基础。语义 Web 的构建主要基于专家知识,需要大量的工作量,此外,语义 Web 在应用时需要聚焦于特定领域,普适性有局限。鉴于语义 Web 构建及应用方面的局限,目前以 Google 为代表,基于海量网络数据挖掘,提出了基于知识图谱(knowledge graph)的搜索引擎优化的策略途径。

互联网信息获取首先需要的是及时地获得新的信息,这里涉及资源抓取和更新策略问题。第一代搜索引擎是集中式的,第二代搜索引擎是分布协同式的,而第三代搜索引擎将是"社会性"的,如 P2P 这样的模式。在网络信息搜索过程中如何体现语义性和社会性,仍有许多问题值得深入研究。

1.1.3.3 网络信息资源的个性化推荐

20 世纪 90 年代中期以来的 20 余年间,个性化服务已经从概念、理念的引入逐渐发展为面向实际应用的技术和方案的探索,形成一定的研究积累和共识。主要包括:个性化服务的基本过程和技术路线、对用户行为数据的积累和关注、个性化定制和个性化推荐等服务模式、用户特征描述和资源特征描述的一致性、数据挖掘方法在个性化服务中的应用等。

为了实现个性化推荐服务，首先需要跟踪和学习用户的兴趣与行为，并设计一种合适的表达方式。为了把资源项目推荐给用户，必须组织好资源，选取资源的特征，并采取合适的推荐方式。

一般地，推荐系统（recommendation system）由用户和资源对象（objects）所组成，每个用户已经收集了一些资源对象[9]。资源对象标记为 $O=\{o_1,o_2,\cdots,o_n\}$，用户标记为 $U=\{u_1,u,\cdots,u_m\}$。如果用户只能收集资源对象，而不能将其排序，则这样的推荐系统可以被描述为一个 $n\times m$ 的邻接矩阵 $\{a_{ij}\}$，其中当用户 u_j 已经收集到资源对象 o_i 时，$a_{ij}=1$，否则 $a_{ij}=0$。一个合理的解释是用户收集他们所偏好的资源对象，这样，推荐算法的目标就是预测用户对还没有收集的那些资源对象的个性化评价（personal opinions），即对资源对象所喜好或厌恶的程度。个性化评价比较复杂的应用是投票系统，在该系统中，每个用户可以对资源目标进行排序，然后，推荐算法就可以由此估计资源对象的未知的排序。在个性化评价系统中，假设 $k(o_i)=\sum_{j=1}^{m}a_{ij}$ 表示资源对象的度，全局排序方法（global ranking method）按照度的降序将所有资源对象进行分类，并推荐那些具有最高度的资源对象，虽然缺乏个性化的推荐会影响全局排序的用户满意度，不过由于其简单和作为备用的计算资源而被广泛应用，如网站上常出现的相应资源的点击率排名等都是全局排序的结果。

按照个性化推荐系统使用的技术分类，个性化推荐系统又可以分为基于资源属性的推荐（attributed-based recommendation）、相关资源推荐（item-to-item recommendation）、协同推荐（people-people recommendation）[10]。

协同推荐的关键思想在于用户偏好那些具有相同思想的人所偏好的项目，所以，协同推荐系统可以基于目标用户和其他用户之间的兴趣特征描述的相似性来预测该用户的信息需求。协同推荐是目前研究较多的个性化推荐技术，它基于邻居用户的资料得到目标用户的推荐依据，推荐的个性化程度高、效果也较好。协同推荐的特点是可以不用处理资源对象的内容，因而能够对非结构化的复杂对象进行推荐，既适合于可计算的文本领域，又可应用于其他领域，如音频、视频等。目前国内外研究并应用协同推荐系统涉及亚马逊、阿里巴巴、京东等电子商务网站。它们利用用户需求之间的相似性来过滤信息，基于用户的兴趣点、用户浏览过的页面、新闻组中的新闻，或用户保存的网页书签来分析用户之间的相似度，而后进行协同推荐。协同推荐的优点是可以发现用户感兴趣的新信息，而不局限于用户已经感兴趣的信息。其缺点是如果一个信息没有被同类用户群中的任何用户浏览过，那它就不可能被推荐给该类种的其他用户。而且，如果一个用户的兴趣比较特别，没有与他兴趣相近的用户，那么他就无法享受个性化推荐服务。

被广泛应用的个性化推荐算法是协同过滤（collaborative filtering）[11]。该算法是基于用户间的相似度计算,这样对特定用户的需求的预测就可根据与其相似的用户的需求偏好来进行。用户 u_i 和用户 u_j 之间的相似度可以用皮尔森相似度(s_{ij})计算公式:

$$s_{ij} = \sum_{l=1}^{n} a_{li}a_{lj}/\min\{k(u_i),k(u_j)\} \tag{1-1}$$

式中, $k(u_i) = \sum_{l=1}^{n} a_{li}$ 为用户 u_i 的度,a_{li}和 a_{lj}分别表示资源 l 与用户 i 和用户 j 的关联性。

对于任何用户和资源对象集对 u_i-o_j 而言,如果 u_i 还没有收集到资源对象 o_j,即 $a_{ij}=0$ 时,通过协同过滤,用户 u_i 偏好资源对象 o_j 的预测分值(v_{ij})为

$$v_{ij} = \sum_{l=1,l\neq i}^{m} s_{li}a_{jl}/\sum_{l=1,l\neq i}^{m} s_{li} \tag{1-2}$$

能够提高该预测数值的影响因素有两个:首先,如果 o_j 的度较大,一般而言则在式(1-2)的分子中会有较多的非零元素;其次,如果对于用户 u_i 而言,收集资源对象 o_j 的频繁程度非常相似,则相应的资源对象对于该用户而言就比较重要。前者是对全局信息而言的,后者具有个性化。对于任何用户 u_i 而言,所有具有 $a_{ij}=0$ 的非零预测分值 v_{ij}按照降序排列,那些在前面的资源对象就可作为被推荐的对象。

协同过滤推荐明显具有如下的缺陷:①协同过滤推荐如果想进行有效的推荐,首先必须具有一个较大的关于用户偏好的数据库,此外,系统的预测精度对参与排序的项目的数量非常敏感;②由于一个新的用户开始没有其特征描述的记录,因此在能够实际地反映该用户的偏好之前,就需要一个训练过程来生成其特征描述。这个问题被称为"冷启动问题";③当一个新项目在数据库中出现时,直到具备较多的信息(通过另一个用户对其排序或有与该项目相似的其他项目),这时才可能进行推荐。这个问题被称为"早排序问题",因为其推荐是基于该用户过去的兴趣,当用户的兴趣改变时,协同过滤推荐系统也许就不能够恰当地执行推荐。

目前对个性化服务和推荐技术的研究与应用,主要集中于页面浏览型网站和购物型电子商务网站,个性化浏览的研究表现在浏览界面①、个性化网站浏览、个性化网推荐②、社会化标签浏览等方面。基于快速发展的 Web2. 0 技术,推荐系统经常被用于基于网络的资源共享系统、基于网络的销售系统及社会化标注网络等。近年来,关于有效推荐算法的研究涵盖商业实践、数学分析、工程科学等方面,而对于以大规模数字型信息资源、非结构化数据为主的网络搜索引擎及专业信息资源检索系统来说,对其研究和重视的程度还不够,在应用上还处于比较浅显的层面,

① http://www. freepatentsonline. com/5961593. html。

② http://www. stumbleupon. com/。

以用户显式定制和资源简单加工为主,比较完整地面向用户兴趣、面向资源内容的研究和应用还很缺乏。

从发展过程来看,网络信息资源的组织和获取的方式经历了如下四个主要的阶段。

1)信息索引为主的阶段。其优势是简洁易用,适合于专业领域中相对固定不变的网址,然而,其信息更新慢,适应能力差,没有任何个性化特征,难以满足非专业化的一般需求。

2)门户网站为主的阶段。其优势是方便易用,集中主流兴趣,然而,其难以满足非主流的个人兴趣。

3)搜索引擎为主的阶段。作为信息过滤的标志性的成果是搜索引擎(search engines),其优势是通过主题定位,实现了个性化信息过滤划时代的进步。然而,它不能解决信息过载的问题,因为搜索引擎没有着重考虑个性化的问题,其针对同一个主题(关键词),返回的信息对于每一个用户仍然相同(事实上也是表达主流兴趣),这样对于具有不同需求偏好的用户,所获得的是相同的搜索结果,这就造成那些具有不同于主流习惯的用户,在大量的搜索结果中很难获得他们想要的结果。

4)个性化推荐为主的阶段。解决信息过载的具有发展潜力的有效的过滤途径是个性化推荐,也就是说,利用用户的个性化信息(如该用户行为的历史轨迹)来发现其习惯偏好,并使之有助于推荐。通过个性化推荐系统,用户能够快速地获得他们感兴趣的信息,节省他们花在阅读产品信息方面的时间。个性化推荐包括个性化搜索(个性化搜索的本质是在搜索结果中进行推荐),个性化搜索被认为是当前解决信息超载问题唯一有潜力的方法,然而,在个性化推荐之前的信息用户偏好的获取仍然存在着一定的困难,因为在涉及隐私、安全或机密等方面的偏好信息一般很难获取,而这些相对重要的偏好信息对个性化推荐效果的影响很大。

总之,在传统的关于网络信息资源组织和获取的理论与实践中,只是关注于自上而下的专家分类,而没有考虑自下而上的大众分类;只是关注网页之间的链接,而没有考虑到用户之间的链接;只是关注链接所形成的排序,而没有关注链接所形成的社区性聚类。以上的不足是因为在传统的网络环境中,信息用户只能够被动地浏览,而不能主动地参与条件下,并且相互之间是隔离的,不能进行交互共享相应的信息资源。

1.2　网络信息的社会化标注

新型网络环境下,网络信息资源的产生和利用可以由海量用户参与,形成用户生成内容,其中,比较典型的应用是社会化标注。社会化标注是集合众多的个人用户对网络信息资源进行标记,以便于分类的新兴信息组织方式。其中的社会性指的是通过标注可以促进用户之间的社会性交互,并能够产生有意义的关联;其中的标注可以使个人记忆得以延伸,并能够对信息起到索引和分类的作用。

1.2.1 社会化标注的含义及相关概念辨析

社会化标注(social tagging)也被称为大众分类(folksonomy)、"社会化注释"(social annotation)、"协作性标注"(collaborative tagging)、"社会化书签"(social bookmarking)等。社会化标注是大众分类的前提,大众分类是社会化标注的结果,在相关研究文献中,这两个概念经常交互出现。本书中采用社会化标注的术语,目的是通过标注性的主动和交互的社会化行为,从面向应用的角度来揭示信息用户、信息资源及社会化标签之间的关联关系。

社会化标注使信息用户通过主动参与而体现其个性化,并通过交互共享而体现其社会性。这种通过信息用户、信息资源和社会化标签之间相互的关联所形成的主动性、交互性、个性化及社会性等特征,称为 Web2.0 环境下社会化标注系统要素关联性的主要特征。在社会化标注系统中,信息用户通过社会化标签与信息资源直接关联。同时,信息用户之间由于标注过相同的信息资源,或使用过相同的社会化标签而相互关联,同样,信息资源之间由于被相同的信息用户标注过,或被相同的社会化标签标注过而相互关联。本书中的关联性既指不同类要素之间的关联关系,也指同类要素之间的关联关系。

本书所指的社会化标注系统的要素是普遍意义上的信息用户、信息资源及社会化标签,但在选取典型的分析案例和数据时,所选定的是比较有代表性的、主要针对计算机领域的社会化标注网站"Delicious"①中所收藏的信息用户、资源和标签,本书所收集和分析的数据均来自于该网站。该网站所揭示的社会化标注系统的要素之间的关联性及其应用可推广到其他领域。

在本书中,偏好的识别既针对个体的偏好而言,也针对在社会化标注过程中,具有相近偏好的信息用户之间通过关联所形成的社区性群体的偏好而言;信息资源属性主要指信息用户对信息资源的认识结果,在认识过程中,由于受信息资源本身的客观属性及信息用户的认识能力和价值选择的影响,这种作为认识结果的信息用户所描述的信息资源的属性,既具有客观的真实性,又能够反映信息用户效用的价值性。在此,本书认为一个信息用户可能具有多方面的偏好,不同信息用户也可能具有相似的偏好,即信息用户和偏好之间是多对多的对应关系。一个信息资

---

① http://Del.icio.us。

源可能具有多方面的属性,不同信息资源之间也可能具有相似的属性,即信息资源和属性之间是多对多的关系。在社会化标注系统中,信息资源的属性及信息用户的偏好都可以用社会化标签对其描述,在形成社会化标注的过程中,偏好和属性基本上是一一对应的关系,本书假定其语义也是一一对应的关系,如图 1.5 所示。

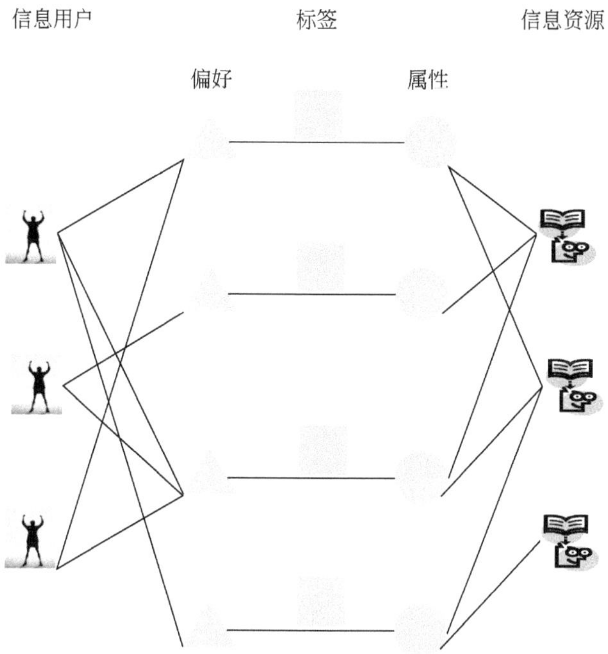

图 1.5　社会化标注系统要素间的对应关系

信息用户的真实偏好只有通过信息用户主动参与和交互共享才能真实体现出来,此外,信息资源的客观属性在大众化参与条件下,并从多方面对其观察和描述时才能比较客观地揭示出来。

由于信息用户的偏好会随着时间的推移而发生迁移,以及信息资源的属性会随着时间的推移而发生改变,因此,本书在讨论信息用户偏好,以及资源属性的时候,假定是在不考虑时间要素的影响时,只关注相对稳定的信息用户偏好及资源属性的确定。因此,我们所考虑的社会化标注系统的关键要素主要是信息用户、信息资源,以及联系两者的中介——社会化标签。

本书尝试在具有 Web2.0 特征的社会化标注系统中,如典型的"Delicious"等网站,以社会化标注系统的核心要素(信息用户、资源和标签等)为对象,运用复杂网络中的社区划分和二部分图,以及人工神经网络等相关理论,对社会化标注系统要素相互之间的耦合关联性机制和特征进行分析与研究,进而揭示通过这种耦合关联所形成的社区结构、层次结构，以及语义空间结构，为网络信息资源属性和信息用户偏好的识别提供必要的条件。

1.2.1.1 社会化标注的含义

社会化标注具有参与的广泛性和标注的随意性等特点，所有信息用户都可参与对网上任一对象的标注。具有不同立场、不同观点的人可以从不同角度、以不同的方式对同一对象发表自己的观点、见解和评价，或者是对该对象的内容进行补充、修正或完善，从而使被标注的对象得到更为广泛、全面、客观和深入的揭示。

信息用户对某一文献的持续标注，在一定程度上延续了该文献的创作过程，使得该文献的内容不断得到丰富和完善。通过了解人们对某一资源的标注，可以使用户更为客观地认识该资源，更为有效地利用该资源。

2004 年 8 月，信息构建专家 T. V. Wal 将这种在基于互联网的社会环境中、由大众用户产生的信息分类组织方式命名为 Folksonomy[12]，该词是“folk”和“taxonomy”的复合，前者是“人们、种族”的意思，后者是“分类、分类学”的意思。随后，Wal 多次在自己的博客上发表文章解释其含义和特征。他认为，Folksonomy 即大众分类法，是“个人用户为了满足自身检索的需要，对信息或对象自由添加标签的结果”，用户添加标签的行为是“在一个社会化的环境中进行，即这个环境是开放和共享的”。他还根据大众分类法的不同应用将其区分为“宽大众分类法”和“窄大众分类法”两种类型[13]。中文名称被译为“大众分类法”“分众分类法”“通俗分类法”“社会分类法”等。

信息用户根据自己的偏好选择相应的自身创建或他人创建的网络信息资源，并根据自己对该网络信息资源的认知使用合适的标签对其进行标注，以供标注者自身或者他人进行检索的信息资源的过程或结果，即社会化标注。社会化标注是大量的信息用户运用大量的社会化标签对大量的信息资源进行标注，在标注过程中，信息用户之间能够相互参考和借鉴，因而随着标注的增加，合适的信息用户能够为合适的信息资源标注合适的社会化标签。

与传统信息组织理念和方法相比，社会化标注特点突出。这主要体现为：①每一个被描述的对象均可以从类别体系中找到合适的标签；②没有固定的层次关系；③任何人都可以创建、选择自己喜欢的标注；④新标签的引入随时可以进行；⑤每一个被描述的对象在理论上可以拥有数量不受限制的标注；⑥使用者完全不用接受专业培训，而且标注的过程完全可以随心所欲。

1.2.1.2 相关概念辨析

(1)社会化标签与关键词

标签(tag)就是元数据，是对主题术语的说明和标注，揭示内容的主题。术语是对内容资源的描述,一篇文献有一个主题(中心思想),但可以有若干个主题词(术语)对其进行界定,相应地就有更多关键词来对其描述。标签也可以说是一种关键词标记,利于搜索查找,但是标签也不同于一般的关键词,用关键词进行搜索时,只能搜索到文章里面提到的关键词,但标签却可以将文章中根本没有的关键词作为标签来标记,信息用户可以随意用任何词汇来标记一件事物,只要方便信息用户找到相应的信息资源。因此,标签是活跃的、无序的、个性化的、相当自我的一种标记方式。尽管无序,但当信息用户可以为自己的言论做出自己想要的标志,而不是别人给予该信息用户的分类时,社会化标注就创造一个新的无序但充满生机的网络联合体,通过这个联合,人们能够找到和自己的需求最接近的信息内容。此外,不同于网页编辑语言中对格式进行标注的标签,社会化标注是对网络信息资源内容所进行的标注。

我们用"社会化"一词是为了强调对资源的标注是在没有一个预先定义的正式的本体的开放的网页环境下,大量正常的网页用户固有的社会化交互行为。"社会"一词在中文词源学上有着特定的含义。在中国的古籍中,"社会"一词始源于《旧唐书》某卷《玄宗本纪上》。书中记载:"礼部奏请千秋节休假三日,及村闾社会"等。此处"社会"一词是村民集会的意思,是一动名词,由"社"和"会"两字演进而来。"社"原指祭神的地方,"会"为集聚之意,后来两字连用意指人们为祭神而集合在一起。古籍中有时"社"也指志同道合者集会之所,如"文社""诗社",或指中国古代地区单位,如"二十五家位社"。在西方,英语"society"一词,意为伙伴。日本学者在明治年间最先将英文"society"一词译为"社会"。近代中国学者在翻译日本社会学著作时,袭用此词,中文的"社会"一词才有现代通用的意义,即人类生活的共同体。

(2)社会化标签与日志分类

社会化标签也可被理解为一个日志分类,但是社会化标签和分类的不同之处也很明显:首先,分类是在写日志之前就定好的,而标签是在写完日志之后再添加的;其次,可以同时为一篇日志贴上好几个标签,方便随时查找,而原先的一篇日志只能有一个分类;再次,当积累一定数量的标签之后,就可以看看自己在博客中最经常写的是哪些话题;最后,还可以看到有哪些人和自己使用一样的标签,进而找到志趣相投的信息用户。"Delicious"是被雅虎收购的网站,"Delicious"其中一个最大的价值,就是一群"Delicious"的用户,以及由信息用户衍生出来的社群与内容。

举一个例子,用户写一篇管理学博士论文写作感受的网页内容,原来用户都是把这一类的网页放到自己的"随笔"分类下,但是有标签之后,用户可以根据自己的理解给这篇网页同时加上"管理学""博士""论文""写作"等标签,当浏览者点击其中任何一个标签,他可以看到这篇网页。同时用户自己也可以通过点击这些标签,看看究竟有谁也关注相关的主题,或许用户之间还可以交流一下心得。

(3)大众分类与专家分类

社会化标签总的来说是一种分类系统,有人称为大众分类。但是社会化标签又不同于一般的目录结构的分类方法,首先社会化标签能以较少的代价细化分类,如果你用目录结构的分类方法的话,根本不可能按文章涉及的各个方面来分类,因为要细化分类,将使整个目录结构异常庞大,更加不利于资料的组织及查找。而社会化标签则不同,它可以自由地不考虑目录结构对文章进行分类,且各个标签之间的关系是一种平行的关系,但是又可以根据相关性分析,将经常一起出现的标签关联起来,而产生一种相关性的分类。

社会化标注是一种准确、灵活、开放、有趣的分类方式,是由用户为自己的文章、图片、音频、视频等一系列文件所定义的一个或多个描述。社会化标注是一种对日志进行个性化整理的大众化分类方式。用户可以为每篇博客日志添加一个或多个标签,然后就可以看到博客系统上所有使用相同标签的日志内容,并且由此与发布同样标签的其他用户产生更多的联系和沟通。社会化标签体现群体的力量,其使得日志之间的相关性和用户之间的交互性大大增强。

在内容社区中,每一篇文字、每一个图片、每一段音视频都拥有属于自己的社会化标签,这体现从不同角度对相同社会化标签的描述。另外还看到各种各样的社会化标签,通过社会化标签看到其他用户的喜好和关注。通过社会化标签还可以找到使用相同标签的所有用户、谈论同一个话题的人群、有着共同喜好的人群。同时,还可以通过社会化标签展示自己的兴趣、爱好、擅长、关注的热点等一切所希望展示的资源。因此,有社会化标签,所有用户都可以在这里共享资源,找到自己需要的准确而全面的资源。

简单来说,社会化标注就是一个自定义的分类,可以定义多个从属分类,并且是由用户随意设置的。自动设置的标签反映网络用户的主动参与性及网络用户的关注点,从而间接地反映社会热点。

它们为网络用户提供的基于标签技术的信息管理方式也成为一种新型的网络信息组织工具:网络用户根据自己的需要自由选择词汇对资源进行标注,每添加一个词语被称为对资源添加一个标签;每个标签相当于网络用户对资源的一个分类,资源根据不同的标签被组织到不同的分类之下;所有网络用户的资源存在于一个共享的平台上,相同的标签还能够聚合不同网络用户相同分类下的资源。这样的信息组织方式具有两个明显的特征:一是在对资源添加标签的过程中,网络用户不需要遵循任何事先制定的分类法或者词表;二是每个网络用户的活动空间不是孤立、封闭的,而是开放、共享的,因此也是互相影响的。

大众分类法与传统的等级列举式分类法和分面组配式分类法分别适用于不同的资源及网络用户，大众分类法不会完全替代传统分类法，而是提供一个新的角度看待信息的分类组织方式及网络用户的新信息需求和行为；将大众分类法的思想借鉴到其他环境中，能够更好地发挥“大众的力量”。

1.2.2　社会化标注系统要素及其结构

1.2.2.1　系统要素

（1）信息用户

中国互联网络信息中心（China Internet Network Information Center，CNNIC）对网民的定义为：半年内使用过互联网的6周岁及以上中国公民。在本书中，信息用户是具有以下一些特性的网络用户：在网络注册并拥有唯一访问权限的账号；具有网络门户所提供的个性化服务权限；登录网络门户就可进行访问操作。在本书中忽略匿名访问的网络用户群。信息用户的信息需求偏好通过对相应信息资源的标注行为来体现，此外信息用户还可以对网络信息资源进行编辑和评论等操作，如对感兴趣的信息内容的引用和评论等操作。

（2）信息资源

中国互联网络信息中心认为网站是指以域名本身或者“www. +域名”为网址的Web站点，其中包括中国的国家顶级域名 . cn和类别顶级域名（gTLD）下的Web站点。例如，对域名cnnic. cn来说，它的网站只有一个，其对应的网址为cnnic. cn或www. cnnic. cn，除此以外，whois. cnnic. cn，mail. cnnic. cn…以该域名为后缀的网址只被视为该网站的不同频道。静态网页指URL（uniform resource locater，统一资源定位）中不含“?”和输入参数的网页，包括：* . htm、* . html、* . shtml、* . txt、* . xml等。动态网页指URL中含“?”或输入参数的网页，包括ASP、PHP、PERL、CGI等在Server方进行处理的网页。

本书的信息资源是指个性化登录后所有可进行访问操作的信息内容对象的并集，也就是网络门户中所有资源中用户所感兴趣的内容的集合。在具有社会化标注功能的网站上，这些信息资源表现为一个具有URL的超链接。

（3）社会化标签

标签是一个词语性的描述，通过该描述，信息用户能够分配相应的书签，进而可以组织和收藏这些书签。标签相当于关键词，但不同于关键词的是，标签是由用户来选择的，且所形成的标签之间没有层级关系。用户可以根据自身的理解对一个书签标注多个标签，之后也可重命名或删除这些标签。所以，与以前将信息分类到预先定义好的分类标准中相比,标签对信息的组织就显得更加容易和灵活。

例如,如果你收藏一篇关于如何制作某种蛋糕的文章,你可以在标注中注明:食谱、糖果、酸奶酪等标签,随后你也许再发现该文献后又增加或删除相应的标签。你不必依赖系统设计者为你提供的对该食谱的标准分类。你可以根据自己的需求偏好选择最能够反映自己认识取向的标注标签。

这种标注方式有助于对个性化数据的组织和查找,此外,当其他人用相同的标签标注相关的内容时,这种标注方式的意义就远不止于此。他们开始对相关的信息建立起一种协作性的存储方式,这种方式是由个性化的兴趣和创造性的分类所驱动的。例如,想要展现关于糖果的每个人的书签,访问"Delicious/tag/sweets"就可以获得,想要看到以"sweets"为标签的最流行的信息资源,访问"Delicious/popular/sweets"就可以获得。

在收藏和编辑标签时,会有一个标签栏。用户可以根据自己对该信息资源的理解添加相应的标签,标签之间用空格隔开。在随后生成的标签列表中也是以这种格式呈现(图 1.6)。流行标签是其他人也使用的相同的标签。推荐标签是用户已经用过的和其他用户已经用过的具有交叉性的标签。用户不必拘泥于上述标签,这些标签只是作为参考。

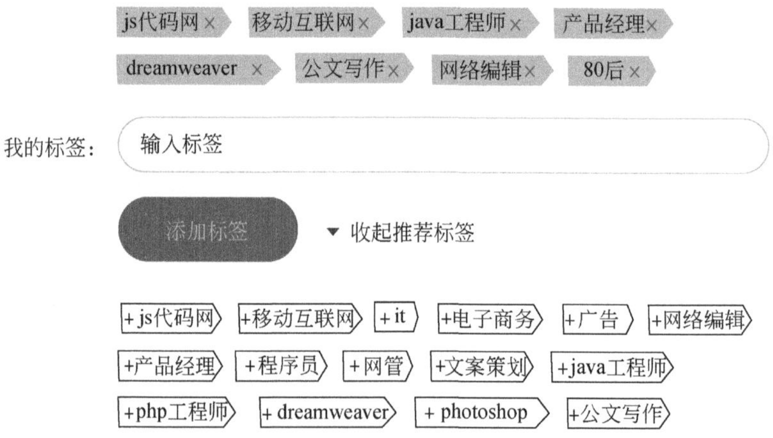

图 1.6　标签的收藏和编辑

用户可以运用标签来描述一篇文献或网站的主题、来源、命名、分类、人物、地点及观点等任何能够想得到的方面。标签越多描述得越全面,但大多数用户对于一个文献最多用 5 ~6 个标签。

1.2.2.2　结构及特征

社会化标注是一种将收集到的资源进行标注的过程。进行标注的标签可以为词语、短语、代码或别的字符串等形式。这种标注过程具有两种目的:首先,这些标签可以独立或联合地表示被标注资源的属性特征,或者是资源和标注者之间的联系特征;其次,这种表示和描述可以被利用来为检索服务,使人们能够在特定的时候找到他们感兴趣的特定的资源。

社会化标注是由搜索服务的用户所进行的标注,那些参与资源发现和信息检索活动的人一直被认为是信息需求的表述,以及搜索查询的建构,而没有参与对资源的元数据的确定和记录。用户的协作标注,即社会化标注,是在2000年初被引起关注的一种标注行为,当时支持社会化标注的基于网页的执行被广泛接受(图1.7)。

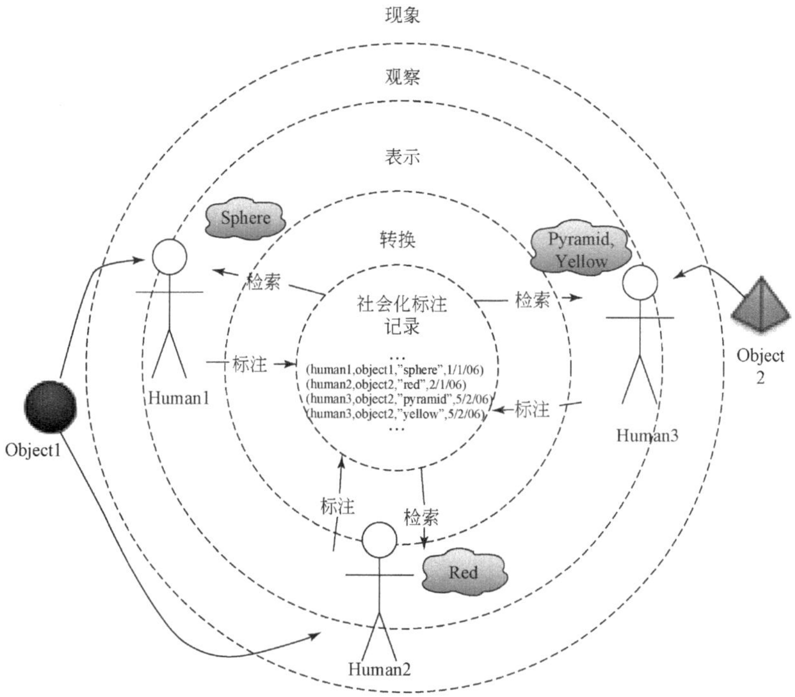

图1.7　社会化标注系统的结构示意图

社会化标注的特征不同于其他一些对资源的原文表示、描述、声明或分类等方法,如传统的主题分类、摘要、索引或编目分类等。社会化标注具有如下特征[14]:①社会化标注是面向用户的,对于给定集合的资源的标签,是由关注该集合的用户社区的成员所生成的,这些成员在检索该集合时,能够显示一定的兴趣。这种标注不是专家性的分类者或索引者,按照任务将标注作为一种支持他人的资源发现的工具来进行。②社会化标注是授权性的,对于过去已经习惯于尝试预测由专家所使用的描述来检索数据库的人们,被赋予记录他们自己对资源的认知的机会。③社会化标注是民主的,标注者不是因为他们的专业而被集体管理者所选定,而是根据标注者自身的兴趣和目标来进行自我选择的。④社会化标注是低成本的,标注者一般是自愿地以低成本或无成本地为集合管理者做贡献。⑤社会化标注是协作性的,只要对任何资源所给定的记录或描述潜在代表多数人的工作,这种性质就会产生。⑥社会化标注是分布式的,没有单一的用户需要标注集合中所有的资源,同样,没有单一的资源需要被社区中所有的用户所标注。⑦社会化标注是动态的,给定资源的描述会随时间而变化,因为不同的人会对资源的特性和重要性给出他们自己的判断。⑧社会化标注具有教育性,依据标注者所给出的描述,可以对资源的某种属性进行分析,这种属性正反映标注者社区成员兴趣的重要方面。

社会化标注就是一个自定义的分类,并且可以定义多个从属分类,是由用户随意设置的。它解决了信息分类不完全的弊病,其主要思想就是网站的信息内容越多越繁杂,其优势能力才更充分地体现,同时也强化了 Web2.0 由用户在创建内容方面的主导思想。自动设置的标签反映了网络用户的主动参与性及网络用户的关注点,从而间接地反映了社会热点。

“Delicious”中的标签具有组织性和社会性,在研究“Delicious”时,Gorder 和 Huberman 确定了标签的 7 个功能(表 1.2)[15],此外,Marlow 等也从这 7 个功能推断出相应的可能性动机[16]。经过整理,社会化标注的标签功能和可能性动机见表 1.2。

表 1.2　社会化标注的标签功能及可能性动机

标签功能	可能性动机
确定事物或人	组织性、引起注意
确定类型	组织性
确定拥有者	组织性、贡献和共享
提炼分类	组织性、互动和竞争
确定质量和特征	组织性、表达观点
自引	组织性、自我表达
任务组织	组织性

表 1.2 中标签功能的具体含义包括以下内容。①确定事物或人:标签主要确认标签术语的主题,这些术语是人们在讨论信息的内容时,所用到的特定层次的一些普通名词,以及一些专有名词。②确定特征类型:标签能够根据确定的人或物,

来确认标签术语的类型。③确定拥有者:一些标签能够根据标签内容的拥有者或创造者被标注。④提炼分类:一些标签不是孤立存在的,它们要么本身就是分类,要么就有执行分类的功能。⑤确定质量和特征:根据标签者对内容的意见来对标签标注适当的形容词。⑥自引:开头具有“我的”前缀的标签确定了内容与标签者自己的术语相关。⑦任务组织:当收集与任务执行有关的信息时,该信息也许会根据该任务被标注,这是为了组织该信息。

社会化标注的用处主要有:对于同一个资源可以在多个计算机上保存其站点;在能够获取万维网资源的任何地方都可获取自己的标签;在自己的计算机或在新的计算机上都可继续获得自己的标签;能够和自己的朋友共享网页站点;通过关键词或标签来搜索自己的标签;用相关的标签进行缩检和扩检;按照分类来呈现自己所收藏的网页站点;从其他用户那里学习到新的站点资源;订阅其他用户的标签;查看最近显著和流行的网站资源。标注的典型功能是标签、搜索和共享。

社会化标注是用户自定义的资源分类,可解决信息分类不完全的弊病,同时也强化 Web2.0 由用户创建资源的主导思想。社会化标注的主要思想就是网站的信息内容越多越繁杂,其优势能力才更充分地体现。

社会化标注运用像大脑本身所使用的那种多重的、重叠的关联,而不是死板的分类,从而允许系统依照用户行为所产生的自然的方式来进行检索。以往的网页内容是分散的孤岛,标签将它们相联系并实现信息共享,因此其具备更强的用户吸引力和黏合力。

首先,用户随手对自己的内容增加一些个性化的标签,就对这些内容产生重新的认识,更容易将过去、现在的所有思维串联起来;其次,标签可以快速地在一个公共信息空间创建一个信息剖面,智能聚合各种相关信息,这种能力可以产生很多应用价值。

1.2.2.3　典型应用

随着 Web2.0 概念的迅速传播,作为其关键技术之一的标签技术也已经被广泛应用于包括社会化标注、博客、播客、视频分享等在内的多种 Web2.0 服务,越来越多的互联网用户开始接受和使用社会化标注这种新的信息组织方式。在 Web2.0 环境下,社会化标注网站“Delicious”和图片共享网站 Flickr 成为众多新兴的网络服务中的先行者与佼佼者。它们共同的特点是帮助用户存储和管理自己的信息资源,并提供分享和交流的平台。

社会化标注已经运用到对照片①、多媒体②、网页③、学术论文的引用④等方面，其中，出现了用有机演变性的词汇来对被标注资源进行描述。在社会化标注出现伊始，标签多用于个人博客中的资源组织、标注。随着人们对社会化标注理念的进一步熟悉，标签的组织对象已经从早先的博客资源向图片资源、音频资源及视频资源等多媒体资源进一步拓展。

目前，标签已经成为一种用于标注和组织包括博客在内的各类网络信息资源的重要工具。G. Mishne 开发了一款名为 AutoTag 的工具，它可以通过合作过滤的方法，为用户在标注博客时提供更为合适的标签。通过 AutoTag 进行大规模的博客页面的标注过程的检测证明，该款工具在标签推荐使用上具有较高的准确性。在此基础上，通过配合博客信息发布的相关控制机制，可以使用户的标注过程更加简单，而且可以保证标注的质量。此外，有学者研究认为，利用标签来揭示主题，借助标签语义性上的相似性来确定使用相同标签的博客在主题上具有相关性，而由于两个博客可能在主题上具有相关性，进而可以推断其可能在随后的标注过程中会使用相同的标签云图。

随着标签标注对象的进一步扩展，如何提高标签标注图片资源的效率也成为国外学者较为关注的问题。2007 年 6 月，B. Shevade 在文章中指出，社会化网络文本极其重要，它就好像现实社会中某一特定群体的背景信息。该文介绍如何使用个性化的社会化网络文本对图像进行标注的框架。这个框架相当有意义，它能够提高人们标注图像的效率。这种背景信息能够帮助相关用户非常方便地理解标注者所使用标签的真实含义[17]。而 A. D. Miller 则是对提供数字图片共享的社会化标注网站 Flickr 开展研究，其指出 Flickr 为一些用户提供一些不同主题的图片或照片集、社会化标注体验及独特的隐私保护方式。这种服务策略有别于以往的图片共享风格。另外，该文章还进一步研究照片或图片标注者的一系列行为，包括图片或照片的描述、组织、发现、共享和接收等[18]。

使用标签组织音频资源、视频资源进一步扩大研究标签组织对象的学者的研究视野。J. Murison 介绍 BBC England 消息板新功能，即允许用户使用词组或短语对他们的对话记录进行标注。这是一种分面浏览的方法，它可以成为当前浏览方式的有益补充。当前的消息板所采用的自上而下的编辑架构缺乏足够的灵活性，而且不能持续一致地揭示内容，用户往往很难发现资源的具体位置[19]。此外，也有学者投入到标签标注视频资源的研究中，包括研究如何提高标签在播客资源中

---

① Flickr，http://www.flickr.com。

② YouTube，http://www.youtube.com。

③ del.icio.us，http://del.icio.us。

④ CiteULike，http://citeULike.org。

的描述、组织与检索效率。

社会化标注网站的分类有以下三种。①依资源类型可分为书签、书目、图片、影片、博客等。②依来源可分为个人信息(如 Flickr)、他人信息(如"Delicious")。③依适用对象可分为大众化(如 YouTube)、特定社群(如 CiteULike)等。

上述站点提供以一种全球的标签云视角查看其内容的方式。一片标签云显示所有最受欢迎的标签,其中更受欢迎的标签以更大的字体展示。以这种方式,用户一眼就可以得知什么是最受欢迎的标签。

社会化标签云图中,包含了很多由用户设置的标签,而这些标签根据整个网站中对其设置的多少及访问的频率来设定这个标签的字体或颜色。一般情况下,使用频率越高的及设置次数越多的标签,其字体就越大、越粗,颜色就越醒目。而这些社会化标签的格式是根据实际情况实时统计出来的(图 1.8)。

图 1.8　标签云图

现在,有两种主要的方法来帮助用户通过标注来搜寻信息。第一种是基于关键词的查找,这是一种在网络上发现信息的常用的方法,这类系统会呈现与给定的标注相关联的所有的内容。第二种是被称为标签云的方法①,它常按照字母顺序呈现社会化标签,并以不同的字体大小和颜色来标明其大众性。选择一个特定的标签一般会形成以输入的标签为关键词的搜索。与直接的搜索相比,标签云为用户浏览大众化的社会化标签提供较好的界面。

① Del. icio. us tag cloud view, http://del. icio. us/tag/。

用户建立标签的目的,是能很快再次找到他们所需的信息,这通常是通过标签反射出来的,基本上是一种面向大众的记忆方法。面向标签的使用者,与是否以正确的方法分类无关,与分类的准确性和权利无关,这只与记忆有关。这种方式的分类,是按照个性需求而定做的,同样这也服务于所有人。

1.3 网络信息社会化标注的基础理论

1.3.1 网络信息构成的哲学基础

从哲学角度来看①,网络信息构成模式主要有以下若干种。

1)经典的信息构成模式。在传统的网页组成中,我们通常使用 taxonomy(分类法)来归纳、整理和存放我们的信息,如图书馆对信息的组织,所有的信息从一个点开始,形成树状的分类,由此构成一个完整的、相互联系起来的逻辑体系;这个体系从一开始就是人为分类形成的,在我们需要检索的时候,几乎不需要费多大的劲。

2)散秩的信息构成模式。看似无序的浩渺信息,其中的绝大部分是通过"语言"来描述的,这表明这些信息的指向性,因此我们通过提取这些语言(文字、文本)的相同部分,以此获得相关的信息;这些信息平时是完全松散、互不联系的,当且仅当我们对其加以提取的时候才呈现相对紧凑的组织结构,即便如此,这个结构和经典的分类结构相比,仍然是足够散秩的。

3)符合未来发展的信息构成模式。对于在我们日常生活中显得日益重要的信息构成模式,会发现上述两种方法各有优点和缺陷:对于前者而言,语言所表达和内涵的思想是广博的,构造简单的分类逻辑无法诠释和标志某一篇文章所设计的全部重点,复杂的分类则将陷入无限微观的悖论逻辑;对于后者而言,除了分词的困难,还存在着同义和歧义等混乱的问题。

维特根斯坦本人是逻辑实证主义(认为人类的日常语言充满的谬误,需要彻底厘平,重构一个像数学一样完美的逻辑语言体系)和日常语言学派(认为人类的日常语言是非常合理而符合现实的,"完美"的逻辑语言并不存在而且也不符合现实,唯一的问题在于人们使用日常语言的时候出了一些方法上的问题,这需要我们加以重视和研究)先后的奠基人,而在他后期的日常语言思想中,他提出一个大家相对比较熟悉的观点:家族相似。

维特根斯坦从反本质主义立场出发反对语词的定义化。本质主义者认为同一

① http://zhidao.baidu.com/question/1623369.html? fr=qrl3。

类事物之所以成为该类事物,是由于它们具有共同的本质(共相),定义就是规定事物的这种本质。维特根施坦则认为事物根本没有共同的本质,只有家族相似。所谓家族相似不是共同的相似,而是这一方面或那一方面的不完全相似。例如,一个家族中的成员之间有的眼睛相似,有的神态相似,有的脸庞相似。因此,维特根施坦坚持一种唯名论的立场,认为人们在日常生活中使用一般性的名词概念只是为了方便,本质、共相那种形而上学的东西是不存在的。

那些相似的地方就是标签;上面引用中处处提到本质、反本质、家族相似,我们处处可以当作分类、碎片和标签来阅读和理解。

家族相似表明对传统分类学(category)的立场,如同日常语言学派对待黑格尔体系的观点,要求瓦解普遍、瓦解大一统、瓦解唯一性等这些经典哲学孜孜以求的目标,代之以碎片式的结构,这些碎片之间的联系,仅仅存在于当人们需要它们的时候。

带有碎片语义色彩,富于哲学战斗力的标签和检索关键字,相对而言,其形成是主动而非被动的,是主动聚合而不是等待被动的检索,其形成的过程经历人为的筛选,相对而言更符合日常语言的正常使用。

如果我们脱离哲学而不论,标签实际上同时带有传统分类法和搜索关键词这两大网络信息构成模式的共同特点,同时消除了相当一部分它们在各自方面的缺憾和弱点。需要指出的是,从现有的应用和理论分析看来,分类、标签和无序关键字有着不同的运用范畴;对于微观的、少量的信息,分类法已经足够我们使用;对于海量的、无边无际的无序信息,关键字也许是现阶段应用最广泛且被普遍接受的组织方式;而在两者之间,对于一个足够大、有更高系统化要求和精确度要求的信息群而言,标签也许是最佳的选择。

1.3.2　网络信息生成与利用的形式模型

瑞士心理学家让·皮亚杰在谈到结构时认为,最广泛意义上的结构概念具有三个特征[20]:第一,一个结构包含着区别于它的要素的整体规律,这一整体规律甚至允许完全抽掉这些要素。第二,这些总体属性就是变化规律,与任何形式规律相反。第三,任何结构内部具有自动调节功能,它是双重意义的,即它的组成既不超越它的边界,也不需要求助于边界之外的任何东西。这里皮亚杰所强调的是结构的整体性、运动性和相对独立性,对于任何结构都是普遍有效的,也是检验一个系统是否形成内在紧密结构的标准。

一般认为,社会化标注系统无论是作为一种社会文化现象,还是作为社会认识的一种特殊形式,都具有一般结构的这三个特征,如图 1.9 所示。从哲学认识论和社会学的视角来看,至少可以发现社会化标注系统的如下结构类型。

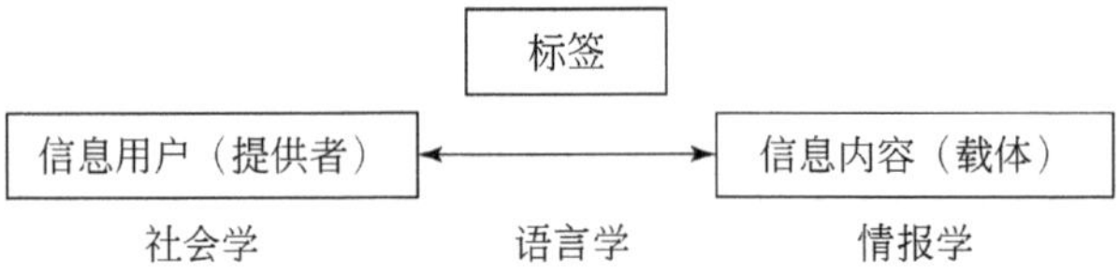

图 1.9　社会化标注系统的一般结构

(1)基本要素关系结构:主体—中介—客体

从认识论角度来看,一切实践活动和认识活动都包含着主体、客体和中介这三个基本要素。其中,主体和客体构成其骨架结构的两极,工具手段等中介系统则是把主体和客体联系起来的中间变量。在社会化标注系统中,基本的要素为作为主体的信息用户、作为客体的信息资源及作为中介的标签。三者的关系如图 1.10 所示。

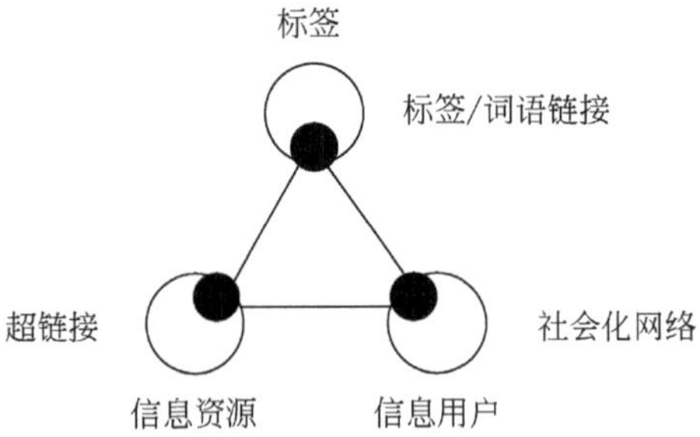

图 1.10　社会化标注的三重图

(2)要素层次结构:个体标注—集体标注—人类标注

社会化标注的各个要素并不是孤立的个体的存在,他们总是处于一定的关系中并与其他同类要素按照一定方式结合成范围、层次、大小各异的共同体。现实的要素就发生于这种关系和不同层次的同类要素的共同体中,因而也具有不同的层次等级。社会化标注系统要素的存储和再生在不同的层次上有不同的内容和表现形式,所以有必要考察社会化标注系统各要素的层次结构。社会化标注系统的超图如图 1.11 所示。

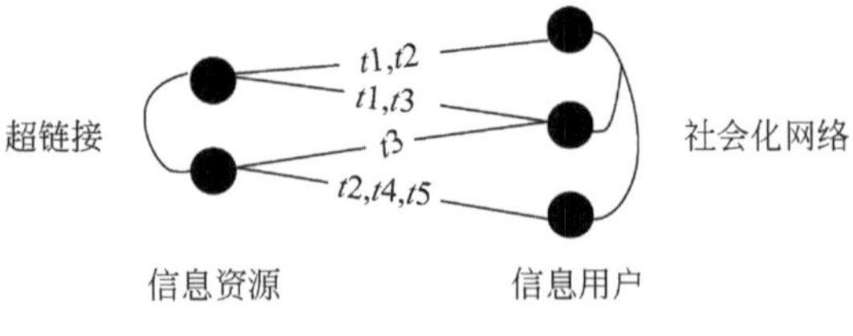

图 1.11　社会化标注的超图

(3)要素内容结构:形式标注—系统标注—观念标注

社会化标注的要素是人化世界,即信息用户参与信息资源的创建,这是人的主体能力和本质力量对象化的产物。而人的主体能力和本质力量具有多方面的内容和复杂的结构,这就决定作为其对象化结果的社会化标注的客体具有无限多样的形式和深浅不一的层次,形成能够反映要素内容的语义空间。社会化标注系统的三维空间如图 1.12 所示。

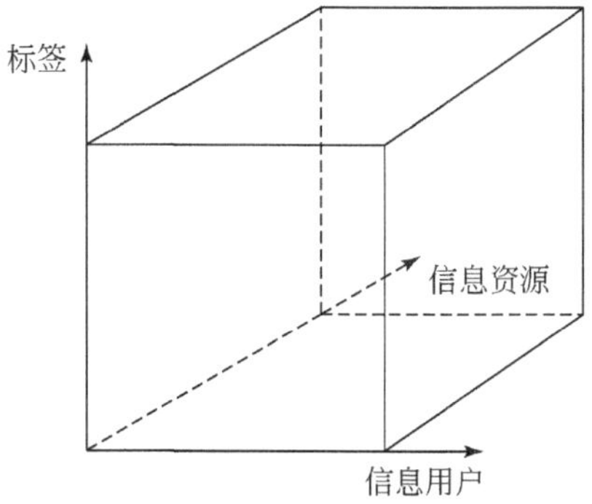

图 1.12　社会化标注的三维矩阵

三元组是一个认识的结果,表示信息用户对信息资源的一个认识,这个认识通过标签将相应的信息用户和相应的信息资源关联起来,在此,标签是一个中介,是一个认识的载体,其本身的含义取决于相应信息用户的偏好和相应信息资源的属性。

信息用户的偏好可以用效用理论来进行量化,信息资源的属性可以根据特定资源的具体属性指标进行量化。同样的语义可以由不同的标签及其组合进行标注,在此,标签承载了特定用户对于特定资源的认识结果,而不同标注形式只是信息用户的偏好及其所关注的信息资源的属性不同。

第一部分

理论基础及方法基础

2 理论基础

网络信息的研究问题主要涉信息内容的模式识别,主要包括信息内容的主题识别、信息主体间关联识别及其信息内容的可信测度。

2.1 信息内容的主题识别

许多数据分析应用都会涉及从文本中提取出潜在的主题,如微博、短信、日志文件或者评论数据。一方面,提取出潜在的主题有助于下一步的分析,如情感评分或者文本分类模型。另一方面,文本数据存在一定的特殊性,无法直接用传统的统计模型来处理它。主题就是诸如一篇文章、一段话、一个句子所表达的中心思想,从统计模型的角度来说,我们可用一个特定的词频分布来刻画主题,并认为一篇文章、一段话、一个句子是从一个概率模型中生成的。

在机器学习和自然语言处理等领域,主题挖掘是寻找文档主题,主题模型是用来在一系列文档中发现抽象主题的一种统计模型。如果一篇文章有一个中心思想,那么一些特定词语会更频繁的出现。简单而言,主题挖掘就是要找到表达文章中心思想的主题词。主题挖掘的主要原因有两个:首先,文档数量迅速增长,已经不能仅依靠人工的方式实现对全部文本信息高效阅读和理解,将该流程自动化已经势在必行。其次,主题挖掘可以提高文字重度依赖应用的使用效率和产出影响,如搜索加索引、文本总结、聚类、分类和情感分析。

2.1.1 文本主题模型的问题特点

在数据分析中,经常会进行非监督学习的聚类算法,它可以对特征数据进行非监督的聚类。而主题模型也是非监督的算法,目的是得到文本按照主题的概率分布。从这个方面来说,主题模型和普通聚类算法非常类似。但是两者其实还是有区别的。普通聚类算法关注于从样本特征的相似度方面将数据聚类。例如,通过数据样本之间的欧式距离、曼哈顿距离的大小聚类等。而主题模型,顾名思义,就是对文本中隐含主题的一种建模方法[21]。

同一个词,在不同的主题背景下,它出现的概率是不同的。并且我们都可以基本确定,一个词不能代表一种主题,那就把所有词都用来代表一种主题。主题本来就蕴含在所有词汇之中,将主题用所有词汇表达出来。天下所有文章都是用基本的词汇组合而成,此时假设有词库 $V=\{v_1, v_2, \cdots, v_n\}$,LDA(latent dirichlet allocation,隐含狄利克雷分布)通过词汇的概率分布来反映主题。如果有词库:{科比,篮球,足球,奥巴马,希拉里,克林顿},对于两个主题:{体育,政治}而言,体育的主题就是:{科比:0.3,篮球:0.3,足球:0.3,奥巴马:0.03,希拉里:0.03,克林顿:0.04}(数字代表某个词的出现概率),而政治的主题就是:{科比:0.03,篮球:0.03,足球:0.04,奥巴马:0.3,希拉里:0.3,克林顿:0.3}。

文章和主题之间并不一定是一一对应的,也就是说,文章可以有多个主题,一个主题可以在多篇文章之中。假设现在有 K 个主题,有 M 篇文章,也就是有这样的现象:同一个主题,在不同的文章中,它出现的比例(概率)是不同的。如果有两篇文章:《体育快讯》,《娱乐周报》,对于三个主题:{体育,娱乐,废话},《体育快讯》的主题为:{废话,体育,体育,体育,体育,…,娱乐,娱乐},而《娱乐周报》的主题为:{废话,废话,娱乐,娱乐,娱乐,…,娱乐,体育}。也就是说,一篇文章在讲什么,通过不同的主题比例就可以概括得出。

隐含主题识别常用的方法一般是基于统计学的生成方法,即假设以一定的概率选择一个主题,然后以一定的概率选择当前主题的词。最后这些词组成当前的文本。所有词的统计概率分布可以从语料库获得,具体如何以"一定的概率选择",这就是各种具体的主题模型算法的任务。

2.1.2 主题识别的主要途径及其应用价值

从大量文字中找到主题是一个高度复杂的工作,不仅因为人的自然语言具有多层面特性,而且很难找到准确体现资料核心思想的词语。目前现有方案如:TF-IDF(term frequency-inverse document frequency)、互信息(co-occurrence)和 LDA 等。

主题识别的应用价值主要体现在如下方面。

1)衡量文档之间的语义相似性。对于一篇文档,主题分布可以看作是对它的一个抽象表示。对于概率分布,可以通过一些距离公式(如 KL 距离)来计算出两篇文档的语义距离,从而得到它们之间的相似度。

2)解决多义词的问题。例如,"苹果"可能是水果,也可能指苹果公司。通过"词语-主题"概率分布,可以知道"苹果"都属于哪些主题,就可以通过主题的匹配来计算它与其他文字之间的相似度。

3)排除文档中噪声的影响。一般而言,文档中的噪声往往处于次要主题中,可以把它们忽略掉,只保持文档中最主要的主题。

4)无监督的,完全自动化的。只需要提供训练文档,它就可以自动训练出各种概率,无须任何人工标注过程。

5)跟语言无关的。任何语言只要能够对它进行分词,就可以进行训练,得到其主题分布。

综上所述,主题模型可以挖掘语言背后的隐含信息,语义分析的技术正在逐步深入搜索领域的各个产品中。

2.2 信息主体间关联识别

2.2.1 社会化标注系统要素关联性的表现特征

(1)信息用户参与的主动性

主动性指信息用户意识的觉醒和客观信息条件下信息用户地位的提升。在Web2.0环境下,信息用户在信息组织和获取中的地位,已从被动的信息接受者,转变为主动的、有选择的信息内容的使用者。从心理层面讲,这一转变主要源于对信息用户认知能力的研究和发现。研究者已摒弃行为主义者所提倡的“刺激—反应”的直观效果论,认为传播效果是分两个层次实现的。首先,传播的信息作用于受者的心理系统,与受传者原有的心理结构进行反应,由此产生第一级效果——心理能的产生,即意图、决心、信心等动力因素的形成和经验、知识结构、认知系统的建立;其次,心理能外化为行为,作用于社会,并产生了一定的社会效果,此为传播的第二级效果,也是最终效果[22]。从该理论我们可得出结论,心理系统是传播过程中一个不可或缺的关键环节,是传播的信息流的能量转换器。心理能,即主体获取知识和解决问题的能力,也即认知能力。心理能的提出强调信息用户主体地位和意识能力的突现。对此,传播学家威尔伯·L. 施拉姆曾做过一个形象的比喻。他说,信息用户参与传播犹如在自助餐厅就餐,信息中介在这种传播环境中的作用只是为信息用户服务,提供尽可能多的令信息用户满意的饭菜(信息),至于信息用户爱吃什么、吃多少、吃还是不吃,全在于信息用户自身的意愿和爱好[23]。也就是说,信息用户使用信息资源及其中介完全是基于自身的需求。

信息时代,信息用户的主体地位主要体现在两个方面:首先,信息用户是信息资源及其中介的解读者。传播的意义是在信息用户对文本的解读过程中产生的,是通过信息用户对信息资源及其中介加以分析、判断、加工和整理而得。随着信息用户自主意识和知识经验的逐渐完善,他们对信息资源及其中介的鉴别能力也越来越强,不同性别、个性、智力、经验、兴趣等塑造的“认知结构”会对信息资源及其中介加以个性化的解读。其次,信息用户是信息资源传播的参与者。根据信息资源及其中介认知能力的定义,信息用户不但有获取信息的能力,而且有分析、评价和传播信息的能力。信息社会中,逐渐成熟的信息用户能有效地处理信息,他们不但有求知的渴望,而且能将自己所储存的知识信息调动起来,与信息资源进行同化、组合、归类,通过一定的渠道,主动参与传播活动,向社会自由充分地表达自己的意见。尤其随着互联网、多媒体等新技术的发展,使信息用户对大众化信息资源及其中介的获取权、知晓权进一步得到发展。信息用户与信息资源创造者一样能通过多种渠道容易地获取信息资源的第一手材料,而且与大众化信息资源及其中介一样拥有随时发布信息、生产信息的能力。这些都充分说明现代信息用户主体意识的觉醒。

(2)信息用户参与的交互性

交互性的特征是用户可以实时参与,这种参与可以是有意识的询问,在一定程度上对原有顺序和内容的改变,也可以是随机的、无意识的点击等行为。交互的程度除了设定程序的组合之外,也与参与者的兴趣和参与方式有关。

一种通常用来定义交互性的办法,是看用户能在多大程度上对内容进行控制①。*InfoWorld* 的原总编 S. Alsop 把交互性描述为四个层次:“观看”(watching)、“浏览”(navigating)、“使用”(using)和“控制”(programming)。在他看来,第一层次是“观看”,是最低层次的,其实没有任何“交互性”可言;第二层次是“浏览”,允许用户用相对随机的方式从一个项目跳到另一个项目,同时不必陷入任何材料中。第三层次是“使用”,意指用户在与内容或媒介发生关系时,可以从中获得一些有用的东西。第四层次是“控制”,被认为是“交互性”最强的方式,意味着用户可以自己定义概念,可以赋予内容以含义,并且可以控制整个交互过程。

许多上网后的传统媒体通常也是把“交互性”定义为“用户对内容的控制”。例如,在 MSNBC,用户可以挑选那些自己最感兴趣的内容来组成一个为自己度身定做的主页。越来越多的媒介的网站在报道突发新闻时,还提供一些链接,以便用户查到相关资料,用户可以根据自己的需要无穷尽地寻找来龙去脉。进一步,媒介将迎来下一个阶段,那时,用户可以决定在何时、以何种形式(声音、图像、文字或图表)接触何种内容。

以上这些方式,都仅仅是网上读者与信息内容之间的交互性,一个真正的交互性网站,应该实现网上读者之间的双向交流,把交互性建立在人们彼此的交流中,这是发挥网上媒体优越性的最重要而有效的方式。因特网显然是双向交流的媒

---

① http://www.people.com.cn/GB/14677/22100/28506/28507/1939507.html。

体,因此网站实现最佳交互性,是让网上信息用户之间,信息用户与信息服务商之间相互沟通。与被动性或被强制性相比,信息用户可以在一定程度上主动参与,因而交互性使用户可以方便地了解到更多自己希望获得的信息。

(3)信息用户需求的个性化

信息用户认知的个性化特征是由信息用户个体知识结构和认知经验的迥异形成的,是指不同信息用户对同一信息会产生不同的理解。著名心理学家让·皮亚杰通过对儿童认知发展的研究发现,客体只有经过主体认知结构的改造加工才能进入主体的认识视野,主体对客体的认识程度从根本上取决于主体具有怎样的认知结构[20]。不同的认知结构决定了主体对同一刺激的个性化认知。信息用户会根据自己的理解对信息进行补充性的认知加工,这种加工过程是已储存的知识作用的结果,它依赖于现实刺激的信息和信息用户已有知识经验的相互作用。不同的信息用户具有各自不同的知识经验,因此就不可避免地会产生迥异的接受效果。社会化标注中的个性化体现在信息用户在主动参与网络信息资源的组织和获取过程中,根据自身对信息资源的理解对其的标注和收藏过程中,不同的信息用户所标注和收藏的信息资源不尽相同。

信息用户记忆库的形成特点也决定了主体认知的个性化特征。信息由短时记忆进入长时记忆需要不断的复述,而记忆库的空间是有限的,因此决定只能有部分信息得以复述和储存。这部分信息的选择主要依赖于主体的能动性。一般来说,在知觉过程中,主体对熟悉的信息识别较快,他会选择自身熟悉的、感兴趣的、所期待的信息加以复述,其余信息则逐渐丧失。这是因为当外界刺激与主体已有知识经验相叠合时,主体会超越客观的概念间的层次距离,优先将相应图式从信息库中提取出来,依据其对新刺激做出认知和判断。因此,信息用户面对新的刺激时,会优先调动自己熟知的与新刺激相关的图式,据此做出个性化的认知反应。不同主体对各自感兴趣的信息的选择,导致记忆库结构的迥异,主体的认知也势必会体现出个性化的特征。

基于以上认知加工的特点,信息用户在信息资源组织和获取过程中,会运用自己的知识储备进行思维运作,使传递者给予的信息转化为自己所需要并适合自己的认知结构的东西。例如,信息用户往往会根据自己看到或听到过的类似事件对传播内容进行类比、解释、想象,对抽象的语言文字进行演绎和发挥,甚至将自身的经验、情感投射到对象上去,在内心将一个简讯扩展补充为一个富有情节的故事,从而产生爱憎分明的感情评价。每个人的表象、想象和情感投射都是与经验、知识、个性相联系的,因此,同一语言文字符号对事物的描述,由不同的信息用户视听,在头脑中可以演绎出不同的形象。有时,一则信息会在传播过程中失真,就是因为受者在头脑中对信息进行了加工,将传播中原有信息与自己的经验混杂在一起的结果。

(4)信息用户需求的社会性

社会性是生物作为集体活动的个体,或作为社会的一员而活动时所表现出的有利于集体和社会发展的特性。人的社会属性是人作为集体活动的个体,或作为社会的一员活动时所表现出的特性。人的社会属性中有一部分是对人类整体发展有利的基本性质,也有一部分对社会不利的性质。通常把一些对人类整体运行发展有利的基本特性称为人的社会性,如利他性、服从性、依赖性以及更加高级的自觉性等。而把对人类整体运行发展不利的基本特性称为人的反社会性。一般人的反社会性是由于把人的自然属性发挥到对社会发展不利的地步。例如,利己发挥到损人、损害公众、损害社会;自我保护发挥到残害其他生物,甚至其他的人;等等。

决定因特网自组织本质的应该是其社会性。人类社会活动正是由于具有选择性、创造性和不可预知性才能使因特网呈现出自我组织的特征。谈到因特网信息组织时,我们不仅谈到网络技术,还包括网络交流、知识传播、社会价值和社会文明。它是一个存储人类知识的社会-技术系统,一种社会媒体,为人类社会信息提供平台进行二次组织。考虑其自组织时不能单纯考虑其物理指标,而应更多地考察其用户行为、社会特征、网络合作交流模式等[24]。

社会化标签体现的是网络的“社会性”“与他人同创共享”的合作理念。社会化标签完全是网上个人自愿进行的分散式信息贡献,最终这些由用户自发标记的集体行为涌现出大众分类标签,如 folksonomy。从社会网络的演化来看,社会性标签更有效地推动了“物以类聚、人以群分”的自组织过程,把同类的信息同类的人用标签方式链接起来。社会化标签是在发布信息时就预先埋设了一些朝向同类信息开放的接口,当有别人和你应用同样的标记时,信息之间自动建立起属于同一类的弱联系。标签标记出的信息内容网络与网民的社会关系网络互为外源网络,彼此的自组织过程相互加强。发布人通过加标签可以让自己的文章散发得更远、更有效。另外,标签的应用使用户越来越倾向于发现和分享其他人在网上的东西。而且它简化了用户过去所持的那种陈旧的、刻板的、被迫接受的网络分类方法,是现有网络信息分类法的有力补充。

2.2.2 社会化标注系统要素关联性的形式模型

大众标注基于中介性标签将信息与用户相关联,体现典型的网络结构特征,能够辅助构建具有网络结构性的概念空间,且标签词汇概念的语义可反映信息内容特征和用户需求偏好。概念空间中的用户需求、信息内容及标签概念之间的关联是大众标注的形式化表示,大众标注的可观察的应用反映概念空间的结构,并提供更多的具体信息来研究概念空间的形成及演化规律。因此,可基于大众标注,构建概念空间形成模型及相关信息内容的甄别及匹配模型,并利用概念空间来揭示大众选择的影响因素及内在机制。基于抽象的概念空间与可观察的大众标注之间的映射(图 2.1),信息内容特征的语义性甄别可表示为信息内容在领域性概念空间中所涉及的概念维度及相应概念的频次分布,用户需求偏好的语义性甄别可表示为用户需求在社区性概念空间中所涉及的概念维度及相应概念的频次分布。

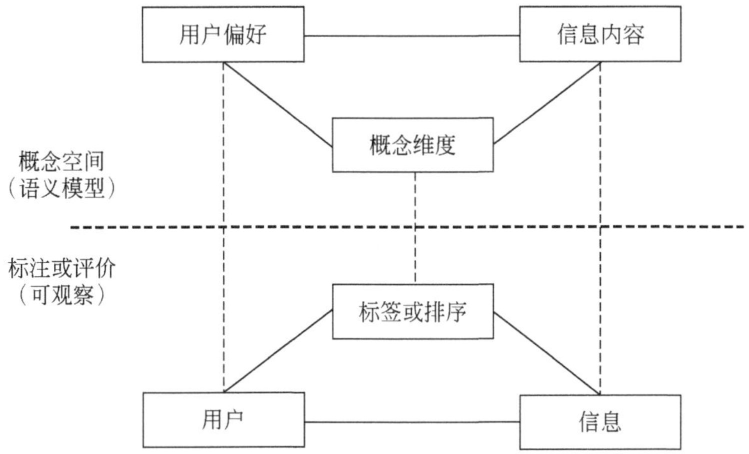

图 2.1　大众标注与概念空间的映射

大众标注中的信息用户主要根据自身需求偏好对信息内容特征进行大众化选择及标注,这种行为特征符合 DBO(desire, belief, opportunity,期望、信念及机会)理论[25],即大众标注的原因取决于其期望、信念及机会(不同的可选择的行动)三者的结合,该理论不强调"选优"或"最大化效用"问题,只承认行动的"想"去"选优",而不承认行动者能够有"选优"。本书尝试基于可揭示大众选择行为动机的 DBO 理论,并利用大众标注中用户的协同性参与特征,以及信息内容与用户需求之间的整体联系,构建信息内容与用户需求语义交互效应的假设模型(图 2.2)。

特定信息用户根据其需求偏好选择网络信息内容,并根据其需求偏好选择相关的标签词汇概念对该信息内容进行标注。该信息用户通过对大量网络信息内容进行标注后,所形成的标签词汇概念及相关频次既可反映该信息用户在认知空间中的需求偏好,又可揭示相关信息内容在特征空间中的内容特征。

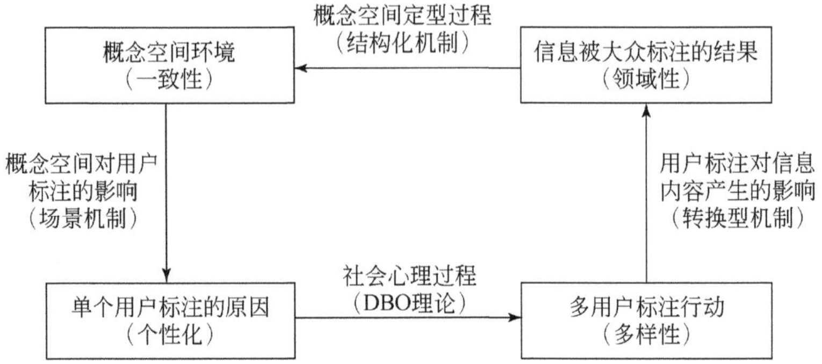

图 2.2　基于 DBO 理论的信息内容与用户需求的语义交互效应

相对应地，特定网络信息会被大量信息用户根据其内容特征进行标注，所形成的标签词汇概念及相关频次，既可揭示该信息内容在特征空间中的内容特征，又能反映参与标注的相关信息用户的需求偏好（图 2.3）。

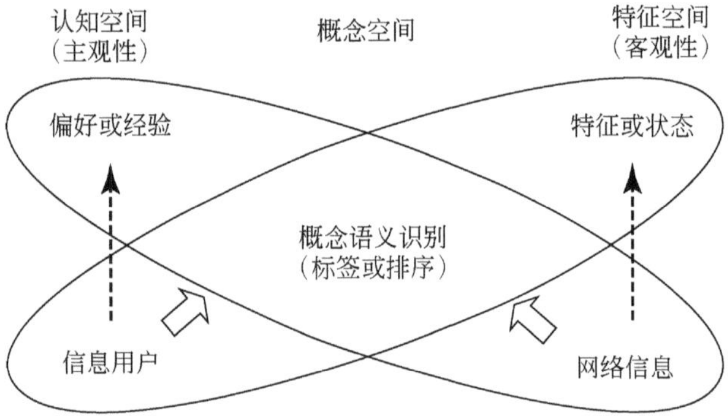

图 2.3　基于关联性大众标注集体选择的社区或领域性概念空间形成

社会化标注的出现有着深刻的哲学基础，即介于严格分类和自由分类之间，能够体现家族相似特征的大众化分类。本书研究的社会化标注系统主要包括信息用户、信息资源及社会化标签三方面要素，其要素之间通过相互关联而具有不同于传统信息组织和获取中的许多特征和功能，特别是其能够体现个性化、社会性、主动性和交互性等特征的动机和功能。

本书的研究是通过对社会化标注系统的研究，揭示信息用户、信息资源及社会化标签等要素之间的关联性特征，即关联性分布、关联性层次及关联性的语义空间，这有助于确定信息用户的偏好特征、信息资源的属性特征及社会化标签的语义特征，进而为信息用户主动获取信息资源及信息服务商个性化推荐信息资源提供理论和应用方面的指导。

本书针对的是比较普遍意义上的信息用户、信息资源及社会化标签,但在选取典型的例子和数据时确定的是比较有代表性的主要针对计算机领域的社会化标注网站——“Delicious”,根据该网站所揭示的社会化标注系统的要素之间的关联性及其应用,可将其推广到其他任何领域。

本章主要侧重于对研究对象的分析,阐述了社会化标注系统的起源及其哲学基础、含义及相关概念的辨析、组成结构以及功能特征,并针对社会化标注系统中典型网站“Delicious”的主要要素之间的相关联的关系,通过合理抽象,提出了三重图模型、超图模型以及三维矩阵模型,为后文提供了进一步的研究基础。

2.3 信息内容的可信测度

近年来,以互联网为代表的新媒体获得了迅速发展与广泛普及,各类网络社区为公众获取信息提供了新的平台,公众接触信息的渠道空前多元[26]。目前,社会化媒体以其独有特征——用户生成内容[27],成为网络信息发布的主要渠道。由此带来的各种“标题党”“网络谣言”“假新闻”等虚假消息,使大众对网络信息内容的真实性产生某种程度的怀疑。网络虚假信息会影响医疗健康、衣食住行、生产营销、社会治理等领域预测或决策的效率,尤其是在新型网络环境下,网络信息的海量增长、交流平台的丰富多样、传播途径的日新月异,使信息交流过程越来越扑朔迷离,衡量网络信息真实性程度的可信度(credibility),越来越成为网络环境下各个领域所关注的重点。

网络信息可信度是指人们对信息对象可相信程度的认识[28,29],是信息质量的首要元素[30]。网络信息内容可信测的相关研究已由传统的定性可信度评估发展到定量可信测度。传统的定性可信度评估主要基于专家知识经验,构建可信度的评价指标体系,定性评估网络信息可信度[31]或基于网络信息内容本身的语义、表面特征及信源作为信任判断的三种特征,即3S(semantics,surface,source)模型,以定性评估网络信息质量[32]。定量可信测度的相关研究则主要基于问卷调查法[33]或实验法[34],主要围绕网络信息内容可信度的影响因素展开探索性的实证或实验研究[35]。上述研究尚处在探索阶段,如何针对新型网络环境下网络信息内容可信度评估的新特征,如海量用户实时参与、多源异构信息快速积聚等特征[36],开展基于数理模型的规范性可信测度研究,将显得尤为重要。

国内外关于网络信息内容可信测度研究大致包括两个方面。一方面是研究网络信息内容可信度的影响因素,主要涉及网站类、社交网络类和博客或微博类网络信息可信度;另一方面是针对社会化媒体网络信息内容可信测度的方法。传统的可信测度方法有基于数据挖掘的分类及排序方法、基于实证及实验的方法,及传统的模糊测度法。

2.3.1 社会化媒体网络信息内容可信度的影响因素

社会化媒体的问世改变了网站作为信息发布主要渠道的局面,以用户为核心组织内容的流行媒体,如社交网络、博客等,更是使用户参与到网络信息供给的行列,不再是单纯的网络信息消费。

(1)社交网络类信息内容可信度的影响因素

SNS,即 social network service,中文名为社交网络服务。国内比较典型的 SNS 网站是人人网、开心网和天际网等,国外则是 Facebook 和 LinkedIN 等。不同于传统的诸如电子公告板(bulletin board system,BBS)、聊天室、电子邮件小组等虚拟社区,SNS 网站注册需要大量反映个人真实身份的信息。因此姒琪莹[37]将 SNS 网站网络信息可信度定义为网站保护用户信息和隐私、提供用户进行线上社会交往功能的能力与善意方面的可信度。在 SNS 网站用户信任度实证研究中,用户的互联网隐私顾虑和用户向他人提供个人信息的意愿被认为是影响 SNS 网站用户信任度/水平的重要因素[38],且前者与 SNS 网站用户信任度/水平呈负相关,后者则与其呈正相关。

微信是近年逐渐热门的社交网络平台。在微信上发布产品信息的人是微商,由此也带动了微信口碑的形成。目前对微信口碑的研究还较少,丘惠翠[39]从微信口碑信息的发送者、信息特性、接受者三个视角分析影响微信口碑的可信度因素,指出微信口碑的传播者若公开身份信息或传播动机单纯会增强微信口碑的可信度;微信口碑信息的专业性和接受者的专业能力都会正向影响微信口碑的可信度;需要强调的是,微信拥有"朋友圈"这一独特功能,所以微信口碑传播者与接受者之间的关系强度越强,微信口碑可信度越大。

(2)博客或微博类信息内容可信度的影响因素

对博客或微博类信息可信度的研究可归纳为信息来源和信息内容两个方面,即博主特征和博客内容。

从博主特征来看,Twitter 用户的粉丝数与关注数是影响可信度评估的重要因素,追随者数量太少或太多都会使博主不那么可信,同样如果有很多粉丝的持有者自己没有跟随其他人,那么这个人也几乎不会被视为一个专家[40]。博主的声誉、专业知识和作者相关信息的诚实度是信息可信度评估的重要影响因素[41]。

从博客内容来看,Castillo 等[42]研究了 Twitter 上的新闻信息的可信度,识别出四种类型的特性:基于消息的特性、基于用户的特性、基于新闻主题的特性和基于传播的特性。Carrol 和 Richardson[43]选择两个广泛阅读的作者博客与读者之间的信任关系为研究对象，建立信息可信度的新兴标准，包括交互性、透明性和识别性。

2.3.2 网络信息内容可信测度方法

近年来，针对网络信息内容可信度评估的研究越来越多，主要的研究视角及途径可分为基于数据挖掘分类及排序方法，基于实证的调查法及实验法，以及传统的模糊测度方法。

(1)基于数据挖掘的可信测度研究

不少学者结合网络信息内容的海量及高维等特征，构建相应的数据挖掘分类及排序算法，以提高网络环境下网络信息内容可信测度的效率。Pasternack 和 Dan[44]分别利用来自真实世界的两个无监督数据集和两个半监督数据集，提出具有较强原则性的概率模型——潜在可信度分析(latent credibility analysis，LCA)，其性能显著超过"事实的发现者"(fact-finders)的性能。SpEagle 法则是利用来自所有元数据(文本、时间戳、评级)及关系数据(网络)中的线索，并在一个统一的框架下共同利用它们找出可疑用户和评论，以及关于产品的垃圾邮件[45]。用于识别可信语句的算法有 TextRank 算法[46]，它经过 100 个单独的语料库和一个组合的语料库两种方法的实证检验。Wu 等则指出结合信任值和不信任值比单一使用信任值能使更多的垃圾邮件网站降级[47]。为了在大规模在线社交网络(online social networks，OSNs)中检测出虚假账户，Cao 等提出一个新的工具——SybilRank，它依赖于社交图属性，并且根据用户的被感知为假(sybils)的可能性来进行检测[48]。

上述数据挖掘分类及排序方法主要是基于网络信息内容当前状态数据的挖掘及评估，尚缺乏网络信息用户对其体验性及交互性经验等先验知识的利用。

(2)基于实证及实验的可信测度研究

基于实证的调查法及实验法主要侧重于探索网络信息内容可信度影响因素及内在机理的分析。由于广大网民的海量性，调查法与李克特量表相结合的研究方法在网络信息内容可信度评估的相关研究中备受学术界青睐。Flanagin 等针对美国使用互联网的成年人的一个具有全国代表性的调查，其样本来自基于随机数字拨号和地址抽样方法的组合[49]。Carlos 等[50]基于这样的一个假设——社会媒体环境本身的特征能够使用户主动参与评估网络信息的可信度，并构建实验模型，探讨可自动分析社会化媒体中网络信息，尤其是针对有新闻价值的网络信息的可信度评估的方法。并进一步提出了预测网络信息可信度的模型。Yi 等[51]在详尽可能模型(elaboration likelihood model，ELM)和 Toulmin 的论证模型的基础上形成了一种基于网络健康信息的初始信任的研究模型，该模型也得到 300 名网民现场测试实验结果的支持。孙春华和刘业政[52]从口碑信息结构入手,包括口碑数量、单双向口碑、口碑长度和口碑类型,采用2×2×2×2的组间实验设计,并以397名在校大学生为样本进行在线购买实验研究。

以上主要依据领域专家的定性判断,构建相应的可信评估指标体系,或是在定性评估的基础上,探测网络信息可信度的关键影响因素及内在机理,并构建相关的网络信息可信度评估模型,虽然揭示影响网络信息内容的主要因素,但尚未深入网络信息内容本身,即基于关键词的内容含义的可信度评估,并且相关评估方法主要侧重于调查问卷及抽样实验,具有较大的主观性及片面性干扰,此外,相关的评估方法主要侧重于定性评估,尚未提供较为精确的定量测度方法。

(3)基于模糊测度的可信测度研究

传统的可信测度主要是模糊测度[53],其中模糊隶属度的确定是测度的关键。隶属度函数是模糊控制的应用基础,是否正确地构造隶属度函数是用好模糊控制的关键之一。隶属度函数的确定过程,本质上说应该是客观的,但每个人对于同一个模糊概念的认识理解又有差异,因此,隶属度函数的确定又带有主观性。隶属度函数的确立目前还没有一套成熟有效的方法,大多数系统的确立方法还停留在经验和实验的基础上。对于同一个模糊概念,不同的人会建立不完全相同的隶属度函数,尽管隶属度函数形式不完全相同,但只要能反映同一模糊概念,在解决和处理实际模糊信息的问题中其仍然殊途同归。常用的方法主要有:模糊统计法、例证法、专家经验法、二元对比排序法等。

本书以计算概率的方式获得网络信息内容的可信度值。与模糊测度相比较,概率测度具有如下优势[54]:①论域可列可加;②基于网络用户参与的行为数据结果,操作上可基于网络用户认知经验进行标注的频次,确定特征关键词的存在可能性程度;③基于信息用户的客观行为数据,以及可列可加性的特征,概率测度结果会较为客观。

概率测度和模糊测度没有绝对的区分[55],可用概率可信测度的形式来修正模糊可信测度。新型网络环境下,大众信息用户对网络信息内容的多维标注或评价的行为结果,为隶属度的确定提供概率测度的可能途径[56]。模糊可信测度的隶属度,可基于信息用户生成内容的客观行为结果进行概率性确定,其中,网络信息内容是否具有相关特征关键词的模糊判断,可由信息用户依据其认知经验进行选择,并基于其客观的标注行为结果,进行频率性计算。这个过程可体现人类的模糊判断与计算机的精确计算之间的互补性。

目前,针对社会化媒体网络信息可信度评估及测度的相关文献主要是侧重于对影响因素进行实证分析的探索性研究,研究视角大体可分为来源可信度、渠道可信度和网络信息内容可信度。就网络信息来源而言,身份公开或者身份明确的社会公众人物所发布的网络信息比匿名的网络信息更为可信;就网络信息发布渠道而言,尤薇佳等[57]通过比较新闻网站、网络论坛、博客和即时通信工具四类传播渠道对突发事件网络信息的传播效果,指出新闻网站是最信任的渠道;就网络信息内容而言,相较于言语信息,带有视觉信息的在线评论的网络信息内容质量和信誉明显会获得更高的评价[48],另外,网络信息的专业性、准确性、公平性、透明性等都会直接或间接影响网络信息内容的可信度[43]。

虽然已有的研究成果推动了网络信息内容可信度评估的研究与发展,但仍存在一定的局限。①基于数理模型构建的规范性可信测度研究较少;②传统评价模型多侧重于当前网络信息内容状态的可信程度,尚缺乏对已有经验及证据性数据的有效利用;③在社会化媒体环境下,相关研究尚未充分利用信息用户通过主动参与对网络信息内容进行标注或评价所生成的客观性行为数据,尚未探索网络信息用户集体智慧形成过程中,信息用户规模对网络信息内容可信测度的影响;④相关研究主要关注网络信息内容可信度的影响因素,尚未深入网络信息内容含义本身,即基于网络信息内容属性关键词的可信测度。

3 方法基础

网络信息的模式识别研究方法主要涉及矩阵奇异值分解及隐含语义分析(latent semantic analysis,LSA)、贝叶斯推理及贝叶斯网络、社会网络分析与异质信息网络(heterogeneous information network)分析、人工神经网络与深度学习、语义网络与知识图谱等理论及方法。其中,矩阵奇异值分解可通过降维而筛选出更能表示主题隐含语义的属性;贝叶斯理论中基于新的证据修正先验假设进而可获得后验的途径,较为符合网络信息的多维、动态的特征,因而可将其用于网络信息的主题识别及可信测度;社会网络理论中节点及节点间关联边的形成及演化,较为符合网络信息主体间、网络信息主题间的关联及其演化,因而可将其用来研究网络信息的关联挖掘。

3.1 矩阵奇异值分解与隐含语义分析

主题提取模型通常包含多个流程,如文本预处理、文本向量化、主题挖掘和主题表示过程。每个流程中都有多种处理方法,不同的组合方法将会产生不同的建模结果。主题模型主要有奇异值分解(singular value decomposition,SVD),隐含语义分析(latent semantic analysis,LSA),隐含狄利克雷分配(latent dirichlet allocation,LDA),非负矩阵分解(non-negative matrix factorization,NMF)等。

3.1.1 奇异值分解

特征值分解可以提取矩阵特征,但其只能处理方阵。在现实世界中,大部分矩阵都不是方阵,如有 N 个学生,每个学生有 M 科成绩,这样形成的一个 $N\times M$ 的矩阵。对于任意矩阵而言,可利用奇异值分解方法[58]:

$$A = U\Sigma V^{\mathrm{T}} \tag{3-1}$$

假设 A 是一个 $N\times M$ 的矩阵,则得到的 U 是一个 $N\times N$ 的方阵(其中的向量是正交的,U 中的向量称为左奇异向量),Σ 是一个 $N\times M$ 的矩阵(除了对角线的元素都是0,对角线上的元素称为奇异值),V^{T}(V 的转置)是一个 $N\times N$ 的矩阵,其中的向量也是正交的,V 中的向量称为右奇异向量,如图 3.1 所示。

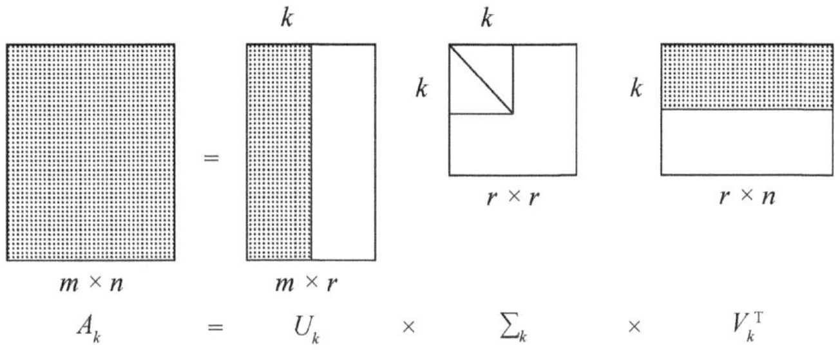

图 3.1　奇异值分解

奇异值分解的原理：首先，将一个矩阵 A 进行转置 A^{T}，将会得到一个方阵，用这个方阵求特征值可以得到：$(A^{\mathrm{T}}A)v_i = \lambda_i v_i$ 这里得到的 v，就是上面的右奇异向量。此外还可以得到：

$$\begin{aligned}\sigma_i &= \sqrt{\lambda_i} \\ u_i &= \frac{1}{\sigma_i}Av_i\end{aligned} \tag{3-2}$$

这里的 σ 就是上面说的奇异值，u 就是上面说的左奇异向量。奇异值 σ 跟特征值类似，在矩阵 Σ 中也是从大到小排列，而且 σ 减少得特别快，在很多情况下，前 10% 甚至 1% 的奇异值的和就占全部的奇异值之和的 99% 以上，即可以用前 r 大的奇异值来近似描述矩阵，这里定义一下部分奇异值分解：

$$A_{m\times n} \approx U_{m\times r}\Sigma_{r\times r}V^{\mathrm{T}}_{r\times n} \tag{3-3}$$

式中，r 为一个远小于 m、n 的数。

三个矩阵有非常清楚的物理含义：第一个矩阵 U 中的每一行表示意思相关的一类词，其中的每个非零元素表示这类词中每个词的重要性（或者说相关性），数值越大越相关。最后一个矩阵 V 中的每一列表示同一主题一类文章，其中每个元素表示这类文章中每篇文章的相关性。中间的矩阵 Σ 则表示类词和文章类之间的相关性。因此，只要对关联矩阵 A 进行一次奇异值分解，就可以同时完成近义词的分类和文章的分类[59]。

3.1.2　隐含语义分析

隐含语义分析（latent semantic analysis，LSA）是基于线性代数理论进行知识获取的一种理论方法，它的核心思想是认为文档中词与词之间存在着某种隐含的语义关系（称为语义空间），这种语义空间在文档中的上下文结构中，通过统计分析方法可以得到[60]。同时将语义空间定义为，具有相同或类似含义的词语间有一个相同的语义空间,而对于那种一词多义的词语而言,则根据用法的不同会存在于不同的语义空间结构中。通过对这种隐含语义结构的挖掘,有利于进一步消除文档中同义、多义现象在文档表达过程中的影响,达到更高的准确率。

能够解决上述问题的一个关键步骤就是如何将文档和词映射到同一语义空间中进行分析研究。在这里需要用到一个概念,即奇异值分解。隐含语义分析就是通过利用奇异值分解算法对文档中词-文档矩阵 A 进行分解,并取其中 k 个较大的奇异值及其对应的奇异矢量构成一个新的矩阵 A_k ,并用其近似表征原来的词-文档矩阵[61]。

概率隐含语义分析的基本思想是通过计算文档中共现词的概率来分析文档的语义空间。其中,用 $D = \{d_1, d_2, \cdots, d_n\}$ 表示文档集, $W = \{w_1, w_2, \cdots, w_n\}$ 表示词语集,文档中词的概率用 $p(d_i, w_j) = p(d_i)p(w_j \mid d_i)$ 来表示,由文档和词所共同组成的矩阵 $M = m(w, d)$,其中 $m(w, d)$ 表示单词 w 在文档 d 出现的次数。采用 $Z = \{z_1, z_2, \cdots, z_n\}$ 表示隐含语义的集合, k 为指定的一个常数。概率隐含语义分析假设词-文档对之间是条件独立的,并且隐含语义在文档或词上的分布也是条件独立的。

同时,概率隐含语义分析(probabilistic latent semantic analysis, pLSA)算法应用期望最大化(expectation maximization, EM)算法对隐含变量进行拟合估计[62]。在使用随机数初始化之后,交替实施 E 步骤和 M 步骤进行迭代计算。在 E 步骤中计算产生隐含语义 Z 的先验概率;在 M 步骤中,通过定义最小熵来不断优化,重复 E 步和 M 步,直到达到最优解①。

通过 pLSA 计算所得到的隐含语义空间根据实际意义具有这样的特点,即隐含变量的值越大表明越具有共性,与其他文档的区分度较小;而那些较小概率值的隐含变量往往包含大量的个性化信息,能够表达文档于其他文档的语义信息。

3.1.3 隐含狄利克雷分配

隐含狄利克雷分配(latent Dirichlet allocation, LDA)模型是一种比较全面的文档生成模型。LDA 模型是一个三层贝叶斯模型,假设文档是由若干个主题所组成的一个混合概率分布,而其中的每一个主题则又是由单词所组成的概率分布。概率主题模型可以看作是文档生成模型,也就是说,基于主题模型的一个简单概率过程来生成文档。当得到了新的文档时,首先计算其主题分布情况,其次再对该文档的各个单词从现有的主题分布中随机选取一主题,并根据由此主题得到单词分布,

① https://www.cnblogs.com/bentuwuying/p/6219970.html。

最后随机选取单词分布中的一个单词。研究显示,LDA 模型它能较好地解决 pLSA 算法所存在的参数数量增长过快和新文档主题概率如何分配等问题。

LDA 模型的基本原理如图 3.2 所示, z_i 表示第 i 个主题, w_j 表示词汇表的第 j 个词项, D 表示某篇文档 d_x 包含的特征词数, M 表示整个文档集 C 包含的文档数。θ 是一个与具体文档相关的多维随机变量,表示每篇文档中各个主题的混合分布, $\theta^{d_x} = (\theta_{x1},\theta_{x2},\cdots,\theta_{xk})$, $\theta_{xi} = p(t_i \mid d_x)$ 。ϕ 是一个与具体主题相关的多维随机变量,表示每个主题生成具体特征词的概率, $\varphi^{(ti)} = (\varphi_{i1},\varphi_{i2},\cdots,\varphi_{in})$, $\varphi_{ij} = P(w_j \mid t_i)$ 。α 是与整个文档集相关的超参数[63]。

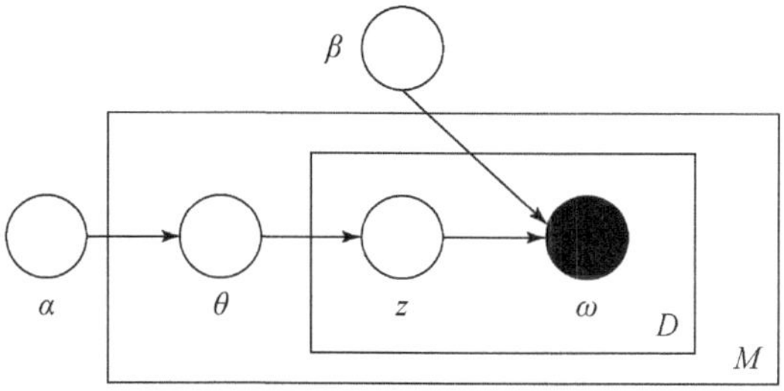

图 3.2　LDA 模型的基本原理

LDA 模型是一种非监督机器学习技术,可以用来识别大规模文档集(document collection)或语料库(corpus)中潜藏的主题信息。它采用词袋(bag of words)的方法,这种方法将每一篇文档视为一个词频向量,从而将文本信息转化为了易于建模的数字信息。但是词袋方法没有考虑词与词之间的顺序,简化问题的复杂性,同时也为模型的改进提供契机。每一篇文档代表一些主题所构成的一个概率分布,而每一个主题又代表很多单词构成的一个概率分布。

对于语料库中的每篇文档,LDA 模型定义如下生成过程(generative process):对每一篇文档,从主题分布中抽取一个主题;从上述被抽到的主题所对应的单词分布中抽取一个单词;重复上述过程直至遍历文档中的每一个单词。

更形式化一点说,语料库中的每一篇文档与 T(通过反复试验等方法事先给定)个主题的一个多项分布相对应,将该多项分布记为 θ。每个主题又与词汇表(vocabulary)中的 V 个单词的一个多项分布相对应,将这个多项分布记为 ϕ。上述词汇表是由语料库中所有文档中的所有互异单词组成,但实际建模的时候要剔除一些停用词(stopword),还要进行一些词干化(stemming)处理等。θ 和 ϕ 分别有一个带有超参数(hyperparameter)α 和 β 的 Dirichlet 先验分布。对于一篇文档 d 中的每一个单词,我们从该文档所对应的多项分布 θ 中抽取一个主题 z,然后我们再从主题 z 所对应的多项分布 ϕ 中抽取一个单词 w。将这个过程重复 N_d 次,就产生文档 d,这里的 N_d 是文档 d 的单词总数。这个生成过程可以用如图 3.3 所示的模型。

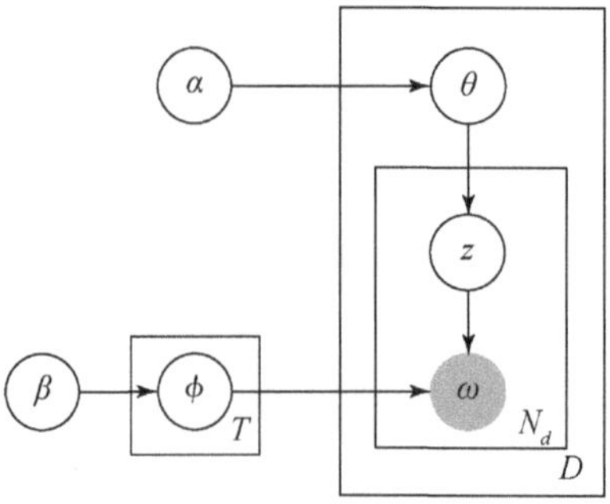

图 3.3　盘子表示法

图 3.3 模型表示法也称作盘子表示法(plate notation)[64]。图 3.3 中的阴影圆圈表示可观测变量(observed variable),非阴影圆圈表示潜在变量(latent variable),箭头表示两变量间的条件依赖性(conditional dependency),方框表示重复抽样,重复次数在方框的右下角。

LDA 模型有两个参数需要推断(infer):一个是"文档-主题"分布 θ,另一个是 T 个"主题-单词"分布 ϕ。通过学习(learn)这两个参数,可以知道文档作者感兴趣的主题,以及每篇文档所涵盖的主题比例等。推断方法主要有 LDA 模型作者提出的变分-EM 算法,还有现在常用的 Gibbs(吉布斯)抽样法。

3.1.4　非负矩阵分解

NMF,即 non-negative matrix factorization,中文为非负矩阵分解。NMF 模型可以视为 LDA 模型的特例,从理论上来说,这两个模型之间的联系非常复杂。但是在实际应用中,NMF 模型经常被视为参数固定且可以获得稀疏解的 LDA 模型。虽然 NMF 模型的灵活性不如 LDA 模型,但是该模型可以很好地处理短文本数据集[64]。

NMF 模型的思想:$V=WH$(W 为权重矩阵、H 为特征矩阵、V 为原矩阵),通过计算从原矩阵提取权重和特征两个不同的矩阵(图 3.4),属于一个无监督学习的算法,其中限制条件就是 W 和 H 中的所有元素都要大于 0。

文本在人类日常接触的信息中占有很大分量,为了更快更精确地从大量的文本数据中取得所需要的信息,针对文本信息处理的研究一直没有停止过。文本数据不光信息量大,而且一般是无结构的。此外,典型的文本数据通常以矩阵的形式被计算机处理,此时的数据矩阵具有高维稀疏的特征,因此,对大规模文本信息进行处理分析的另一个障碍便是如何削减原始数据的维数。NMF 模型正是解决这方面难题的一种新手段。智能文本处理的核心问题是以一种能捕获语义或相关信息的方式来表示文本,但是传统的常用分析方法仅仅是对词进行统计,而不考虑其

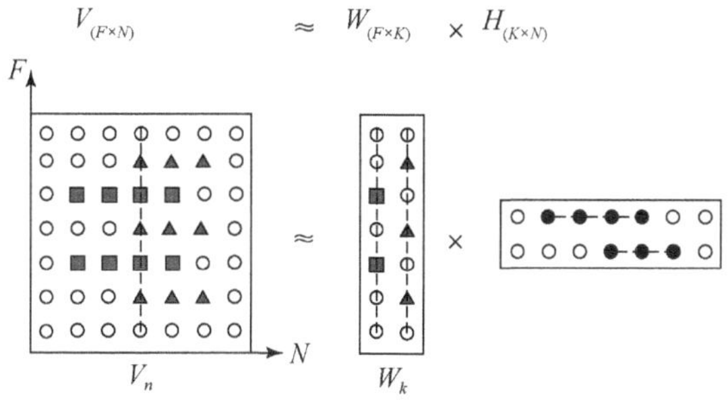

图 3.4 NMF 模型

他的信息。而 NMF 模型不同,它往往能达到表示信息的局部之间相关关系的效果,从而获得更好的处理结果[65]。

3.2 贝叶斯推理及贝叶斯网络

3.2.1 贝叶斯推理

样本(sample)x,参数(parameter)θ,贝叶斯公式[66]:

$$\pi(\theta_i \mid x) = \frac{f(x \mid \theta_i)\pi(\theta_i)}{\sum_i f(x \mid \theta_i)\pi(\theta_i)} \tag{3-4}$$

如果事件的分布是离散的,在分母用的是求和符号 $\sum$ 。如果参数的分布是连续的,那么分母就要用积分,于是可得到贝叶斯公式:

$$\pi(\theta \mid x) = \frac{f(x \mid \theta)\pi(\theta)}{\int_\Theta f(x \mid \theta)\pi(\theta)\,\mathrm{d}\theta} \tag{3-5}$$

式中,π 为参数的概率分布;$\pi(\theta)$ 为先验概率;$\pi(\theta|x)$ 为后验概率;$f(x|\theta)$ 为观测到的样本的分布,也就是似然函数(likelihood),竖线左边的才是我们需要的。其中,积分求的区间 Θ 指的是参数 θ 所有可能取到的值的域,所以可以看出后验概率 $\pi(\theta|x)$ 是在知道 x 的前提下在 Θ 域内的一个关于 θ 的概率密度分布,每一个 θ 都有一个对应的可能性(也就是概率)。

(1)似然函数

观测到样本 x 的分布是在以某个参数 θ 为前提下得出来的,所以记为 $f(x|\theta)$,只是并不知道这个参数是多少。所以,参数估计成为统计学里很大的一个课题,古典统计学中常用的方法有两种:矩方法(momnet)和 最大似然估计(maximum likelihood estimate,MLE)。我们常用的掷硬币例子中求均值的方法,本质就是矩估计方法,这是基于大数定理的。而统计学中更广泛的是使用最大似然估计的方法,其原理如下:假设有 n 个样本 $x_1, x_2, x_3, \cdots, x_n$,每一个变量都对应一个似然函数 $f(x_1 | \theta), f(x_2 | \theta), \cdots, f(x_n | \theta)$。这些似然函数相乘得

$$\text{lik}(\theta) = \prod_{i=1}^{n} f(x_i \mid \theta) \tag{3-6}$$

此时,只要找到令 $\text{lik}(\theta)$ 这个函数最大的 θ 值,便是想要的参数值。

(2)后验分布

以前想知道一个参数,要通过大量的观测值才能得出,而且是只能得出一个参数值。如果运用贝叶斯统计思想,这个后验概率分布 $\pi(\theta|x)$ 其实是一系列参数值 θ 的概率分布。简言之,得到了许多个参数 θ 及其对应的可能性,只需要从中选取目标值就可以:有时想要概率最大的参数,那就是后验众数估计(posterior mode estimator);有时想知道参数分布的中位数,那就是后验中位数估计(posterior median estimator);有时想知道这个参数分布的均值,那就是后验期望估计(posterior mean estimator)。

(3)置信区间和可信区间

针对某种正态分布 $N(\mu, \sigma^2)$,用样本求均值和方差的公式可以算出来这两个参数 $(\mu、\sigma)$,样本越多,得出的结果就接近真实值。对于算出的均值和方差,一般会构建一个 95% 或者 90% 的置信区间,这个置信区间是对于样本来说的,只算出了一个 μ 和 一个 σ 参数值的情况下,95% 的置信区间意味着在这个区间里的样本是可以相信是服从以 $(\mu、\sigma)$ 为参数的正态分布的。如果对得到的后验概率分布构造一个 90% 或 95% 的区间,称为可信区间。这个可信区间是对于参数 θ 来说的,对于得到的很多参数值,取其中概率更大一些的 90% 或 95%,便成为可信区间。

(4)先验分布

先验分布(prior distribution)就是在取得实验观测值以前对一个参数概率分布的主观判断。在扔硬币之前会有判断正面的概率是 0.5,这就是所谓的先验概率。为了让自己的描述准确点,我们可能会说正面的概率为 0.5 的可能性最大,0.45 的概率小点,0.4 的概率再小点,0.1 的概率几乎没有,等等,这就形成一个先验概率分布。

如果硬币的材质是不均匀的,于是可假设 0 ~ 1 每一种的可能性都是相同的,也就是设置成 0 ~ 1 的均匀分布 $U_{n_i}(0,1)$ 作为先验分布,这就是贝叶斯统计学当中的无信息先验(noninformative prior)。通过不断掷硬币来出现正面的概率,其贝叶斯过程如下:0 次试验的时候就是先验假设——均匀分布,然后掷了第一次是正面,于是概率分布倾向于 1,第二次又是正,概率是 1 的可能性更大了。但注意:这

时候在0.5的概率还是有的,只不过概率很小,在0.2的概率变得更小。第三次是反面,于是概率分布被修正了一下,从为1的概率最大变成了2/3左右的概率最大(3次试验,2次正1次反当然概率是2/3的概率最大)。再下面就是进行更多次的试验,后验概率不断根据观测值在改变,当次数很大的时候,结果趋向于0.5。古典概率学的弊端就是如果掷了2次都是正面,那我们就会认为正面的概率是1,而在贝叶斯统计学中,如果我们掷了2次都是正面,只能说明正面是1的概率可能性最大,但还是有可能为0.5、0.6、0.7等的概率,这就是对古典统计学的一种完善和补充,这就是贝叶斯统计学的哲学思想。

3.2.2 贝叶斯网络

一个贝叶斯网络定义包括一个有向无环图(directed acycli graphs,DAG)和一个条件概率表(conditional probability table,CPT)集合[67]。DAG中每一个节点表示一个随机变量,可以是可直接观测变量也可以是隐藏变量,而有向边表示随机变量间的条件依赖;CPT中的每一个元素对应DAG中唯一的节点,存储此节点对应于其所有直接前驱节点的联合条件概率。贝叶斯网络(Bayesian network)是一种概率图模型,根据概率图的拓扑结构,考察一组随机变量 $X_1, X_2, \cdots, X_n$,及其 n 组条件概率分布(conditional probability distributions,CPD)的性质。

连接两个节点的箭头代表此两个随机变量是具有因果关系(或非条件独立)的。若两个节点间以一个单箭头连接在一起,表示其中一个节点是“因”(parents),另一个节点是“果”(children),这样两个节点就会产生一个条件概率值。

如图3.5所示,节点 a、节点 b、节点 c 根据因果关系并通过有向线段连接。节点 a 是节点 b 和节点 c 的父节点,节点 b 与节点 c 是节点 a 的子节点,且节点 a 没有父节点,故节点 a 为根节点。

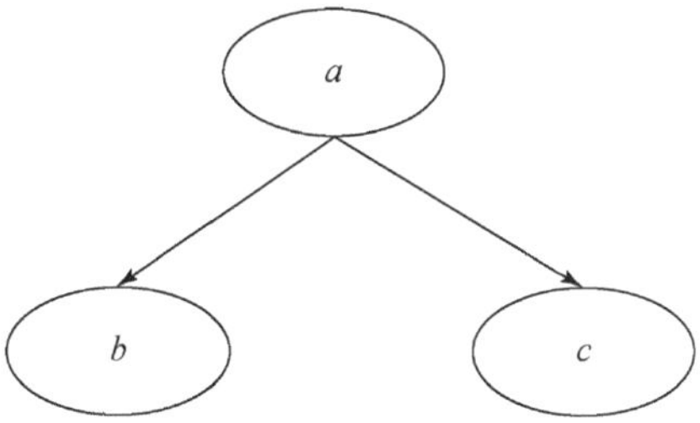

图3.5 贝叶斯网络

贝叶斯网络是一种模型,它用来反映世界上一些事物的可能的情况(或者说是状态)的发生概率。任何系统都可以用贝叶斯网络来模拟,当一件事件发生的时候,另一件事件更容易发生,这时候就用概率来表达,而且这种概率通常表达的是因果关系。贝叶斯网络可帮助我们更好地理解世界,以及去预测这个世界会怎样运行。贝叶斯网络只模拟那些具有因果关系的事件的概率。此外,贝叶斯网络具有可调整性。贝叶斯网络可大可小,可以在原来的概率模型上增加或者是删减。

贝叶斯网络是统计推断中的重要工具。简单地说,贝叶斯网络就是对于由一系列待估计量作为自变量的联合分布的一种描述,即贝叶斯网络描述了如下的后验分布 $p(\theta|X)$。其中,θ 为一个待估计变量构成的向量,X 为一系列的已知测量量。原则上讲,如果能够写出 $p(\theta|X)$ 的具体表达式,就能给出关于 θ 的统计特征的描述,从而直接求解这一统计推断问题。如果必要,在贝叶斯的框架下,我们可以将这一后验概率进一步展开为

$$p(\theta \mid X)=p(\theta)p(X \mid \theta) \tag{3-7}$$

即先验概率 $p(\theta)$ 和似然函数 $p(X|\theta)$ 的乘积。如果有后验概率的具体表达式,原则上可以对待估计变量 θ 的统计特征进行直接估计。然而现实并不那么美好,如果 θ 的维度很高,而且后验概率形式特别复杂,往往导致在对 θ 的某个分量求解边缘分布时的积分无法简单直接求得。例如,求某个分量的期望就必然涉及对后验概率的积分。蒙特卡罗积分法对于高维度的积分问题而言是一种可行的解决方案,基于这一原理,我们就能用基于抽样的方法来解决这一问题(这里的抽样是指按照给定的联合分布产生一个符合该分布的样本,而不是指从一个总体中抽取出一个样本)。

如果能够对后验概率进行采样,即根据后验概率获得一系列 θ 的实现样本,就能够对这个样本进行直接的统计,从而获得对 θ 的估计。那么如何完成对 $p(\theta|X)$ 的采样呢?这时候便要请出吉布斯采样算法了。吉布斯采样算法的基本思想很直接,就是依次对 θ 的各个分量进行采样,在采样某一个分量的时候,认为其他分量固定。这就将多维采样问题转换为了对一维分布进行采样,而这能够用拒绝算法(或者自适应拒绝算法)、切片法等解决。

在实践中,如果直接对后验概率进行吉布斯采样,效率较低,而贝叶斯网络的出现可以显著改善吉布斯采样的效率。如果我们能够把后验概率进行分解,考虑各个参量之间的关系,在对某一具体分量进行采集的时候,只需要计算和它相关的量,就能大大降低计算的复杂性,从而提高效率。

从拓扑角度看,贝叶斯网络属于有向无环图,组成图的每一个节点代表一个量,可以是随机节点(stochastic node)也可以是确定节点(deterministic node)。随机节点描述一个由其所有父节点作为参量、所有直接或间接子节点作为似然函数的后验分布。确定节点描述一个函数,函数的自变量为该节点的所有父节点,函数的值由这些父节点共同确定。连接节点的边描述节点之间的逻辑关系。所有的依赖

关系均用箭头表示,从被依赖的节点指向被决定的节点。

在程序内部记录各个节点之间的逻辑关系,就很容易利用图搜索的方法确定待采样的当前节点依赖于哪些其他节点,从而只需要计算那些相关节点的值即可。

3.3 社会网络分析与异质信息网络分析

3.3.1 社会网络分析

社会网络分析(social network analysis)是一种社会学研究方法,社会学理论认为社会不是由个人而是由网络构成的,网络中包含节点及节点之间的关系,社会网络分析法通过对网络中关系的分析,探讨网络的结构及属性特征,包括网络个体属性及网络整体属性。网络个体属性分析包括点度中心度、接近中心度等;网络整体属性分析包括小世界效应、小团体研究、凝聚子群等[68]。

社会网络分析法是社会行动者及他们之间关系的集合,行动者可以是个人、群体、组织乃至国家。关系是多方面的,有多种类型。由来自一个群体内行动者之间的关系构成的网络叫作1-模网络;两个群体的行动者之间的关系网叫作2-模网络;一个群体内的行动者参与多个社会团体构成的网络叫作隶属关系网。

常规统计分析处理的都是属性数据,社会网络分析处理的则是关系数据,其分析单位是"关系",是从"关系"角度出发研究社会现象和社会结构,从而捕捉由社会结构形成的态度和行为。由于关系数据不满足常规统计学意义上的"变量的独立性假设",因此,通常意义上的各种多元统计方法多数不能用来分析关系数据。社会网络分析法在本体论、认识论、方法论及具体的研究方法上都有其独到之处,这也是社会网络分析得到学界广泛关注的重要原因之一。社会网络分析研究的内容包括个体网研究、二方关系、三方关系、凝聚子群、块模型等,研究方法包括图论和矩阵方法。ucinet、NetDraw、Pajek 等软件都是专门处理社会网络分析的。

个体网关注"自我",整体网关注整体网络的结构,二者之间还存在一种中间网络,可界定为局域网。如果把这些网络结合在一起,并且根据不同的标准,那么"关系网络"可以分为多种类型①。

1)网络密度分析:网络密度是网络中各个成员之间联系的紧密度,可以通过网络中实际存在的关系数与理论上可能存在的关系数相比得到,成员之间的联系越多,该网络的密度越大。整体网的密度越大,该网络对其中行动者的态度、行为等

① https://blog.csdn.net/zhaozhn5/article/details/78061556。

产生的影响可能越大。

2）网络中心性分析：中心性（centrality）是度量整个网络中心化程度的重要指标，在城市群网络中，处于中心位置的城市更易获得资源和信息，拥有更大的权力和对其他城市更强的影响力。网络中心性又可以分为点度中心度、接近中心度和中间中心度三个指标。

3）凝聚子群分析：凝聚子群是满足如下条件的一个行动者子集合，即在此集合中的行动者之间具有相对较强、直接、紧密、经常的或者积极的关系。城市网络凝聚子群是用于揭示和刻画城市群体内部子结构状态。找到城市网络中凝聚子群的个数及每个凝聚子群包含哪些城市成员，分析凝聚子群间关系及连接方式，这都可以从新的维度考察城市群网络的发展状况。

社会网络分析可以解决或可以尝试解决下列问题：①人际传播问题、发现舆论领袖、创新扩散过程；②小世界理论、六度空间分割理论；③Web分析、数据挖掘中的关联分析、形成交叉销售、增量销售，也就是啤酒和尿布的故事；④社会资本、产业链与价值链；⑤文本的意义输出，通过追问调查研究文本的关联和意义；⑥竞争情报分析；⑦语言的关联、符号意义；⑧相关矩阵或差异矩阵的统计分析，类似得到因子分析和多维尺度分析（multidimensional scaling，MDS）；⑨恐怖分子网络；⑩知识管理与知识的传递，弱关系的力量；⑪引文和共引分析等。

关于“关系”被认为是一种双向属性，而主流社会科学所关注的是单一属性。例如，收入、年龄、学历、性别等，但社会网络分析考虑的主要类型是一对“行动者”之间的二元属性，社会活动中存在不同的二元属性关系，见表3.1。

表3.1　社会网络分析的二元关系类型及其例子

二元关系	例子
血缘关系	是谁的兄弟，是谁的父亲，婚姻关系等
社会角色	是谁的领导，是谁的教师，是谁的朋友等
情感关系	喜欢谁，尊敬谁，恨谁等
认知关系	知道谁，与谁看起来相似等
行动关系	同谁谈话，一同吃饭，进攻谁，传递信息给谁，从谁接受信息等
流动关系	汽车流量，信息流量，通信流量等
距离关系	两地距离
相似关系	相关系数度量
共同发生	同一个俱乐部，有相同颜色头发等

三种中心度如下。

1）点度中心度：表示与该点直接相连的点的个数，无向图为 $n-1$，有向图为入度、出度,分为绝对和相对。点度中心势表示网络图的整体中心性。体现整体网的集中程度。星形网络图核心点度中心度为 $n-1$,其余点为 1,中心势为 1;完备图每个点中心度都是 $n-1$,中心势为 0。

2)中间中心度:表示该点的“中间人”程度,即媒介程度,分为相对和绝对。计算方法为其他任何两点的测地线(测地线表示两点之间的最短距离),以及过该点的测地线数目之比。中间中心势表示整个网的中间性。星形网的中间中心势为 1,环形网的中间中心势为 0。星形网核心点可以控制其他所有点的交往,中间中心度最大,而其余点在网的边缘,无法控制其他点的交往,故中间中心度为 0。

3)接近中心度:表示一种对不受他人控制的测度。通俗讲就是一个点和所有其他点的接近性程度,分为绝对和相对。计算方法是该点与其他所有点的测地线距离之和。接近中心势表示整体网的接近集中趋势。同点度中心势类似,星形网接近中心势为 1,环形和完备图接近中心势为 0。

这些中心度的计算中,点度中心度最为简单,就是邻接矩阵的行和列代表出度和入度,然后对每个元素进行计算即可。比较难的是中间中心度和接近中心度,因为涉及测地线的计算。在社会网络分析中,矩阵的乘法是非常重要的。它可以用来研究网络中“途径”的个数。简单来说,邻接矩阵一次方(即邻接矩阵本身)表示某一个行动者到另一个行动者之间存在多少条距离为 1 的途径;同理,邻接矩阵的平方表示某一个行动者到另一个行动者之间存在多少条距离为 2 的途径,以此类推。那么,当一个矩阵的某一个行动者到另一个行动者的途径,第一次由 0 突变为非 0 时,就是这两个行动者的“距离”(最短距离,即测地线)的产生。

据此可以先实现接近中心度的算法:简单描述为计算邻接矩阵的乘积(对角线初始为 0,因为一个点到它本身不存在一条距离为 1 的途径),记录下每次乘后的矩阵及乘前的矩阵,进行每个元素的比较,如果由 0 突变为非 0,则在测地线长度矩阵中保存对应位置的值为邻接矩阵的次数,如二次方就记为 2,三次方就记为 3,表示该位置的两个点的测地线长度为 2 或 3,同时,还要在测地线条数矩阵中保存测地线的条数(求中间中心度需要用到),直到测地线矩阵中所有的值都求出后停止矩阵相乘。利用测地线长度矩阵,可以求出绝对接近中心度,即矩阵每一行进行求和。

中间中心度的主要问题就是如何求每条测地线途经的点。可以使用测地线条数矩阵和邻接矩阵来实现:遍历测地线条数矩阵,对于每一个点首先可以得到中心度的分母,即测地线的条数。其次以测地线的长度为循环次数,对邻接矩阵进行以下操作:从起点开始,列出相邻的节点,并保存到向量中,此为一次循环,接下来以相邻节点为起点,继续列出相邻节点,存入向量中,此为二次循环,直到循环结束。循环过程中,如果回到循环的点,则不存入向量,起点本身也排除。这样本质就是列出所有途径的树。这样根据树的层数判断距离然后从终点反推到起点,得到路径判断是否经过判断节点即可。统计经过判断节点的数量,就是中间中心度的分子①。

3.3.2 异质信息网络

异质信息网络(heterogeneous information network)被定义为一个有向图,它包含多种类型的对象或者关系,每个对象属于一个特定的对象类型,每条关系属于一个特定的关系类型[69]。网络模式(network schema)是定义在对象类型和关系类型上的一个有向图,是信息网络的元描述。

图 3.6(a)是一个由科技文献数据构建的典型异质信息网络实例。该网络包含三种类型的对象:论文、会议和作者;每篇论文有到作者和会议的链路关系,每条链路属于一种关系类型。

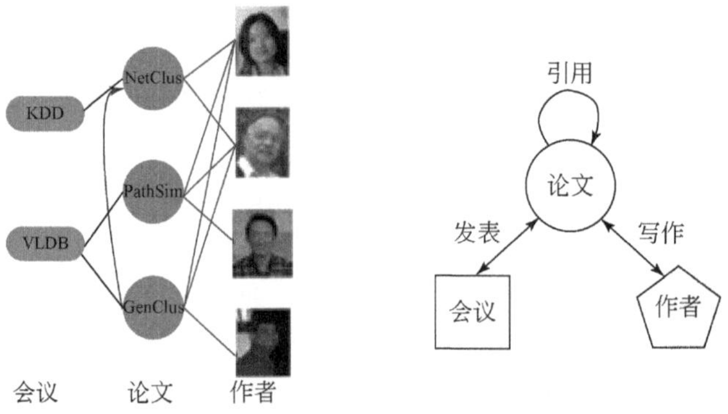

(a) 网络实例　　(b) 网络模式

图 3.6　由文献数据构建的典型异质信息网络

图 3.6(b)是该网络的网络模式,描述了文献网络包含的对象类型(会议、论文、作者)和相应的关系(撰写/被撰写、出版/被出版、引用/被引用)。

实际上,大多数真实系统都存在多种类型对象的相互交互。例如,社会化媒体网站(如微信和微博)包含多种类型的对象(如用户、帖子和标签)和这些对象之间的复杂交互(如用户之间的朋友、跟帖、通信等关系,用户和帖子之间的发布关系)。医疗系统包含医生、病人、疾病和设备等对象类型及他们之间的交互。一般来说,这些交互系统都可以被建模为异质信息网络。异质信息网络已经广泛应用

① https://blog.csdn.net/lyandgh/article/details/78507253。

于主要的数据挖掘问题，特别是相似性度量、聚类、分类、链接预测、推荐等任务。

异质信息网络建模的优势在于整合更多信息和包含丰富语义，这同时也造成了异质信息网络分析的难点：如何有效利用异质信息和探索丰富语义。

作为有效利用异质信息和探索语义的工具，元路径被广泛应用于异质信息网络分析。例如，利用对称元路径抽取两个节点之间的连通路径来度量二者的相似性，这样不仅利用到了相关的异质信息，而且体现节点和边的丰富语义。很多机器学习技术都可以应用到异质信息网络分析中。例如，随机游走模型、主题模型、矩阵模型和概率模型。各类信息也都能够整合到异质信息网络分析中。例如，属性信息、文本信息和用户指导信息。

相比于学习大数据的深层特征的深度学习方法，最近兴起的广度学习(broad learning)[70]整合不同类型的多个数据源进行融合学习，并在一些应用中取得了显著效果。由于异质信息网络是大数据时代整合不同类型数据的天然工具，因此结合异质信息网络研究广度学习方法不仅会推动新的机器学习方法的发展，而且为解决大数据的多样性提供新的思路。

3.4 语义网络与知识图谱

3.4.1 语义网络

语义网络(semantic network)是一种用图来表示知识的结构化方式。它是由节点和节点之间的弧组成，节点表示概念(事件、事物)，弧表示它们之间的关系[71]。在数学上语义网络是一个有向图，与逻辑表示法对应(图3.7)。

语义网络可以看成是一种用于存储知识的数据结构，即基于图的数据结构，这里的图可以是有向图，也可以是无向图。使用语义网络，可以很方便地将自然语言的句子用图来表达和存储，用于机器翻译、问答系统和自然语言理解。

语义网络由下列四个相关部分组成：①词法部分：决定词汇表中允许哪些符号，它涉及各个节点和弧线。②结构部分：叙述符号排列的约束条件，指定各弧线连接的节点对。③过程部分：说明访问过程，这些过程能用来建立和修正描述，以及回答相关问题。④语义部分：确定与描述相关的意义的方法，即确定有关节点的排列及其占有物和对用弧线。

语义网络的一个重要特性是属性继承。凡用有向弧联结起来的两个节点有上

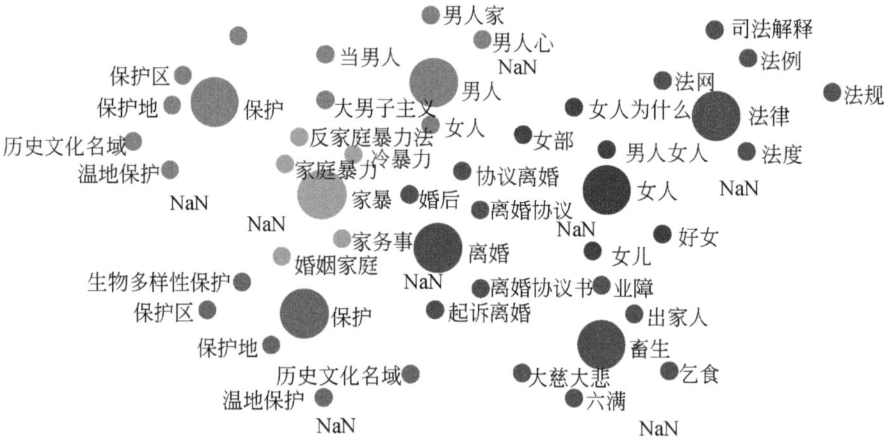

图 3.7　语义网络示例①

位与下位关系。例如,“兽”是“动物”的下位概念,又是“虎”的上位概念。所谓“属性继承”指的是凡上位概念具有的属性均可由下位概念继承。在属性继承的基础上可以方便地进行推理是语义网络的优点之一。

语义网络具有下列特点:①能把实体的结构、属性与实物间的因果关系显式和简明地表达出来,与实体相关的事实、特征和关系可以通过相应的节点弧线推导出来。这样便于以联想方式实现对系统的解释。②由于与概念相关的属性和联系被组织在一个相应的节点中,因而使概念易于受访和学习。③表现问题更加直观,更易于理解,适于知识工程师和领域专家沟通。语义网络中的继承方式也符合人类的思维习惯。④语义网络结构的语义解释依赖于该结构的推理过程而没有结构的约定,因而得到的推理不能保证像谓词逻辑法那样有效。⑤节点间的联系可能是线状、树状或网状的,甚至是递归状的结构,使相应的知识存储和检索可能需要比较复杂的过程。

语义网络具有的优点是:①直接而明确地表达概念的语义关系,模拟人的语义记忆和联想方式。②可利用语义网络的结构关系检索和推理,效率高。但它不适用于定量、动态的知识;不便于表达过程性、控制性的知识。

3.4.2　知识图谱

知识图谱(knowledge graph)本质上是一种叫作语义网络的知识库,即具有有

① http://www.diyitui.com/content-1504713665.69289447.html。

向图结构的一个知识库,其中图的节点代表实体(entity)或者概念(concept),而图的边代表实体/概念之间的各种语义关系,如两个实体之间的相似关系[72]。

知识图谱中包含以下内容。

1)实体:具有可区别性且独立存在的某种事物。例如,某一个人、某一个城市、某一种植物、某一种商品等。世界万物由具体事物组成,此指实体。例如,“中国”“美国”“日本”等。实体是知识图谱中的最基本元素,不同的实体间存在不同的关系。

2)语义类(概念):具有同种特性的实体构成的集合,如国家、民族、书籍、电脑等。概念主要指集合、类别、对象类型、事物的种类,如人物、地理等。

3)内容:通常作为实体和语义类的名字、描述、解释等,可以由文本、图像、音视频等来表达。

4)属性(值):从一个实体指向它的属性值。不同的属性类型对应于不同类型属性的边。属性值主要指对象指定属性的值。例如,“面积”“人口”“首都”是几种不同的属性。属性值主要指对象指定属性的值,如 960 万 km^2 等。

5)关系:形式化为一个函数,它把 k 个点映射到一个布尔值。在知识图谱上,关系则是一个把 k 个图节点(实体,语义类、属性值)映射到布尔值的函数。

代表知识库中的三元组集合。三元组的基本形式主要包括(实体 1-关系-实体 2)和(实体-属性-属性值)等。每个实体(概念的外延)可用一个全局唯一确定的 ID 来刻画实体的内在特性,而关系可用来连接两个实体,刻画它们之间的关联。

知识图谱的架构包括自身的逻辑结构及构建知识图谱所采用的技术(体系)架构。

(1)知识图谱的逻辑结构

知识图谱在逻辑上可分为模式层与数据层两个层次,数据层主要是由一系列的事实组成,而知识将以事实为单位进行存储。如果用(实体 1,关系,实体 2)、(实体,属性,属性值)这样的三元组来表达事实,可选择图数据库作为存储介质,如开源的 Neo4j、Twitter 的 FlockDB、sones 的 GraphDB 等。

模式层构建在数据层之上,是知识图谱的核心,通常采用本体库来管理知识图谱的模式层。本体是结构化知识库的概念模板,通过本体库而形成的知识库不仅层次结构较强,并且冗余程度较小。

(2)知识图谱的体系架构

知识图谱的体系架构是指其构建模式结构,如图 3.8 所示。其中虚线框内的部分为知识图谱的构建过程,也包含知识图谱的更新过程。

知识图谱构建从最原始的数据(包括结构化数据、半结构化数据、非结构化数

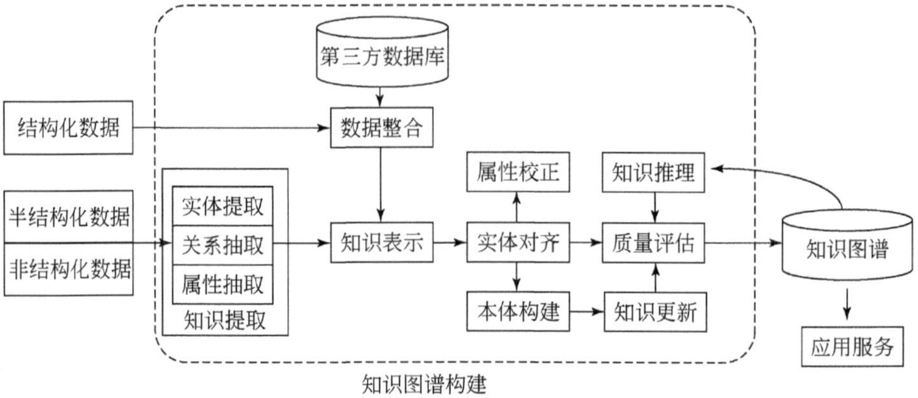

图 3.8　知识图谱的技术架构①

据)出发,采用一系列自动或者半自动的技术手段,从原始数据库和第三方数据库中提取知识事实,并将其存入知识库的数据层和模式层,这一过程包含:信息抽取、知识表示、知识融合、知识推理四个过程,每一次更新迭代均包含这四个阶段。

知识图谱主要有自顶向下(top-down)与自底向上(bottom-up)两种构建方式②。自顶向下指的是先为知识图谱定义好本体与数据模式,再将实体加入知识库。该构建方式需要利用一些现有的结构化知识库作为其基础知识库。

自底向上指的是从一些开放链接数据中提取出实体,选择其中置信度较高的加入知识库,再构建顶层的本体模式。目前,大多数知识图谱都采用自底向上的方式进行构建,其中最典型就是 Google 的 Knowledge Vault 和微软的 Satori 知识库。现在也符合互联网数据内容知识产生的特点。

① https://www. jianshu. com/p/4f09043e22ea。

② http://www. xue63. com/toutiaojy/20180217A0G95300. html。

第二部分

网络信息的模式识别

4 主题挖掘

本书所研究的社会化标注系统是对特定用户资源属性进行挖掘识别的,采用主题挖掘能进行有效的分类,对其所含有的属性在可接受的范围内进行汇总。对于主题挖掘比较成熟的技术主要有 pLSA、LDA,本书进行分别建模来分析建立在社会化标注下的影响程度,并在此基础上运用贝叶斯的统计理论结合二者的不足,以期得到理想的结果。pLSA 在 LSA 算法的基础上,运用坚固的数学统计基础及生成图模型进行构建,已有文献显示该算法在信息获取过程中可以取得比较优良的词-文档匹配;LDA 作为一个完全生成模型,它将主题分布看成是 k 维参数的潜在 Dirichlet 分布,取消与训练样本相关的理解观念,不存在 pLSA 所出现的过度拟合现象。在上述两个理论基础结合下,并运用贝叶斯理论中的先验知识、样本信息进行不断优化与完善,如图 4.1 所示。

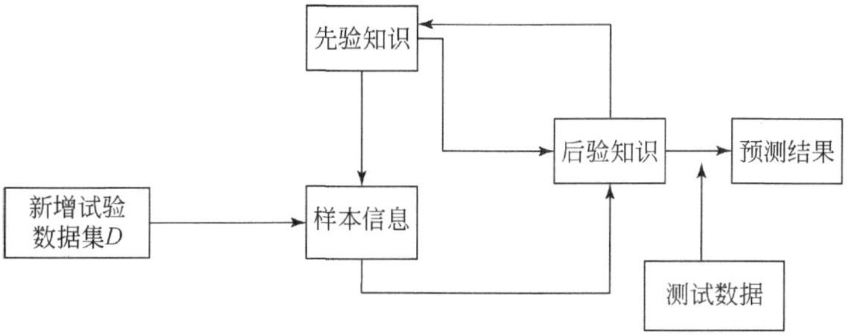

图 4.1　贝叶斯理论基本框架

4.1　基于贝叶斯隐含语义分析的标注主题聚类

隐含语义分析可将表示文档的高维数据投影在低维的语义空间中,大大减小了问题的规模,同时解决原本文档数据的稀疏问题,得到新的低维语义空间[73,74],可以描述成如图 4.2 所示。从图 4.2 中可以看出,同一语义空间中通过计算词语和文档,词语间及文本间向量间的距离来作为它们之间的相似度,如图 4.2 中的词向量 $\boldsymbol{B}$ 和词向量 $\boldsymbol{C}$ 距离很近表示成同义词,文本向量 $\boldsymbol{D}$、文本向量 $\boldsymbol{E}$ 虽然包含不同词语但它们之间的空间位置相近表示具有相近的主题,而词向量 $\boldsymbol{A}$、词向量 $\boldsymbol{B}$ 空间位置很远表示它们之间含义不是相近的。同时需要注意的是,那些无关紧要或者说是次要的信息在这里都被忽略掉,只考虑文本中的主题信息[75]。

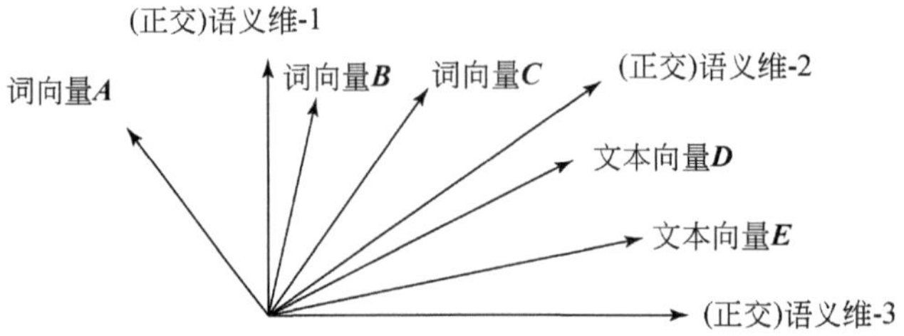

图 4.2　语义空间[73,74]

隐含语义分析算法将词和文本间用隐含语义进行表示,并映射到同一空间,呈现出与传统向量空间模型相比明显的优势,具体表现在:①与传统向量模型(通过计算频率和分布来估计词在文本中的出现次数)相比,LSA 算法对词与文本间的语义关系进行了强化分析,它将解决传统模型所出现的同义、一词多义等词义问题,通过在空间中计算向量距离来估计向量间的相似度,得到较好的效果;②LSA 算法可以计算词之间、词与文本及文本间的相似度,具有较好的灵活性;③LSA 算法运用 SVD 技术将低维的语义空间表示为原始的高维空间向量,这样对于大规模的文本库能够较好地处理;④LSA 算法整个过程不需要具有任何的知识领域操作,只需输入原始的文本序列,就可以自动提取较适当合适的语义空间,结合相关的文本分析,能够达到对文本进行分类和知识获取的目的。

在一定程度上,LSA 算法也存在其自身的缺点与不足:一方面,由于在语义空间中每个词对应是其中的某个点,所以当该词为多义词时,语义空间中该点则表示它所代表多个语义的平均信息。这样得到的结果会在某些情况下造成信息的模糊度。另一方面,LSA 算法在进行信息提取时,假定语法信息处于文档信息表达的次要层次,归根结底仍然是一种“bag of word”(它将所有词向量进行线性加权产生文本向量)的结构。然而,语法信息将词语间进行深层次的衔接,这样做的结果是不能全面的把握文档信息。

针对上述 LSA 算法存在的缺点与不足,研究者开始从语义角度出发将 LSA 算法与语法结构进行有利的结合,提高 LSA 算法识别和获取知识的能力。LSA 算法所解决的问题是针对词、文档等一系列的可见变量而言的,对于词语的隐含语义不能有效地分析、理解。基于上述问题,Hoffman 对于 LSA 算法所存在的缺点和不足进行修正,提出一种新型的隐性变量挖掘算法,即 PLSA[76~78]。他运用概率生成模型来表示“文档-隐含语义-词”三者间的关系,以替代 LSA 算法中的 SVD 技术。需要指出的是,pLSA 中的概率生成模型指的是生成某种概率密度函数的因素,以及这些因素间的相互作用过程。图4.3(a)显示LDA算法的一般形式,但是由于图中的隐含变量z的数目一般要小于文档集d或者词语w的数目,因此图4.3(a)中的z将成为瓶颈变量,依据贝叶斯理论进行逆转,如图4.3(b)所示[79]。

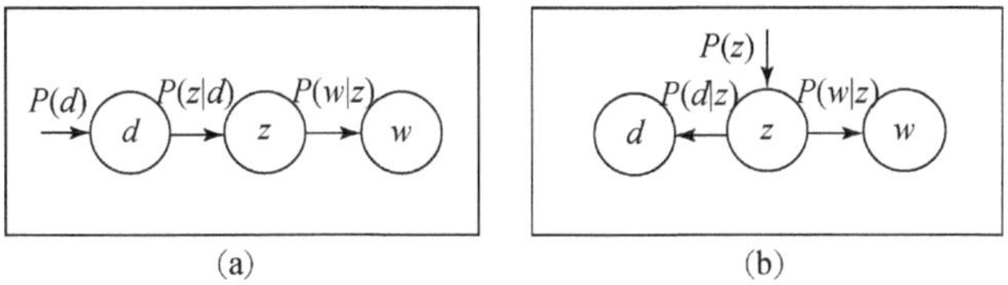

图4.3 概率隐含语义分析图[79]

概率隐含语义分析的基本思想是通过计算文档中共现词的概率来分析文档的语义空间。其中,用$D = \{d_1, d_2, \cdots, d_n\}$表示文档集,$W = \{w_1, w_2, \cdots, w_n\}$表示词语集,文档中词的概率用$p(d_i, w_j) = p(d_i)p(w_j \mid d_i)$来表示,由文档和词所共同组成的矩阵$M = m(w, d)$,其中$m(w, d)$表示单词$w$在文档$d$出现的次数。采用$Z = \{z_1, z_2, \cdots, z_n\}$表示隐含语义的集合,$k$为指定的一个常数。概率隐含语义分析假设词-文档对之间是条件独立的,并且隐含语义在文档或词上分布也是条件独立的。在上面假设的前提下,可使用式(4-1)和式(4-2)来表示"词-文档"的条件概率。

$$p(w_i \mid d_i) = \sum_{k=1}^{k} p(w_i \mid z_k)p(z_k \mid d_i) \tag{4-1}$$

$$p(d_i, w_j) = p(d_i)p(w_j \mid z_k)p(z_k \mid d_i) \tag{4-2}$$

式(4-1)和 式(4-2)为隐含语义在词上的分布概率,也可以理解为词对隐含语义的贡献度,通过对$p(w_j \mid z_k)$排序可以得到隐含语义的一个直观的词的$p(z_k \mid d_i)$表示文档中的隐含语义分布概率,如图4.4所示。

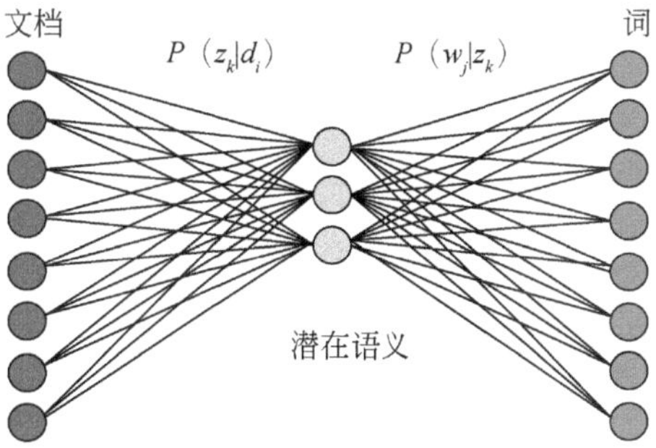

图4.4 概率隐含语义分析

4.1.1 基于贝叶斯隐含语义分析的标注主题聚类

基于概率隐含语义资源主题发现的基本思想如下,针对大众标注型网站用户生成标签的随意性,运用概率隐含语义技术来消除标签的同义性及一词多义现象,同时生成了标签及资源的隐含语义;在此基础上,依据生成的资源和标签解释了实测关系[80]的隐藏变量之间的关系,进行相似度计算,并加以聚类分析,从而有效、及时地发现主题漂移,更好地满足舆论监控的要求。具体而言,本书首先对 pLSA 模型进行了相应的改进,将其应用于资源主题确定的问题中,在对资源主题确定时,首先构建“资源-标签”矩阵,并基于改进的 pLSA 模型及所构建的“资源-标签”矩阵,确定相应资源主题的标签集合,实现过程如图 4.5 所示[81]。

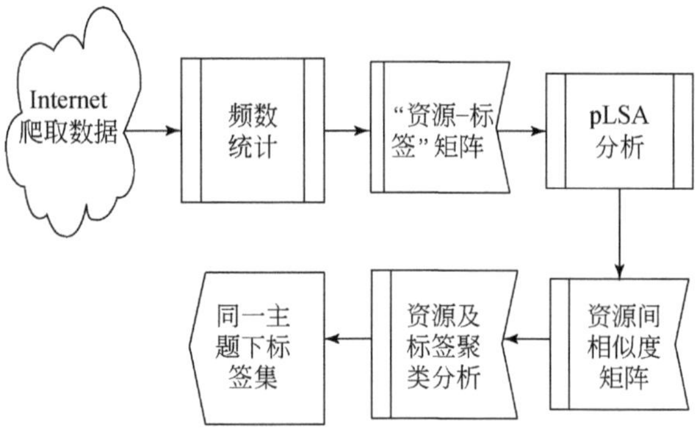

图 4.5 隐含主题主要生成框架

概率隐含语义方法提供了一个单一的框架去量化标签之间的、资源之间的、标签和资源之间的,以及标签或资源和“解释”了实测关系[82]的隐藏变量之间的关系。给出 n 个标签模型,即 $T = \{t_1, t_2, \cdots, t_n\}$,m 个资源,即 $I = \{i_1, i_2, \cdots, i_m\}$,pLSA 模型与数据的检测一起关联着一套未知的因素变量,即 $Z = \{z_1, z_2, \cdots, z_n\}$ 。每个观察结果对应于一个资源 i_k 模型中标签 t_j 的权重 $w_{ik}(t_j)$ 。这个权重可以是标签在资源页面的重要性或与资源有关的标签频率。对于一个给定的资源 i 和一个给定的标签 t,可以导出下面的联合概率(具体的导出过程见[83]):

$$P_r(i,t) = \sum_{k=1}^{q} P_r(z_k) P_r(i \mid z_k) P_r(t \mid z_k) \tag{4-3}$$

为了解释 (T,I) 中的观察需要估计参数 $P_r(z_k)$ 、$P_r(i \mid z_k)$ 和 $P_r(t \mid z_k)$,最大化以下观察数据的可能性 $L(I,T)$:

$$L(T,I) = \sum_{t\in T}\sum_{i\in I} w_u(t)\log P_r(i,t) \tag{4-4}$$

最大期望(EM)算法被用于估计参数的可能的最大值。基于 $P_r(z_k)$ 、$P_r(i\mid z_k)$ 和 $P_r(t\mid z_k)$ 的初始值,该算法在期望步骤和最大化步骤中采用了重估计参数。迭代期望和最大化步骤使被观察的数据的整个可能性 $L(I,T)$ 单调递增直到找到一个局部最优解[82]。pLSA 模型的一个主要优点是用上述估计参数进行概率推理,由此可以导出用户间、页面间、用户和页面间的关系。

(1)"资源-标签"矩阵的构建

借助网络爬虫从大众标注网站中获取原始网页,根据资源与主题的关系将每个资源作为一条记录按照一定的格式保存在 Excel 中。数据处理过程分为标签清理、词频统计、词语权重计算及构造"资源-标签"矩阵四个步骤组成,具体算法如下 $P(z\mid d)$ 。

```
输入: tag //标签集
输出: resource //资源链表,其中每个元素包含标签和其出现的频数
  For i:=0 to length do //length 是 tag 的种类数
    If tag. index(i)in resource //资源中包含的当前标签
        The value of Current word in tag add 1 //value 是标签集中对应词的
          频数
      Else add list. index(i)to dic and set value 1 //不含该词,添入标签集频
        数设 1
```

构造"资源-标签"矩阵 $X_{m\times n}$:先统计所有资源中出现的标签,建立空的"标签-资源"矩阵,其中 m 和 n 为资源与标签的种类;运用前面标签频数统计的结果依次填充每个资源向量,如果包含该标签,就在相应位置上填充上权重值,如果不存在就设为 0。最后得到"标签-资源"矩阵。

```
输入: tag,resource //所有标签集;资源链表,元素为每资源的词典
输出:x // 标签-资源矩阵
  For i=0 to tag. length do
  For j=0 to resource. length do
    If current tag. length contains current tag
        x[j][i]=resource. tag[i]. value //value 当前标签在当前资源中的频数
    Else x[j][i]=0
```

(2)基于 pLSA 及"资源-标签"矩阵的资源主题确定

应用 pLSA 分析,可以得到隐含变量 z_k 在资源 r_j 已知的条件下的条件概率 $p(zk\mid r_j)$,由此构建"资源-主题"变量 $RZ_j = \{P_{j,k-1}, P_{j,k+1}\}$,其中,$P_{j,i}$ 代表资源潜在主题 z_i 在资源 r_j 条件下的概率 $p(z_k\mid r_j)$,此向量反映资源和主题变量的关系,并

以此应用欧氏距离公式定义两资源间的相似度,具体实现过程如下。

输入:“资源-主题”变量 RZ_i,隐含因子 k;

输出:产生 10 个潜在因素下的高频标签推荐;

步骤 1:利用 PLSA 算法和“资源-标签”矩阵 X,计算每个资源的资源-隐含变量 RZ_i;

步骤 2:将步骤 1 的结果中任意选择 k 个对象作为初始的聚类中心;

步骤 3:计算剩余的对象与步骤 2 生成的聚类中心的距离,并将各对象划分到与其最近的类中;

步骤 4:重复计算各类中的新的聚类中心的质心;

步骤 5:返回到步骤 2 和步骤 3 进行迭代运算,当 k 个类中的质心不再发生改变时,算法结束并输出最终聚类结果及 10 个潜在因素下的高频标签。

4.1.1.1 构造“资源-标签”矩阵

将在“Delicious”网站搜集的数据进行清理、挑选后,形成初始的“资源-标签”矩阵 M(Resource,Tag)[即矩阵 M(R,T)],其中网络资源是按照 URL 所截取到的主题进行排序的,见表 4.1。表 4.1 中的 $c(r_j,t_i)$ 为标签在资源中出现的次数;将得到的 M 矩阵利用 LSA 技术进行细化形成新的矩阵 M';至此,构建“资源-标签”矩阵。

表 4.1 “资源-标签”矩阵

	r_1		r_j			r_m
t_1						
t_i			$c(r_j,t_i)$			
t_n						

4.1.1.2 计算隐含语义空间

定义一个 K 维的潜在语义空间 Z。将其网络资源给出隐含语义的先验概率 $p(z)$。设有 n 个网络资源(即 URL),此 n 种资源共构成了 a 类,其中第 1 个到第 i 个为同一类型,则有

$$p(z1)=p(z2)=\cdots=p([z[l/a]])=\left[\frac{i}{n}\times\frac{1}{l/a}\right] \tag{4-5}$$

式中,[ ]表示取整操作,试验中设 $l=25$。

构造“资源-主题”矩阵。在此,设“资源-主题”矩阵的先验概率为 $p(i,z)$。设有 n 个网络资源,其中资源 i 属于第一类资源,而第一类的资源共有 x 个,则

$$p[d,z_1] = \cdots = p(d,z[l/k]) = \frac{1}{l/k} \tag{4-6}$$

其中 $p(i,z)=0$。

对于标签-主题矩阵而言,由于没有其的相关先验分布,因此随机生成此矩阵的初始值。

4.1.1.3 应用 EM 算法迭代算法

根据上述结果,可求得“资源-标签”矩阵的相似度矩阵 $p(t,i)$ 的初始值,即

$$p(t \mid r) = \sum_{z \in Z} p(z)p(t \mid z)p(r \mid z) \tag{4-7}$$

然后,在最小熵的情况下,进行优化处理,即

$$L = \sum_{i \in I} \sum_{t \in T} m(r,t)\log p(r,t) \tag{4-8}$$

接着,对于语义空间的每维,采用 EM 算法,进行迭代最优化,即

E 步骤:

$$p(z \mid r,t) = \frac{p(z)p(r \mid z)p(t \mid z)}{\sum_{z' \in Z} p(z')p(r \mid z')p(t \mid z')} \tag{4-9}$$

M 步骤:

$$p(r \mid z) = \frac{\sum_{w \in W} m(t,r)p(z \mid r,t)}{\sum_{r' \in R} \sum_{t \in T} m(r',t)p(z \mid r',t)} \tag{4-10}$$

$$p(t \mid z) = \frac{\sum_{r \in R} m(r,t)p(z \mid r,t)}{\sum_{r \in R} \sum_{t' \in T} m(r,t')p(z \mid r,t')} \tag{4-11}$$

$$p(z) = \frac{\sum_{r \in R} \sum_{t \in T} m(r,t)p(z \mid r,t)}{\sum_{r \in R} \sum_{t \in T} m(t,r)} \tag{4-12}$$

反复应用 *E* 步骤与 *M* 步骤,直到函数(4-8)的变化量很小,则认为已达到最大值。从而就获得了最优化的 $p(z)$ 矩阵、$p(t,z)$ 矩阵、$p(r,z)$ 矩阵;再次利用式(4-7),可以求得“资源-标签”矩阵的相似度矩阵 $p(t,r)$ 。同时对于新的资源 R' 能够判别定义。首先构建一个新的资源索引矩阵 $M(T,R')$,并把它拼接到原始的 M 中,此时得到一个新的矩阵 M' ,这样做只改变了标签的维度;其次,构造子矩

阵 $P'(R',Z)$，同样的将其拼接到原 $P(T,Z)$ 中；根据新得到的矩阵 $M(T,R')$，在大众标注环境下对 $P'(R',Z)$ 重新进行 EM 算法迭代，根据上述步骤依次进行，最终得到最优解。

4.1.2 模型应用及实验分析

4.1.2.1 实验数据获取与处理

本书选择的数据集主要通过相应的网络爬虫软件从典型的大众标注型美味网(http://www.delicious.com)上获得，研究的对象主要集中在 2014 年 8 月期间的两周的用户访问情况，4578 个资源及 20 950 个标签。在使用该数据集前，对该数据集进行了预处理，应用 SAS8.0 软件环境对于爬取到的数据进行抽取挖掘，将异常标签及乱码删除，从剩余数据集中选择标签数目较多的 20 个资源作为实验对象，具体的 20 个资源地址及标签样本格式见表 4.2。

表 4.2　20 个资源地址及标签样本统计

资源	数目	资源	数目
http://www.positioniseverythin	694	http://www.alistapart.com/arti	779
http://www.networkclue.com/os/	697	http://developer.yahoo.net/yui	811
http://www.expresspdf.com/	710	http://www.listible.com/list/c	922
http://developer.yahoo.net/yui	712	http://www.zillow.com/	995
http://www.webdesignfromscratc	737	http://www.webdesignfromscratc	996
http://www.webdesignfromscratc	746	http://www.webdesignfromscratc	1217
http://www.webdesignfromscratc	752	http://developer.yahoo.net/yui	1271
http://www.pandora.com/	762	http://www.webdesignfromscratc	1301
http://www.webdesignfromscratc	765	http://www.positioniseverythin	1490
http://www.listible.com/	767	http://developer.yahoo.net/yui	1797

4.1.2.2 实验结果

首先对于参数 k 值确定，因为当隐含因子值过小时，无法利用有效的隐含语义信息进行聚类；当隐含因子值过大时，隐含语义提供的识别能力降低，同样降低了聚类精度。为此，本书分析当 $k=10$，$k=15$，$k=20$，$k=25$，$k=30$ 时聚类所得到结果的精确情况，如图 4.6 所示。

由于篇幅原因，本书随机抽取其 5 个隐含语义的主题，并得到其前 10 个较高

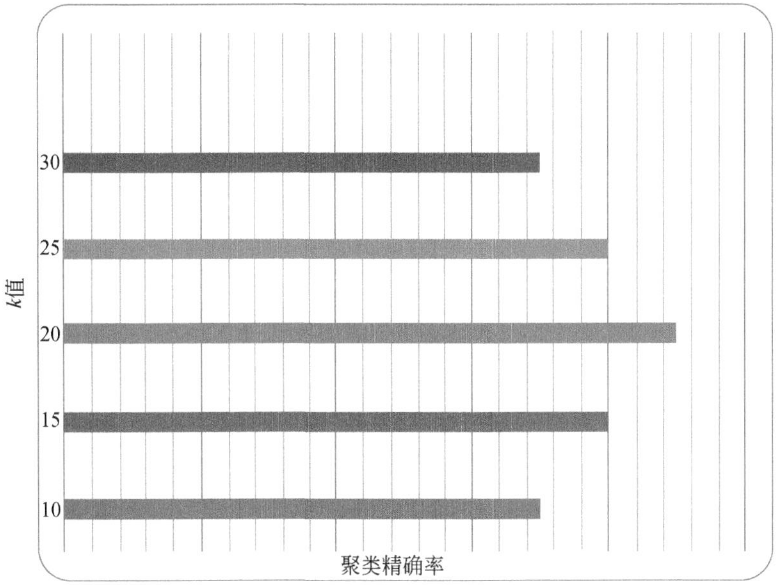

图 4.6 精确率随 k 值变化图

标签的频率，见表 4.3 ~ 表 4.7。

表 4.3 主题 1 标签频率

标签	频率
Software	0.013 204 09
OSX	0.008 453 65
Apple	0.008 263 90
Tools	0.008 255 95
Design	0.006 739 51
iPhone	0.006 506 17
Windows	0.006 034 27
Apps	0.005 557 56
Macosx	0.004 759 29
productivity	0.004 745 69

表 4.4 主题 2 标签频率

标签	频率
Photograph	0.010 992 89
art	0.009 240 13

续表

标签	频率
Images	0. 007 342 61
Camera	0. 005 461 31
Blog	0. 005 217 87
Portfolio	0. 005 128 31
Design	0. 005 019 18
Stock	0. 004 786 36
Free	0. 004 492 69
3D	0. 004 245 69

表 4. 5　主题 3 标签频率

标签	频率
Ruby	0. 015 759 88
Tutorial	0. 014 106 36
Tools	0. 007 432 23
Programming	0. 006 805 12
Development	0. 006 255 63
Rails3	0. 006 219 18
Library	0. 005 939 93
Testing	0. 005 918 65
Gem	0. 005 915 30
pdf	0. 005 701 76

表 4. 6　主题 4 标签频率

标签	频率
Google	0. 011 829 65
Research	0. 007 157 67
Engine	0. 006 504 73
Reference	0. 005 787 97
Web2. 0	0. 004 737 13
Socialmedia	0. 003 845 97
twitter	0. 003 700 62
Delicious	0. 003 584 49

续表

标签	频率
tools	0.003 282 02
resource	0.003 246 60

表 4.7 主题 5 标签频率

标签	频率
Culture	0.010 204 09
History	0.008 253 65
Magazine	0.008 234 90
Fashion	0.008 105 95
Polits	0.007 239 51
Travel	0.006 906 17
Music	0.006 734 27
Design	0.005 557 56
Psychology	0.004 859 29
entertainment	0.004 745 69

根据聚类结果的生成同时将此 5 个潜在主题下的资源标签进行汇总得到表 4.8 所示的结果,通过表 4.8,可以很明显地观察到概率隐含语义分析法能够在一定程度上将具有代表性的标签显示出来,如作为 5 个主题中分别排名第一的标签"Software""Photograph""Ruby""Google""Culture"可以在一定程度上表明它所在的潜在主题下的内容(表 4-9)。

表 4.8 5 个主题下标签及频率

标签	频率
Software	0.013 204 09
OSX	0.008 453 65
Apple	0.008 263 90
Tools	0.008 255 95
Design	0.006 739 51
iPhone	0.006 506 17
Windows	0.006 034 27
Apps	0.005 557 56

续表

标签	频率
Macosx	0. 004 759 29
productivity	0. 004 745 69

表 4.9　相应主题下的 10 个高频标签

排序	主题 1	主题 2	主题 3	主题 4	主题 5
1	Software	Photograph	Ruby	Google	Culture
2	OSX	art	Tutorial	Research	History
3	Apple	Images	Tools	Engine	Magazine
4	Tools	Camera	Programming	Reference	Fashion
5	Design	Blog	Development	Web2. 0	Polits
6	iPhone	Portfolio	Rails3	Socialmedia	Travel
7	Windows	Design	Library	twitter	Music
8	Apps	Stock	Testing	Delicious	Design
9	Macosx	Free	Gem	tools	Psychology
10	productivity	3D	pdf	resource	entertainment

4.1.2.3　结果分析

为了评价上述模型得到结果的有效性，本书将其与向量空间模型（SVM）和隐含语义模型（LSA）两种算法从精确率与召回率进行比较分析，最终得到表 4.10 的结果。

表 4.10　基于 PLSA 隐含主题挖掘的实验结果

算法	SVM	LSA	本节
召回数目（个）	2243	2968	3307
Recall	0. 6089	0. 6267	0. 7169
Precision	0. 6110	0. 6371	0. 7383
比例（%）	100	104	121

表 4.10 中最后一行的比例数据是假设第一种方法为 100% 情况下，另外两种方法相对于第一种方法性能所提高的比例，从实验结果可以看出，概率隐含语义模型明显改善了检索系统的性能，2 组基于概率隐含语义模型的方法在平均精度和召回率上均优于向量空间模型。

4.2 基于动态贝叶斯模型的标注主题聚类

LDA 模型主要用来对文书进行主题分析,相比于隐含语义分析和概率隐含语义分析等模型,LDA 模型具有如下优点。

1)LDA 模型是全概率生成模型,具有清晰内在结构,可通过概率推断来进行高效计算。

2)LDA 模型的参数空间规模固定,与训练文档数目无关。

LDA 模型假定相关变量服从如下分布,如图 4.7 所示。

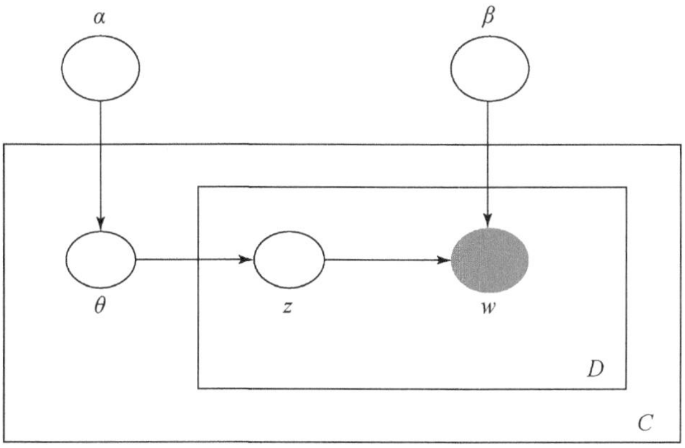

图 4.7 LDA 基本模型

$$\theta \sim \text{Dirichlet}(\alpha);t_i \mid d_x \sim \text{Discrete}(\theta^{(d_x)});w_j \mid t_i \sim \text{Discrete}(\varphi^{(ti)})$$

式中,Discrete 为多项式分布;Dirichlet 为多项式分布的共轭分布。

LDA 模型为变量 θ 指定了一个超参数为 α 的对称 Dirichlet 先验分布,从而得到一个完整的文档产生模型。

LDA 模型主要用来对文本进行主题分析,相比于隐含语义分析和概率隐含语义分析等模型,LDA 模型具有比较显著的特点,这主要表现在以下方面。

1)LDA 模型是全概率生成模型,内在结构清楚明了,可通过概率推理进行高效的计算。

2)LDA 模型的参数空间固定,不受训练样本数量的影响。

3)LDA 模型更符合现实语义结构的条件。

基于此,应用 LDA 模型对于现实世界的语义获取具有较强的能力。

随着 LDA 算法研究的不断深入和提升,出现 LDA 的扩展模型主要表现在以下方面。

AT(author-topic)[84]模型是对 LDA 模型的另一种扩展,AT 模型在 LDA 模型基础上将作者的信息加入进来。并假设每个作者都有一定的主题领域从属关系,如某个作者关注的领域在数据库技术、数据挖掘等领域,而另一个作者关注的领域则是有关人工智能、传感器网络等领域。一篇文章往往有若干个作者,它的主题分布则可以模型化为若干个作者的主题分布的一种组合。由此 AT 模型可以同时获得两种主题:文档数据的内容信息及作者的兴趣信息,如图 4.8 所示。

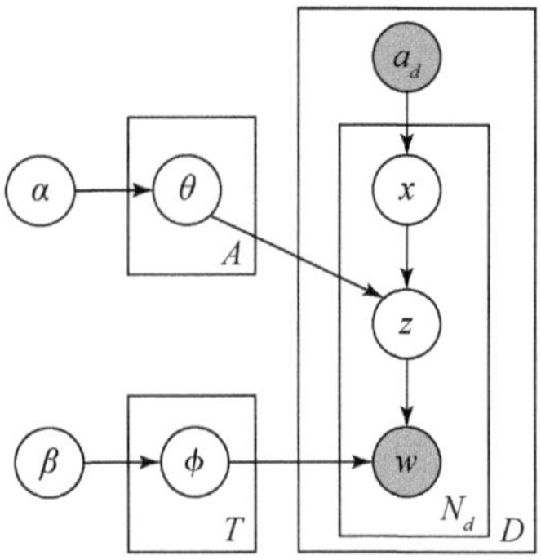

图 4.8　AT 模型图

ART(author recipient topic)模型[85]是在 AT 模型的基础上演变而来的。该模型中词的潜在主题的生成受作者信息及读者两方面的影响。它的构建很类似于 AT 模型,但它假设潜在主题是在作者和读者两者上面的联合分布,而不再单独的是作者信息,通过将读者信息和作者信息两者有力地结合在一起,更加有效地得到所需的信息,ART 模型结构具体生成过程,如图 4.9 所示。

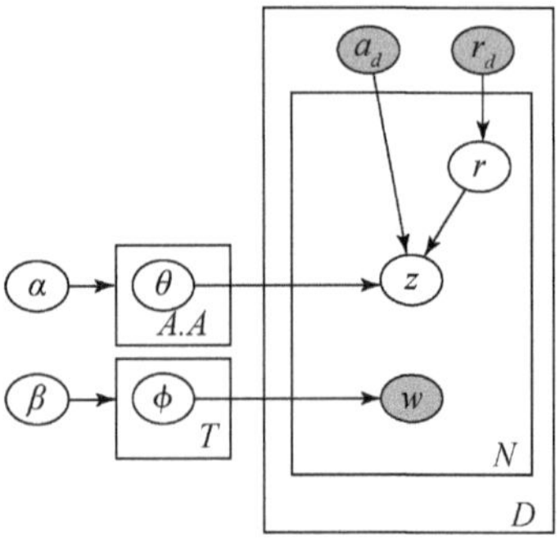

图 4.9　ART 模型

TOT(topic over time)模型是 LDA 模型的一种主题抽取扩展,它认为潜在主题不仅仅受词的共同出现的频率的影响,还受时间变化的影响[86]。例如,前几年里某个主题可能比较热门,在整个数据集中占的比例比较大,而随着时间的增长可能这个主题研究已很难再深入下去,关注的人群越来越少,那么这个主题就会呈现出下降的趋势。文献[86]提出的 LDA 模型的主题模型不仅将高维数据转变成低维还有效地展示不同时间内的主题结构变化情况,TOT 模型如图 4.10 所示。

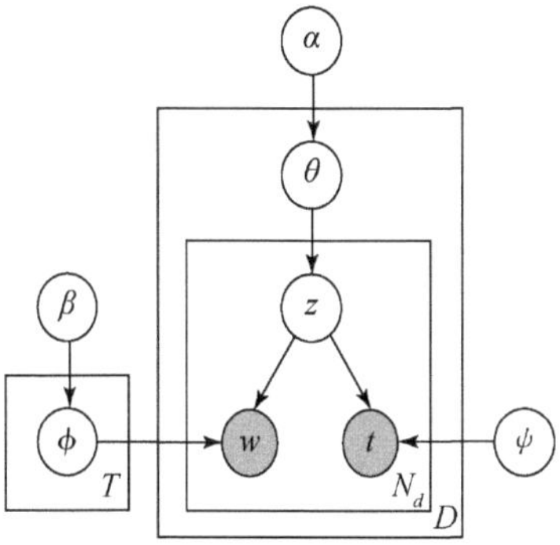

图 4.10　TOT 模型

Blei 和 Lafferty 提出一种 correlated topic models(CTM)[87]。该模型引入逻辑斯蒂正态分布(logistic-normal distribution)用来代替 LDA 模型中的狄利克雷分布(Dirichlet distribution)刻画文档集合的隐含主题。逻辑斯蒂正态分布有两组参数分别是均值向量和协方差矩阵,均值向量的作用类似于 LDA 模型中使用的狄利克雷参数,表示隐含主题的相对强弱;而协方差矩阵描述的是每对隐含主题之间的关联程度,这个结构信息在 LDA 模型中是没有的。利用 CTM 不仅可以分析文本集合的隐含主题构成,而且还可以考察隐含主题之间的联系,这种联系可以用有向图来表示成一种两维的平面结构,如图 4.11 所示。

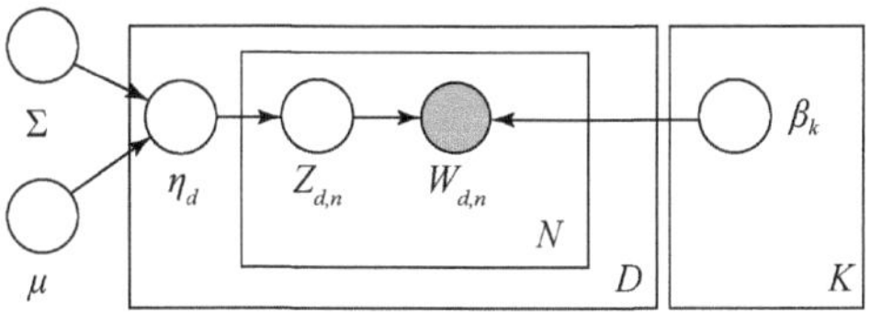

图 4.11　CTM

Li 和 Mccallum 提出的 pachinko allocation model(PAM),其核心思想是用有向无环图来描述文档中隐含主题之间的结构[88]。常见的 PAM 采用层次结构,考虑现实应用中的大规模文本数据集合,其隐含主题结构按照层次结构,比起平面结构和线性结构的更加合理。该研究表明 PAM 较 CTM 和 LDA 模型具有更好的文本表示能力。

这些改进方法最基本的思路是通过对文本集合中隐含主题的结构进行更加深入的挖掘从而实现对模型的提升。但是这种改进思路的着眼点在于对文本集合的结构本身的精化,而没有考虑向模型中引入其他丰富信息的办法,并且缺少针对特定类型任务(如分类任务)的改进措施。

LDA 模型的求解过程就是对其中的参数变量 θ 和 φ 进行估计。Blei 等[89]提出用变量推理和期望最大化算法进行参数估计。为了避免新文档中特征词赋予零概率,Griffiths 和 Steyvers[90]进一步为参数变量 φ 指定超参数为 β 的 Dirichlet 先验分布,并采用吉布斯抽样方法对 θ 和 φ 进行估计[64]。

4.2.1 基于隐含狄利克雷分配算法的标注主题聚类

社会性标注的网站上的资源,不管是信息文档、图片或是视频都是基于用户兴趣所生成的,由此所生成的标签在不自觉中会存在各个社团,在每个社团内部被认定是具有相似兴趣或者知识背景的用户组合在一起的,更进一步可以得到在社团内部的标签不存在所谓的一词多义现象。因此,有效地挖掘用户社团并对每个子社团进行有效的分类,这不仅能消除社会化标注中的垃圾标签、语义重复、资源孤岛等现象,同时对于有效识别资源属性也具有一定的指导意义。为此,本书通过 LDA 的优化模型对资源信息以社团为单位对标注的标签进行隐含主题分析,可以得到特定群体中每个指定资源的相关隐含主题信息及每个隐含主题相关的标签信息。当某个标签被用来对资源进行标注时,与资源隐含主题相关的标签更有可能准确地标注了资源信息,而与资源隐含主题无关的标签更有可能是噪声标签。因此,挖掘资源标注标签的隐含主题的相关信息可以有效地去除资源标注中的噪声标签,改进资源标注的结果。

4.2.1.1 模型参数定义

该算法的实现框架如图 4.12 所示,对于属于同一个社团的多个标注资源,首先采用 LDA 模型对每个社团挖掘其隐含主题,并根据候选标签与社群隐含主题之间的相关性对由初始候选标注标签进行社群级别的过滤和排序;其次,对社区内部的标签、资源按照特定的主题进行分类;最后,对各个社团的资源、标签依照类似的方法进行筛选分类,最终得到标注的最优结果。

本书拟采用 LDA 模型中所构建的三层动态贝叶斯模型,并根据社会化标注系统本身所固有的特点设计新型的主题聚类模型。该模型对系统中的用户细分成一个个社区,在这些社区的内部通过对主题进行聚类来提炼出网络资源内在的

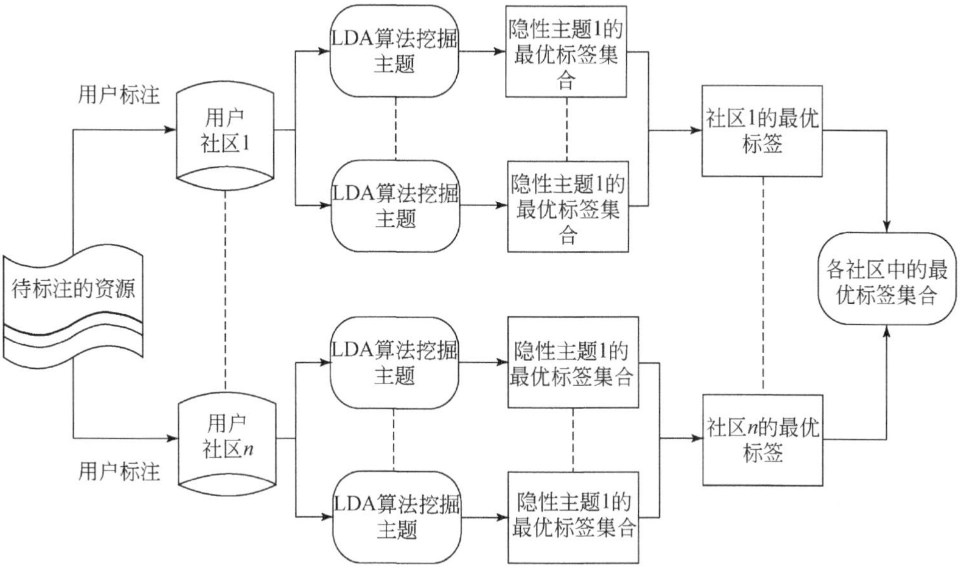

图 4.12　基于 LDA 算法的社会化标注社团与主题聚类框架

属性[81]。

4.2.1.2　模型介绍

首先对本节中所用到的符号标志进行简单的描述和解释。社会化标注系统是由网络资源集合 R、用户集合 U 及标签集合 T 三者所组成的,用户 u 根据资源 r 中已标注过的标签 t 链接到该网络资源,同时根据自己已有知识进行标注生成标签 t',则这三者的关系可以用三元组表示,即 (u,r,t')。在这里,用户不仅可以用多个标签对同一网络资源进行标注,而且对于不同的网络资源根据自己的理解也可以用同一个标签进行标注。到目前为止,比较流行的社会标签性网站有“Delicious”(文档标注)、Flickr(图片标注)和 YouTube(视频标注)等。由于标签生成过程对于用户没有明确的规则进行约束,因此用户可以根据自身的知识兴趣进行随意地标注。由于用户的这种主动参与性,我们根据他们的兴趣爱好、专业知识及区域文化等特性将用户分成 K 个各不相同的社团集合 C。对于社团集合的每个小社区,根据贝叶斯先验的相关理念,设标签 t、主题 z、社团 c 分别服从参数为 α、β、γ 的 Dirichlet 先验分布,而所标记的时间因素 T 服从参数为 η 的贝塔分布。对于每个输入样本设为 D,样本包括标签及其对应频率,即 $D_i = \{t_i, p(t_i)\}$。

作为一个生成模型,假设系统中包括 L 个社区,而每个社区由随机混合的 k 个主题组成,每一个主题对应所有词汇的一种概率分布。基于此,假设系统中的每一个社区有如下的生成过程。

1）选择社区，这主要依据现有标签集。

2）选择主题，这包括社会化标注系统中资源目录的标签偏好和标注者对于该资源目录的理解这两方面因素。

具体生成过程及描述如下所示。

（1）对于每个社区中

对于其中的每个主题，选择 $\delta_z \mid \gamma \propto \text{Dirichlet}(\gamma)$ 。

（2）对于社会化标注系统中的各网络资源

1）选择 $\kappa_i \mid \alpha \propto \text{Dirichlet}(\alpha)$ 。

2）对于每个社区 C ，选择 $\theta_c \mid \beta \propto \text{Dirichlet}(\beta)$ 。

3）对于每个标注，①选择社区 $c_{i,j} \mid \kappa_i \propto \text{multinomial}(\kappa_i)$ ；②选择主题 $z_{i,j} \mid \theta_{ci,j} \propto \text{multinomial}(\theta_{ci,j})$ ；③选择标签 $t_{i,j} \mid \varphi_{zi,j}^{ci,j} \propto \text{multinomial}(\delta_{zi,j}^{ci,j})$ 。

上述过程中应用狄利克雷分布，所谓狄利克雷分布是多项式分布的共轭分布，一般表示成多项式分布中的概率参数分布。基于此确定 α、β、γ 后，社会化标注文档 D 、主题 z 及社区 c 的联合概率分布为

$$p(D_i, z_i, c_i, T, \kappa_i, {}_i\theta, \delta \mid \alpha, \beta, \gamma) = \prod_{j=1}^{Ni} p(D_{i,j} \mid \delta_{zi,j}^{ci,j}) \\ p(z_{i,j} \mid \theta_{ci,j}) p(c_{i,j} \mid k_i) p(T_{ij} \mid \eta_{zi,j}) \quad (4\text{-}13)$$

另由图4.13所示的模型可得

$$p(D_{i,j} = t \mid \kappa_i, \theta, \delta, \eta) = \sum_{l=1}^{L} \sum_{k=1}^{K} p(D_{i,j} = t \mid \delta_k^l) \\ p(z_{i,j} = k \mid \theta_l) p(c_{i,j} = l \mid \kappa_i) p(T = \tau \mid \eta_{zi,j}) \quad (4\text{-}14)$$

在式(4-14)中的 $z_{i,j}$、$c_{i,j}$、κ_i、θ、δ 和 η 均为隐含变量，对它们求边缘分布，则可得社会化标注文档的概率：

$$p(D_i \mid \alpha, \beta, \gamma) = \iiint p(\kappa_i \mid \alpha) p(\theta \mid \beta) p(\delta \mid \gamma) \times \prod_{j=1}^{N} p(D_{i,j} \mid \kappa_i, \theta, \delta, \eta) d\delta d\theta d\kappa_i d\eta \quad (4\text{-}15)$$

图4.13用概率生成图模型表示主题生成的具体过程，图4.13中的方框表示条件独立性假设，外层的方框代表社区，有 L 个社会化标注文档；内层的方框代表每个社区中有 K 个潜在主题，以及由这 K 个主题生成的 N 个标签。另外，主题还受时间要素 T 的影响。图4.13中隐含变量用空心圆表示，实心变量为可见变量用实心圆表示，对此可以清晰地看到LDA的三层概率模型。

1）α、β、γ 表示一级参数，一个社区取一个值。

2）θ、δ、κ、η 表示二级参数，一个主题对应一个取值。

3）c、z、t、T 表示三级参数，每一个标签都要对应一个取值。

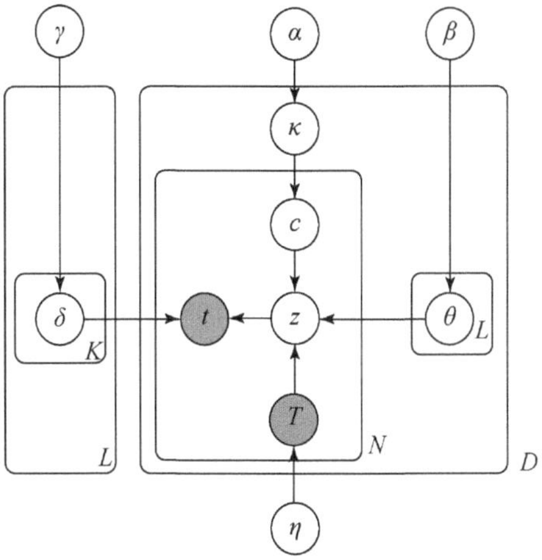

图4.13　基本模型定义

4.2.1.3　参数估计

下面主要是通过 θ、δ、κ、η 这四个参数所呈现出社区、主题及标签的分布情况来推断出"Delicious"网站中隐含的社区结构。到目前为止，有三种比较典型的方法来解决参数估计问题，即 EM 算法，吉布斯抽样和期望-扩散(expection propagation)三种。

为了得到标签的概率分布情况，本文利用吉布斯抽样间接求得 θ、δ、κ、η 的值。马尔可夫链蒙特卡罗(Markov Chain Monte Carlo，MCMC)是一系列从复杂的概率分布抽取样本值的近似迭代方法，吉布斯抽样作为 MCMC 的一种简单实现形式，其目的是构造收敛于某目标概率分布的 Markov(马尔可夫)链，并从 Markov 链中抽取被认为接近该概率分布值的样本。于是目标概率分布函数的给出便成为使用吉布斯抽样的关键。对于本文构造的模型，需要对主题的标签分配，对社区的主题分配及对社会化标注系统中的社区分配，也就是变量 c_i、z_i 进行抽样。记后验概率为 $p(c_i, z_i \mid c_{-i}, z_{-i}, t, T)$，具体如下：

$$p(c_i, z_i \mid c_{-i}, z_{-i}, t, T) \propto \frac{n_D^{ci} - 1 + \alpha_{ci}}{n_D - 1 + \sum_c \alpha_c} \times \frac{n_{zi}^{ti} - 1 + \gamma_{ti}}{n_{zi} - 1 + \sum_t \gamma_t} \times \frac{n_D^{zi} - 1 + \beta_{ci}}{n_D^{ci} - 1 + \sum_c \beta_c} \times \frac{(1 - T_i)^{\eta_1 - 1} \times T_i^{\eta_2 - 1}}{B(\eta_1, \eta_2)} \tag{4-16}$$

式中，$\eta_1 = \bar{T}_z\left[\frac{\bar{T}_z(1 - \bar{T}_z)}{s_z^2} - 1\right]$，$\eta_2 = (1 - \bar{T}_z)\left[\frac{\bar{T}_z(1 - \bar{T}_z)}{s_z^2} - 1\right]$

在式(4-16)中，n_D^{ci} 为社区 c_i 被分配给在社会标注网站 D 的社区数目；n_{zi}^{ti} 为标签 t_i 被分配给主题 z_i 的个数；n_D^{zi} 为主题 z_i 被分到在社会化标注网站 D 中的数目，$\overline{T}_z$ 、s_z^2 分别表示贝塔分布的期望和方差。

吉布斯抽样过程如下：

1) z_i 被初始化为 1 到 K 之间的某个随机整数。i 从 1 循环到 N,N 是社会化标注系统中所有出现于标签记号个数。此为 Markov 链的初始状态。

2) i 从 1 循环到 N,根据公式(4-16)将标签分配给主题、社区,获取 Markov 链的下一个状态。

3)迭代第(2)步足够次数以后,认为 Markov 链接近目标分布,遂取 c_i 、z_i (i 从 1 循环到 N)的当前值作为样本记录下来。为了保证自相关较小,每迭代一定次数,记录其他的样本。

对于每一个单一样本,可以按式(4-17)估算 φ、θ 和 κ 的值：

$$\varphi_{z,t} = \frac{n_z^t + \gamma_t}{n_z + \sum_t \gamma_t};\quad \theta_{i,z} = \frac{n_D^z + \beta_z}{n_D^c + \sum_z \beta_z};\quad \kappa_{i,c} = \frac{n_D^c + \alpha_c}{n_D + \sum_c \alpha_c} \tag{4-17}$$

通过对上述整个动态过程的描述,本书拟将此模型应用到“Delicious”网站上来。具体过程见 4. 2. 2,分为实验数据获取与处理、主题数目确定和实验结果分析三个部分。

4. 2. 2 模型应用及实验分析

4. 2. 2. 1 实验数据获取与处理

本实验数据主要是应用爬虫技术从典型的社会化标注系统——“Delicious”网站上初步得到 20 950 种标签,4578 个网络资源,8198 个用户名。对于其中的 4578 个网站采用 SQLServer 数据库进行过滤抽取,对得到的 2572 个网页,6465 个社会标注性标签进行分析,将其中的 1250 个网络资源作为训练集,其余的用来作为测试集评估此模型的稳定性。

为了有效利用吉布斯抽样算法,先通过实验确定主题数目 Z 及社区数目 r 的最佳值。详细讨论主题数目确定过程,社区数目的确定与主题数目应用相似原理进行。

4. 2. 2. 2 主题数目确定

主题数目确定是一个烦琐的过程,这主要是因为过少的主题将无法有效地对该社区下的所有资源进行有效的分类,而如果将主题数目设置太大将会在此形成烦琐的工作,造成不必要的麻烦。下面将基于文献[91]来详细分析主题数目确定过程。

针对同一社区及同样的标签集,t 为标签的数目,d 为样本文档 D 的数目,N 为标签种类,也就是每次抽样依据公式对 z 赋值的次数,可变量包括超参数 β、γ 及主题数目 K。本实验目的在于确定主题数目对于吉布斯抽样法的影响,为此先确定 β、γ 的值,然后为 K 选择合适的值。这实际上是一个模型选择的问题,本书采用贝叶斯统计中的标准方法予以解决。令 $\beta = 50/T$, $\gamma = 0.01$,当 K 取不同的值分别运行吉布斯抽样法,计算 $\log P(t \mid K)$ 值的变化情况。

由于 β、γ 是多项分布 θ 和 ϕ 上的 Dirichlet 先验概率假设,则可以求联合概率 $P(t,z)$ 的值。$P(t,z) = P(t \mid z)P(z)$,并且 θ 和 ϕ 分别单独出现于第一项和第二项,对 φ 积分获第一项值如下:

$$P(t \mid z) = \left[\frac{\Gamma(t\gamma)}{\Gamma(\gamma)^{t}}\right]^{k} \prod_{j=1}^{K} \frac{\prod_{w} \Gamma(n_j^{(t)} + \gamma)}{\Gamma(n_j^{(\cdot)} + t\gamma)} \tag{4-18}$$

式中,$\Gamma(\cdot)$ 为标准的 gamma 函数;$n_j^{(t)}$ 为标签 t 在主题 j 的频数;$n_j^{(\cdot)}$ 为主题 j 的所有标签数目。另有

$$\frac{1}{P(t \mid K)} = \frac{1}{M}\sum_{m=1}^{M} \frac{1}{P(t \mid z^{(m)})} \tag{4-19}$$

得到图 4.14 所示的关系图。

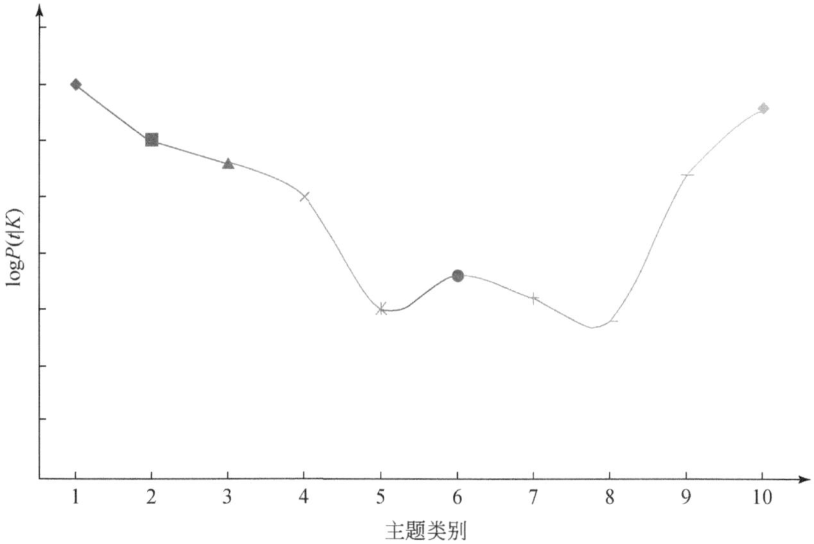

图 4.14 $\log P(t|K)$ 与主题数目的关系

图4.14中的主题类别从1～10分别表示主题数目为10、30、60、70、90、100、130、150、170、200。从图4.14中我们可以看出，当主题数目 K 为100时，$\log P(t|K)$ 的值较小，随后开始急剧增大，说明主题数目为100时，模型对于语料库数据中有效信息的拟合最佳，因此，后续实验的主题数目取为100。

4.2.2.3 实验结果分析

下表4.11依据 ϕ 的大小进行标签排序，由于篇幅的限制本书只抽取其中的10个主题作为例证进行说明。

表4.11 随机抽取10个主题的高频标签 t（依据 ϕ）

主题	高频标签
1	webdesign, design, inspir, web, resource, templat, galleri, award, web2.0, websit
2	secur, financ, monei, .net, storag, invest, backup, asp.net, c#, busi, econom, bank
3	googl, mobil, calendar, phone, sync, api, voip, cellphon, comparison, nokia, sm
4	mac, osx, appl, wiki, softwar, ipod, macosx, app, applic, tool, ssh, wikipedia, quicksilv
5	educ, math, learn, resourc, teach, kid, technolog, mathemat, school, interact, elearn
6	tutori, howto, photoshop, tip, refer, guid, adob, articl, resourc, effect, trick, text
7	photographi, photo, imag, galleri, flickr, camera, slideshow, mindmap, stock, space
8	rubi, rail, rubyonrail, host, nyc, amazon, web, http, authent, s3, webhost, develop
9	fun, humor, funni, comic, cool, geek, interest, entertain, humour, Delicious, cartoon
10	video, visual, anim, movi, tv, film, youtub, motiongraph, motion, stream, media

通过表4.11我们发现隐含性的10个主题的关键词可以代表相关主题含义，已经通过标签及资源的形式表现出来，另一个比较主要的任务是如何形成合理的隐含性社区。主要包括对社区进行分类的依据及分类后的主题涵括情况。也就是说，社区中有多少个隐含性主题 z 及每个社区中主题所包括的标签情况。上面已初步形成了所需的社区分割，表4.12则针对将高频主题下的资源列于表4.12详细显示出来。

表 4.12 随机抽取 10 个主题的高频资源 r(依据 φ)

主题	高频资源	主题	高频资源
1	http://www.webbyawards.com/webbys/curren http://www.coolhomepages.com/ http://vandelaydesign.com/blog/galleries/min http://www.designlicks.com/flash/index.php	6	http://psdtuts.com/photo-effects-tutorials/ http://abduzeedo.com/creating-smoke http://psdtuts.com/text-effects-tutorials/ http://psdtuts.com/tutorials-effects/seriously
2	https://www.fidelity.com/ http://home.ingdirect.com/ http://www.chase.com/ http://www.wamu.com/personal/default.asp	7	http://hirise.lpl.arizona.edu/earthmoon.php http://www.boston.com/bigpicture/2008/05/ http://wildphoto.smugmug.com/ http://www.boston.com/bigpicture/2008/06/
3	http://www.gcalsync.com/ http://oggsync.com/ http://www.clickatell.com http://www.daveswebsite.com/software/gsync/	8	http://ec2onrails.rubyforge.org/ http://code.macournoyer.com/thin/ http://www.hostingrails.com/ http://mongrel.rubyforge.org/
4	http://www.magnetk.com/expandrive http://macntfs-3g.blogspot.com/ http://code.google.com/p/macfuse/ http://www.sccs.swarthmore.edu	9	http://www.magnetk.com/expandrive http://www.dilbert.com/ http://macntfs-3g.blogspot.com/ http://www.achewood.com/
5	http://school.discoveryeducation.com http://www.learningpage.com/ http://edhelper.com/ http://www.teach-nology.com/	10	http://www.netflix.com/MemberHome http://www.netflix.com/ http://joox.net/ http://www3.alluc.org/alluc/

根据表 4.12 中所得到资源社团结果,下面我们评测实验结果是否有效。为我们从 10 个社团中选出主题词对测试集中的资源进行人工标注,并将标注的各个社团的结果一一与模型结果进行比对,以确定模型中的召回率(recall)和精确率(precision),以确定模型的合理性。

表 4.13 三种算法在 10 个社团的召回率 (单位:%)

项目	召回率										
	1	2	3	4	5	6	7	8	9	10	平均值
人工	100	100	100	100	100	100	100	100	100	100	100
本节	74.7	83.4	53.6	84.1	94.2	80.2	84.6	70.9	85.3	87.6	79.86
LDA	75	83.2	47.4	82.4	93.4	78.8	88.2	71.4	92.6	95.4	80.78
pLSA	73.1	82.7	55.6	85.3	96.2	69.7	79.4	60.7	77.8	91.6	77.21

表 4.14　三种算法在 10 个社团的精确率　（单位:%）

项目	精确率										
	1	2	3	4	5	6	7	8	9	10	平均值
人工	100	100	100	100	100	100	100	100	100	100	100
本节	56.2	93.8	94.8	19.2	10.09	90.1	76.5	91.2	92.5	93.9	71.829
pLSA	57.4	96.3	95.3	14.4	9.2	89.7	78.9	90.9	80.6	95.2	70.79
LDA	55.1	94.3	91.3	17.3	9.17	79.5	72.8	74.5	93.6	94.7	68.27

根据表 4.13 和表 4.14 对三种算法在 10 个社团下的精确率和召回率的计算结果可以看出,虽然本节中的算法在召回率中的平均值并不是最高的,位列第二;但是它却与在计算平均精确度所得的结果相差较小;在两方面综合选择来看,本节算法是最优的。另外对于 group(社团)= 4、5 的时候,我们看出虽然召回率取得了很高的结果,特别是对于 group = 5 的时候三种算法都接近于 95% 左右,但其对应的精确度却只有 9% 左右,这可以很明显发现相关参数对于此社团的结果有干扰,应进行最优考虑。

4.3　基于贝叶斯层级模型的标注主题聚类

4.3.1　贝叶斯层次结构的相关理论

聚类算法作为数据挖掘的重要工具之一,其主要目的是希望将得到的聚类结果进行有效的分类并呈现到用户面前,以提高用户检索网络资源的速度和质量:将具有同种性质的网络资源进行归类汇总,提炼出这些信息资源的共性内容。近年来,比较流行的聚类算法主要包括两类,即划分聚类和层次聚类。Kmeans 和二分 K 均值及 KNN 聚类是划分聚类中比较典型的聚类算法,同时不断更新的自组织映射(self-organizing maps,SOM)神经网络。然而上述算法都是在无导师监督情况下运行的,得到的搜索结果在一定范围内具有盲目性,可能不是所需的最优结果;另外对于高维数据选择适量的划分标准也成为一大难题。而社会化标注环境下的网络资源属性识别是一种需要有导师监督的,并通过对样本集的不断训练,来预测出测试样本所属的类别。目前已发展起来一系列比较有效的方法,比较有代表性的如 Naive Bayesian(朴素贝叶斯)、SVM 等。但是以上这类算法对于挖掘出主题隐含变量却存在着大量缺憾,同时对于社会化标注环境下这种大样本数据需要不断训练才能获得较高的精确度。

基于上述描述,本节借助于 LDA 算法挖掘隐含主题变量同时将贝叶斯层次模型引入进来。贝叶斯层次模型的基本思想是基于统计原理,将众多的网络资源设计为不同层次的结构形式,同时贝叶斯层次模型中的所有参数并不一定要求处在同一等级层次上,可以在不同层内分布,从而将复杂的分类归结为对贝叶斯层次模型参数估计。需要说明的是,本书所用到的贝叶斯层次模型并不是像 BP 神经网络中所涉及的树层模型。例如,对于社会化标注中的标签势必来源于不同的主题库中,在这里我们认为每个主题是属于同一类的,但具体到每个主题中所含的参数却是各不相同的。根据社会化标注本身特点在这里假设每个主题获得的参数都服从特定的 Dirichlet 分布,运用特定的参数作为其先验信息,并将其认定为超参数。在这里,超参数处于贝叶斯层次模型的第二层或者第三层上,具体见 5.2 节。本书对于贝叶斯层次模型的推理及其计算运用吉布斯抽样法。

近年来贝叶斯层次模型在信息处理和模式识别等领域得到了快速的发展,成为解决棘手数据信息挖掘的主要手段。贝叶斯层次模型的核心思想是借助构造的超参数来对不同层形成各异的统计模型。针对特定参数,结合其以往的先验信息与样本数据(主要是确定似然函数),从而推断出此参数的后验估计。借助图论的相关理论知识构建的贝叶斯层次模型参数估计和统计推断能够合理地进行语义解释说明。基于概率分布的贝叶斯层次模型发展有一定的演变过程,如图 4.15 所示。

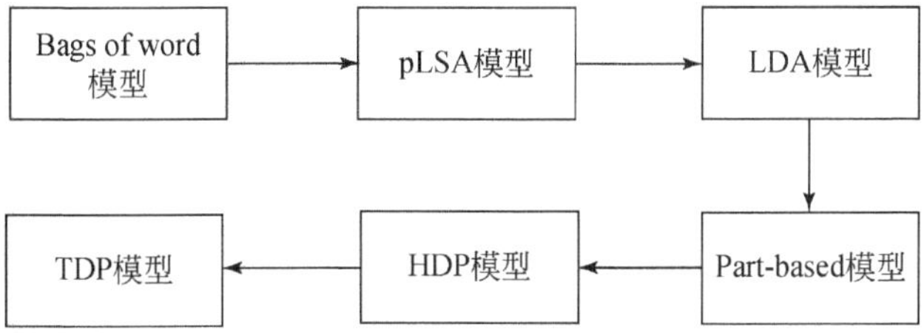

图 4.15 基于概率分布的贝叶斯层次模型发展演变过程

从哲学唯物观点来看,宇宙万物都是由主体、客体和中介工具三部分所组合而成的。社会化标注从属于宇宙万物的大集合,也不例外。在社会化标注中,主体、客体和中介分别为用户、资源和标签。资源作为社会化标注系统的客体和具有主体特性的网络用户共同构成社会化标注结构的两极,标签作为中介工具则能够将信息用户和网络资源有力地结合在一起。在社会化标注系统中,中介工具标签、主体用户和客体资源作为三个基本要素构成一个三元组。这个三元组是用户认识结果的表现形式,表示用户对资源的一个认识,这个认识通过标签将相应的用户和相应的资源关联起来。标签作为识别资源和用户的载体,它的具体意思取决于对应的特定的用户和资源的相关信息。世界上的一切物质现象都是以系统的整体状态存在着的。价值作为客观物质世界的一种普遍现象，不仅存在于人类社会的意义世界中，也广泛地存在于现实的、客观的、感性的客观物质世界的系统联系状态中。价值以多样化的形态存在于客观的物质世界的自组织系统和现实的、感性的人的实践系统之中。从系统构成要素的联系形式上看，不外乎自然系统、人与自然的关系系统和人际间社会关系系统之分，因而形成自然价值与社会价值的不同形态；从系统构成要素的联系内容上看，不外乎物质与信息的交流，因而形成物质价值与精神价值的不同形态；从系统构成要素的联系效果上看，不外乎存在与发展之分，因而形成工具价值与目的价值的不同形态。不同的价值形态反映着客观物质世界价值关系的不同内容，同时证明客观物质世界系统和状态的丰富性与复杂性。从资源的角度来衡量，当一个资源得到足够多的评价时，这个资源可以说能够表达出其比较全面的属性特征以供用户来学习共享知识。

Golder 和 Huberman 在其文章中对标签的功能进行了详细地说明解释，并指出标签能描述客体资源的具体表征属性，即来源、属性、种类、所有人、数量等，标注这些标签的目的主要是受其根本目的所决定的，即社会性、组织性及隐藏未显现的大众群体。资源的属性通过分析某些特定的资源属性进行细致量化，对于不同的语义也同样可以根据标签进行不同组合而成。通过分析发现，针对网络资源属性这一静态客体而言，随着用户的动态标注，在其页面中的标签在呈指数增长。Golder 和 Huberman 的研究表明，对于单个标签而言，它在到达稳定状态之前，可能一直发展平稳，基于此可以通过挖掘这个点来对网络资源属性进行概述。同时，从美味网（www. delicious. com）中观察也发现虽然单一的信息资源中被标注的标签是杂乱无章、多变的，但对于具有同种类型的信息资源其所涵盖的标签有规律性的相似，而对于那些没有关联的信息资源页面却很少找到交集。

4.3.2 基于贝叶斯层次理论的标注主题聚类模型

4.3.2.1 核心思路

本书将贝叶斯层次模型引入到社会化标注系统上来对信息资源和信息用户进行分层，分区挖掘。概率分布的贝叶斯层次模型是借助于 LDA 算法的优点，可以说是一种建立在贝叶斯统计原理上的完全生成模型，同时兼备着贝叶斯的相关特征，具有良好的统计原理，需要以往的先验知识进行不断地改进与完善。因此，将该模型作用于社会化标注过程中挖掘信息资源的属性信息，进行知识归类，在其扩展和适用方面具有其独特的性质。在这里需要说明的是，基于概率分布的贝叶斯层次模型并不像 SVM 那样通过进行特征变化和选择生成子空间，它是对网络资源中的每个子类按照一定的统计原理生成的概率,来确定空间的选取。而对类与类之间的差异性则通过一个超参数来进行划分比对的。贝叶斯层次模型的基本构建过程如图 4.16 所示。对于网络中的众多信息资源,我们首先根据标准信息进行特征抽取,用资源类标签集来表示;其次对于得到的资源类标签集不断地对训练样本进行层次贝叶斯模型计算;最后根据得到的概率值的情况选取其中比较合理的进行测试数据学习。

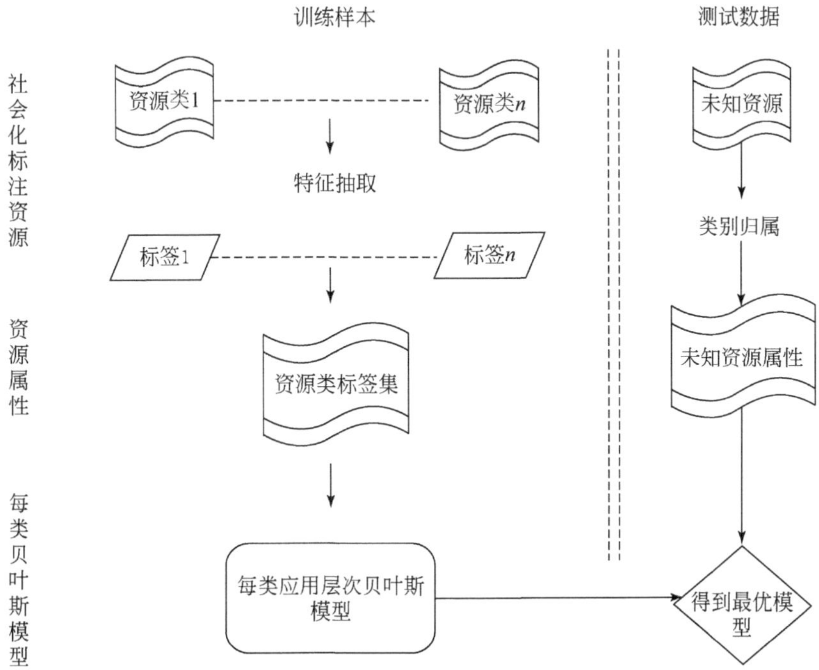

图 4.16　贝叶斯层次模型的基本构建过程

在具体的类别抽取过程,如图 4.17 所示,在该模型中资源 r 、隐含主题 z 、标签 t 、类别 G 之间的关系主要由隐含变量 π、φ、η 所决定,其中 π 表示资源 r 的主题分布, φ 为主题 z 的标签分布, η 为类别 G 的主题分布, α、β 为隐含变量 θ、φ 的先验概率。先验参数 α、β 均服从 Dirichlect 分布。

首先,将社会化标注中信息资源主题分类过程中的阴影部分(图 4-17)的符号进行以下解释说明。

1)标签作为标注数据中的基本组成元素,由 $\{1,2,\cdots,V\}$ 集合所构成,标签集中的第 v 个词用一个 V 维的向量 t 表示,其中在标签集中,对于任意的一个 $u \neq v$,有 $t_v = 1, t_u = 0$。

2)信息资源是由 N 个标签组合在一起所形成的,用 $r = \{t_1, t_2, \cdots, t_n\}$ 来代表,

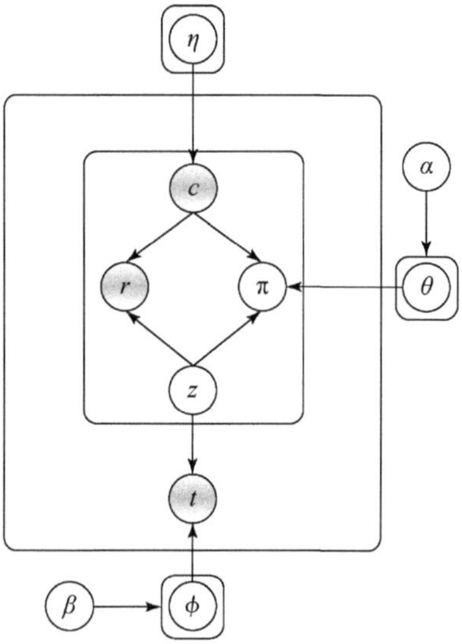

图 4.17　模型过程生产图

其中，t_n 表示标签集合中的第 n 个元素。

3)信息资源集则是由 M 个资源所组成的，表示成 $R = \{r_1, r_2, \cdots, r_m\}$ 。

4)类别向量是由 I 个信息资源所构成的，用集合 c 表示，即 $c = \{t_1, t_2, \cdots, t_I\}$ 。

其次，将贝叶斯层次模型生成信息资源的具体过程进行详细说明。

1)从 η 的多项式分布 multinomial(η) 中随机选择一个类别向量 g ，使 $g \propto p(c \mid \eta)$ 。

2)对于每个资源的主题，在这里设定一个服从多项分布的参数 π 用来估计该主题的资源分布情况，即 $\pi \propto p(\pi \mid c, \alpha)$。

3)对于主题 k ，根据 Dirichlet 分布得到该主题上面的一个标签多项式分布向量 $\varphi^{(k)}$ 。

4)根据泊松分布 Poisson(ξ) 得到资源的单词数目 N 。

5)根据 Dirichlet 分布 Dir(α) 得到该资源的一个主题分布概率向量 π。

6)对于该资源 N 个标签中的每一个标签 t_n ：

①从 π 的多项式分布 multinomial(π)随机选择一个主题 k ；

②从主题 k 的多项式条件概率分布 multinomial($\varphi^{(k)}$) 选择一个单词作为 w_n 。

最后，在上述描述的基础之后进行贝叶斯后验推断。

4.3.2.2　贝叶斯后验推断

通过 4.3.2.1 节给定参数 α、β、η 后，可以给出模型的具体生成式。

$$p(t,z,\pi,c,\mid \alpha,\beta,\eta)=p(c\mid \eta)p(\pi\mid c,\theta)\cdot \prod_{n=1}^{N}p(z_n\mid \pi)p(t_n\mid z_n,\beta) \tag{4-20}$$

可知,式(4-20)由四部分所组成,即 $p(c|\eta)$、$p(\pi|c,\theta)$、$p(z_n|\pi)$ 和 $p(x_n|z_n,\beta)$

由于 η 服从多项分布,因此 $p(c\mid \eta)$ 为

$$p(c\mid \eta)=\text{mult}(c\mid \eta) \tag{4-21}$$

根据上述条件所描述的,可以得到 $p(\pi\mid c,\theta)$ 的值为

$$p(\pi\mid c,\theta)=\prod_{j=1}^{C}\text{Dir}(\pi\mid \theta_j)^{\delta(c,j)} \tag{4-22}$$

而 $\text{Dir}(\pi\mid \theta_j)$ 根据 Dirichlect 分布可以得到

$$\text{Dir}(\pi\mid \theta_c)=\frac{\Gamma(\sum_{i=1}^{k}\theta_{ci})}{\prod_{i=1}^{K}\Gamma(\theta_{ci})}\pi_i^{(\theta_{ci-1})}\cdots\pi_i^{(\theta_{ck-1})} \tag{4-23}$$

以此类推,我们可以得到下面的算式:

$$p(z_n\mid \pi)=\text{mult}(z_n\mid \pi) \tag{4-24}$$

$$p(x_n\mid z_n,\beta)=\prod_{k=1}^{K}p(x_n\mid \beta_k)^{\delta(z_n^k,1)} \tag{4-25}$$

在给定参数 t 后,可以给出贝叶斯层次模型的具体生成式。样本属于每个类的概率

$$p(c\mid t,\theta,\beta,\eta)\propto p(t\mid c,\theta,\beta)\propto p(t\mid c,\theta,\beta)$$

参数 θ、β、η 是由训练集学习所得到的。在这里,为了方便计算将 $p(c\mid \eta)=\text{mult}(c\mid \eta)$ 省略参数 η 的估计看成是个均值分布,也就是说 $p(c)=1/c$,每类的决策由 $c=\arg\max_c p(x\mid c,\theta,\beta)$ 决定。而对于 $p(x\mid c,\theta,\beta)$ 根据隐含变量 π、z 在上面的计算式子,可以得出

$$p(x_c\mid \theta,\beta,c)=\int p(\pi\mid \theta,c)\left[\prod_{n=1}^{N}\sum_{zn}p(z_n\mid \pi)p(x_n\mid z_n,\beta)\right] \tag{4-26}$$

上述算式存在 π、β 配对,无法计算出解析式,需要求出近似解。显然,通过采用拉普拉斯近似、变分推理、吉布斯抽样及期望扩散等近似推理算法获取待估计值。T. L. Griffiths 等证明吉布斯抽样在复杂性和扩展性上均优于其他推理算法,因此本书将在 4.3.2.3 中具体介绍吉布斯抽样在上述模型的运用。

4.3.2.3 吉布斯抽样

MCMC 是从一个复杂的概率分布抽取样本值的近似迭代方法,它允许 Markov 链收敛于目标分布,然后从 Markov 链中抽样,Markov 链的每个状态是对于采样变量值的赋值,状态之间的转换遵循着简单的规则。吉布斯抽样作为 MCMC 算法的

一种简单实现形式，其目的是构造收敛于某目标概率分布的 Markov 链，并从 Markov 链中抽样被认为接近该概率分布值的样本。于是给出目标概率分布函数成为采用吉布斯抽样的关键。采用吉布斯抽样，在所有变量的当前值和文档集的基础上，从它们的分布上来抽取所有的变量值，然后转换到下一状态。

利用 MCMC 算法中的吉布斯抽样法对本模型的参数进行估计基于以下三点。

1）吉布斯抽样估计是 MCMC 算法中的一种比较流行的算法，对于吉布斯抽样而言在给定的有限多个样本值的条件下，能够得到该模型参数的无偏估计值。

2）由于本书研究环境是在社会化标注环境下，网络资源的属性个数和样本数不成比例，采用 MCMC 算法能够有效解决这种问题所产生的混乱现象。

3）MCMC 算法中的其他算法都需要给出一个比较好的先验分布，以实现对目标函数的样本收取，寻找合适的先验似然函数对这个复杂的模型来说是不太可行的。而吉布斯抽样只需存在全条件分布，而且各个分布都是标准分布就可以对分布中的参数进行直接抽样，这正是 MCMC 算法的其他抽样算法所无法比拟的。下面就利用基于共轭先验的吉布斯抽样对模型的每个参数进行估计。参数估计的方法、具体到每个参数进行估计。

对于第 i 个标注标签 token，该 token 所对应单词为 w_i ，token 所对应的图像为 d_i ，吉布斯抽样将均一考虑每一个主题出现的次数来估计 token 被赋予给具体的哪一个主题。在抽样过程中，主题重复抽样以达到最有效地结果，具体如下：

$$P(z_i = j \mid z_{-i}, w_i, d_i, \cdot) \propto \frac{c_{wi,j}^{WT} + \beta}{\sum_{w=1}^{W} c_{w,j}^{WT} + W\beta} \cdot \frac{c_{di,j}^{DT} + \alpha}{\sum_{t=1}^{T} c_{di,t}^{DT} + T\alpha} \tag{4-27}$$

式中，$z_i = j$ 为主题 j 被赋值给 token i ；z_{-i} 为除了 token$i$ 之外其他单词 token 的主题分配；“ · ”表示其他的所有已知信息，如所有其他单词 w_{-i} 、其他图像 d_{-i} 及先验参数 α、β 。C^{WT} 与 C^{DT} 分别为大小为 $W \times T$、$D \times T$ 维的矩阵，$c_{wi,j}^{WT}$ 表示第 i 个单词 w_i 被赋给主题 j 的次数；$c_{di,j}^{DT}$ 表示第 i 个图像 d_i 里面的单词被赋给主题 j 的次数（不包括当前单词 token$i$ ）。

在式（4-27）中，影响单词 token 赋予某个主题的因素主要有以下方面：第 i 个单词 w_i 属于主题 j 的概率，主题 j 在当前图像主题分布中的概率。若单词 w_i 被分配给 j 的次数越多及单词所对应图像被分配给主题 j 的次数越多，则单词 token 被分配给主题 j 的概率也越大。

在每次吉布斯抽样中，图像集里所有单词都被赋给某一个主题。当吉布斯抽样被迭代足够次数后，主题概率就逼近于先验 Dirichlet 分布。吉布斯抽样结束后，就得到了需要求解的单词–主题分布 φ 及主题–图像 θ 分布，其求解迭代过程如下：

$$\varphi_i^j = \frac{c_{wi,j}^{WT} + \beta}{\sum_{t=1}^{W} c_{w,j}^{WT} + W\beta} \tag{4-28}$$

$$\theta_j^d = \frac{c_{di,j}^{DT} + \alpha}{\sum_{t=1}^{T} c_{di,t}^{DT} + T\alpha} \tag{4-29}$$

当得到单词–主题的概率分布 φ 之后,即可通过 φ 来计算以下单词 w_k 和 w_i 之间的主题相关度:

$$P(w_k \mid w_i) = \sum_{j=1}^{T} P(w_k \mid z_i = j) P(z_i = j \mid w_i) = \sum_{j=1}^{T} \varphi_k^j \varphi_i^j \tag{4-30}$$

4.3.3 实验分析及三种算法的比较

为了对基于贝叶斯层次模型的资源识别算法的综合性能进行评估和衡量,本书进行以下的仿真实验。从算法准确性、查找效率和可扩展性等多方面进行验证,将本书提出的模型方法和第 3 章与第 4 章所提出的方法进行比较,最后对学习过程和收敛速度进行分析。

4.3.3.1 数据准备工作

本书实验使用的数据全部来源于美味书签网(网址为:www. delicious. com),"Delicious"网站是由沙科特所开发出来的,它是一个免费开放的社群性网络,主要用来交流网页书签。"Delicious"网不同于其他书签网站,它主要用于与别人分享和交流书签,使用者也可以在"Delicious"网上储存或管理私人书签(但需标记为"do not share"),符合社会化标注系统的特点,是一个最具代表性的用户标注型网站之一。站点的用户每天都在呈指数增长,通过网络爬虫技术,连续下载将近一个月美味书签网站数据,从而得到一个社会化标注数据集。这个数据集含有 105 293 个用户共标注 853 108 个 URL 网页同时使用 219 714 个不同的标签所做的社会化标注。这个原始的数据集中包含很多噪声数据,如某些用户在测试网站功能随手添加的无意义的标注等,所以在本书的实验中,将出现次数小于 20 的用户、资源和标签,以及他们所在的三元组筛选出来。对这个数据集进行过滤,最终实验所用的数据包含 105 293 个用户,16 917 个标签和 19 621 个 URL,虽然资源和标签的数量大大减少,URL 条目只有原来的 2. 3%,标签数目只有原来的 7. 7%,但三元组由原来的 5 111 755 条变成 1 635 761 条,是原来的 32%。说明保留了数据集中很有价值的一部分。

4.3.3.2 数据处理过程

首先对于标签，去除那些具有相同意思但格式重复的，这主要包括现在进行时、过去式、第三人称等形式，最后得到标签。

其次，利用 SAS 软件中的 proc SQL 语句统计每一个标签相应地被用户所标注的次数，并以此来进行分组排序。

另外，对资源进行筛选，抽取信息资源的 URL 前面的主字符，见表 4.15，将认为类似这样的具有相同主页的网站为同一个信息资源，表 4.15 主要包括三个信息资源，即 http://adam.goucher.ca、http://adambroom.com/blog、http://adam.sporka.eu/。

表 4.15 URL 表项

信息资源
http://adam.goucher.ca/?p=177
http://adam.goucher.ca/?p=189
http://adam.goucher.ca/?p=193
http://adam.goucher.ca/?p=207
http://adam.goucher.ca/?p=237
http://adam.goucher.ca/?p=257
http://adam.goucher.ca/?p=265
http://adam.goucher.ca/?p=34
http://adam.goucher.ca/?p=353
http://adam.goucher.ca/?p=363
http://adam.goucher.ca/?p=367
http://adam.goucher.ca/?p=368
http://adam.goucher.ca/?p=378
http://adam.goucher.ca/?p=379
http://adam.goucher.ca/?p=382
http://adam.goucher.ca/?p=385
http://adam.kahtava.com/journal/
http://adambroom.com/blog/classy-victory-for-jessica-kurten-in-geneva-prix-clari
http://adambroom.com/blog/france-prepares-for-world-class-show-jumping/
http://adambroom.com/blog/georgina-bloomberg-wins-it-all-new-york-rider-wins-100

续表

信息资源
http://adambroom. com/blog/international-committee-launched-by-hsi/
http://adambroom. com/blog/jessica-kurten-stars-in-geneva-show-jumping-final/
http://adambroom. com/blog/markus-fuchs-pulls-out-of-final-in-geneva/
http://adambroom. com/blog/michael-whitaker-in-form-at-geneva/
http://adam. sporka. eu/wiki/calendar/#download
http://adam. sporka. eu/wiki/calendar/img/thumb-calendar-2008. pdf
http://adam. sporka. eu/wiki/doku. php? id=web:thumb_calendar
http://adam. sporka. eu/wiki/doku. php? id=web:thumb_calendar#design
http://adam. sporka. eu/wiki/doku. php? id=web:thumb_calendar&rev=1197683340
http://adam. sporka. eu/wiki/doku. php? id=web:thumb_calendar&rev=1197683340
http://adam. kahtava. com/journal/
http://adam. kahtava. com/journal/2006/11/09/The+Problems+With+Themes+Skins+And+Ca
http://adam. kahtava. com/journal/CategoryView,category,Themes%20and%20Skins. aspx#
http://adam. kahtava. com/journal/PermaLink,guid,002ae3f5-6496-4d64-aab8-d3ccf498d

最后确定实验中所涉及的主题数目,主题数目确定是一个烦琐的过程,这主要是因为过少的主题将无法有效地对该社区下的所有资源进行有效的分类,而如果将主题数目设置太大将会在此形成烦琐的工作,造成不必要的麻烦。

4.3.3.3 性能评价指标

从算法准确性、查找效率和可扩展性等多方面进行验证,将本章提出的模型方法与第3章隐含语义分析pLSA,第4章的隐含狄利克雷分配LDA进行对比分析,从应用的角度考察不同的算法,对测试结果进行比较,本书主要从以下四点进行测试比对其有效性。

1)比较三种算法主题中含有类的准确度,每个主题中含有类的大小,像kmeans这类将大量信息资源合并到一起的算法会降低信息获取的速度,得到的分类结果往往很难满足用户搜索和浏览的目的,为此,本书将分类得到的结果与已形成的专家分类进行比对,用来衡量其有效性的指标。

2)召回率(recall)和精确率(precision)作为信息检索系统的重要衡量指标,本节将此作为评价算法优良与否的重要指标。召回率的传统定义为分类结果中正确数目与资料库中所有此类数目的比值,也被称为查全率[式(4-31)];而精确率则被定义为某些特定类中所得到的正确分类数目与总数目的比值,也被称为查准率[式(4-31)]。对于特定的分类模型而言很难做到召回率和精确率同时有较高的数值,经常会出现的一种现象就是召回率高时,精确率会普遍较低;相应地,精确率高时,召回率会降低。

$$\text{精确率}\quad P_i = \frac{T_i}{C_i}\quad \text{召回率}\quad R_i = \frac{T_i}{N_i} \tag{4-31}$$

式中,T_i、N_i、C_i 分别为第 i 类结果中正确的个数、结果中出现的个数和实际包含的个数。

3)根据2)结果中得到的召回率和精确率计算它们间的 F_1 值、宏平均召回率 Macro_R、宏平均 F_1 值、微平均 P 值。计算公式如下:

$$F_{1i} = \frac{2 \times P_i \times R_i}{P_i + R_i}, \tag{4-32}$$

$$\text{Macro\_P} = \frac{1}{k}\sum_{i=1}^{k} P_k \tag{4-33}$$

$$\text{Macro\_F}_1 = \frac{2 \times \text{Macro\_P} \times \text{Macro\_R}}{\text{Macro\_P} + \text{Macro\_R}} \tag{4-34}$$

$$\text{Micro\_P} = \frac{\sum_{i=1}^{k} T_i}{\sum_{i=1}^{k} C_i} \tag{4-35}$$

由于只进行单类别分类(一个网络资源只给出一个预测类别),因此 Micro_P 和 F_1 相等。

4)本书采用语言模型中标准的评判标准则困惑度(perplexity)评价各种模型的性能。在训练集合上训练得到最优模型;通过计算一个给定训练集合的困惑度可以评价该模型产生资源的能力。困惑度越低,说明模型具有更好的推广性。对于一个具有 M 个资源的测试集 D_{test},困惑度计算公式如下:

$$\text{perplexity}(w_d \mid a_d) = \exp\left[-\frac{\ln p(w_d \mid a_d)}{N_d}\right] \tag{4-36}$$

式中,N_d 为资源 d 的长度;$p(d_d)$ 为待测模型产生资源 d_d 的概率。

$$p(w_d \mid a_d) = \int d\theta \int d\varphi p(\theta \mid D^{\text{train}}) p(\varphi \mid D^{\text{train}}) \times \prod_{m=1}^{Nd}\left[\frac{1}{A_d}\sum_{i \in a_d, j} \theta i_j \varphi_{wmj}\right]) \tag{4-37}$$

4.3.3.4 三种算法实验结果对比分析

1)为了对比方便,本书首先进行手工标注,然后将 pLSA 算法和 LDA 算法、本书算法分别与手工标注结果进行对比分析。三种算法在 $C=6$ 时每类的网页资源数目,见表4.16。

表 4.16　各算法产生的资源数目

项目	类别一	类别二	类别三	类别四	类别五	类别六
手工标注(个)	199	200	200	200	200	200
手工标注(%)	16.6	16.7	16.7	16.7	16.7	16.7
pLSA(%)	11.3	16.6	16.7	17.4	19.0	19.0
pLSA(个)	70	201	202	217	254	255
LDA(%)	5.8	16.8	16.8	18.1	21.2	21.3
LDA(个)	102	125	192	194	245	341
Bayes(%)	8.5	10.4	16.0	16.2	20.4	28.4
Bayes(个)	108	143	166	200	201	381

根据表4.16中的数据可以发现,得到的结果与人工标注的结果的差距有些许区别,但这个偏差是可以接受的。

2)下面的数据对比表明,其类别资源具有较高的质量,各种算法的准确率见表4.17,计算根据式(4-31)求得精确率和召回率。

表 4.17　算法的召回率和精确率

pLSA	0	1	2	3	4	5	平均值
召回率(%)	65.8	51.0	58.4	91.6	95.1	88.9	71.5
精确率(%)	100	61.4	65.2	77.8	33.3	47.9	70.3
LDA	0	1	2	3	4	5	平均值
召回率(%)	85.0	74.0	85.7	92.8	95.1	96.8	86.6
精确率(%)	99.0	96.1	91.7	100	36.8	57.5	86.8
Bayes	0	1	2	3	4	5	平均值
召回率(%)	90.8	70.0	93.5	50.0	95.1	84.1	79.4
精确率(%)	84.5	89.7	81.8	89.4	44.8	94.6	83.9

同时根据各个算法的召回率和精确率的平均值,绘制出三种算法在不同类资源下的召回率和精确率变化情况图,如图4.18所示。

3)根据式(4-33)~(4-35)计算得到三种算法的宏平均和微平均,见表4.18和图4.19,可以清晰地发现本章中的结果都明显优于其他两种方法,具有较强的适用性。

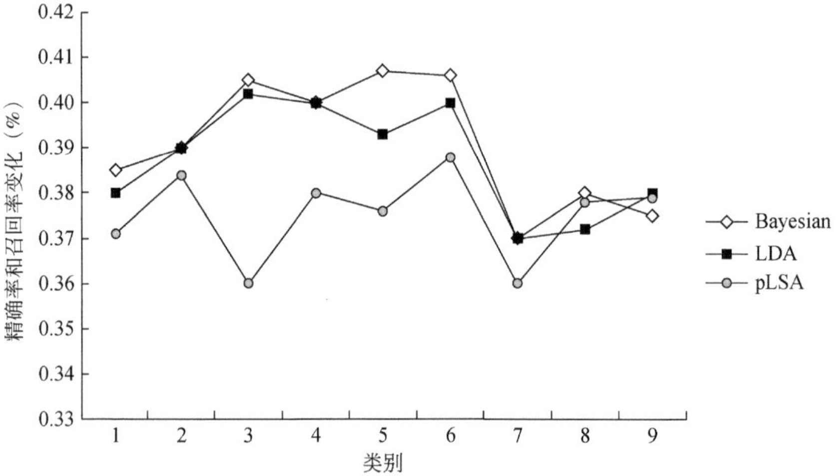

图 4.18　三种算法的召回率和精确率平均变化图

表 4.18　三种算法的宏平均和微平均对比关系

项目	Macro_P	Macro_R	Macro_F_1	Micro_F_1
pLSA	0.831 694	0.832 486	0.832 09	0.832 83
LDA	0.854 82	0.851 499	0.852 98	0.859 177
Bayesian	0.882 884	0.889 212	0.881 04	0.888 333

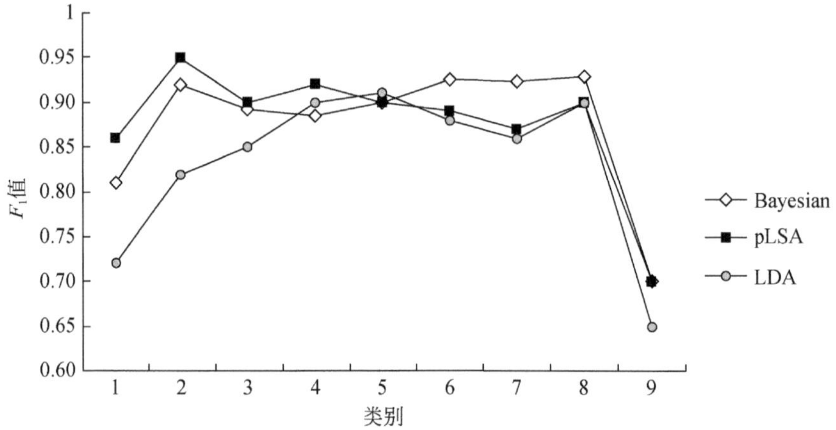

图 4.19　三种算法 F_1 值比较图

4)根据式(4-36)和式(4-37)计算出三种算法在主题 $k=100$ 时的不同训练样本趋势图,如图4.20所示。

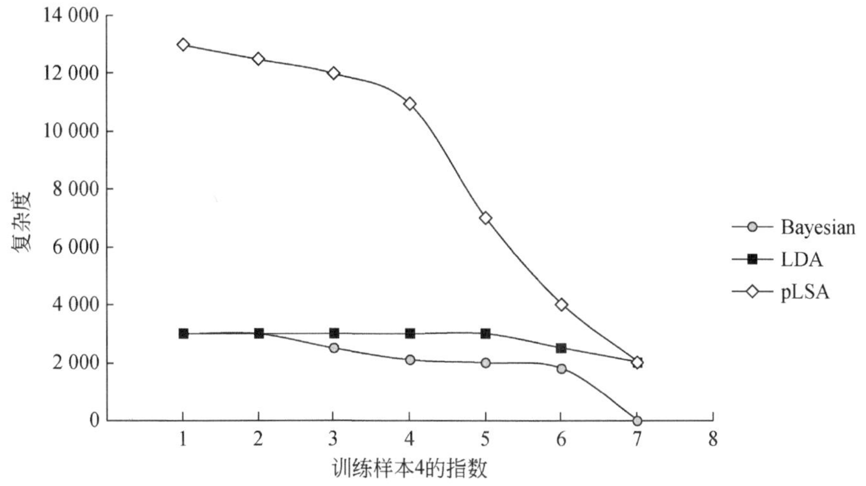

图4.20　三种算法在不同训练集下的复杂度变化图

图4.20揭示三种算法的比较结果。pLSA模型在三个模型中拥有较高的模型复杂度;LDA模型在起初训练样本较小时复杂度较低,然而随着样本数量的增加我们发现产生的交叉点在特定资源下有很好的适应性,表明其在特定的主题下的资源能得到较好的结果,没有两个资源是完全相同的内容,出现的结果将限制此模型的发展,随着主题数目的增长,这个交叉点将出现在训练样本小的时候;而本节的模型能得到较低的复杂度,并随着样本数目的增加逐渐与 X 轴相交。

从以上实验可以得出,基于LDA模型的文本文类方法,采用吉布斯抽样进行参数推理和估计。在贝叶斯模型中,对于美味书签网的数据进行分析,Macro_P、Macro_R、Macro_F_1 和Micro_P平均达到91%,均高于其他两种方法,获得了较好的分类效果。并与pLSA算法、LDA算法同类算法做对比,验证本书方法的有效性和优越性。

5 关联挖掘

社会化标注充分体现 Web2.0 环境的主动性和互动性的特征,并由此形成具有关联性的信息用户、信息资源和标签三元素所构成的复杂网络。本书在对具有社会化标注功能的典型网站"Delicious"相关数据进行分析的基础上,主要开展以下三方面的研究。

1)运用复杂网络理论中的社区划分模型,对社会化标注系统的相关要素进行依据其关联性的社区划分,划分的结果将有助于信息用户在信息获取时进行类比共享。

2)基于复杂网络理论中的二部分图模型,提出包括信息用户、信息资源和标签类元素的三部分图模型,并以此对社会化标注系统的相关要素进行了排序,排序的结果将有助于信息用户在信息获取时进行对比评价。

3)基于处理非线性识别问题的人工神经网络的相关模型,本书探讨社会化标签系统要素的语义识别,分别运用 BP 神经网络所训练的权重来确定语义向量;运用 SOM 神经网络针对大众化的标签进行语义聚类,进而确定语义空间的维度;维度和向量确定后,再运用自组织竞争神经网络在特定的语义空间中对特定的要素进行语义性分类。语义识别的结果将有助于对要素特征的学习和识别。

依据上述研究所得出的关联性社区、关联性排序及关联性语义识别,将有助于把握信息用户的需求偏好、信息资源的属性特征及社会化标签的语义特征,进而有助于信息用户对信息资源的主动获取,以及信息服务提供商的个性化推荐。

5.1 社会化标注系统要素的社区划分

在社会化标注系统的三重图模型中,信息用户之间由于标注相同的信息资源(或使用了相同的社会化标签),而相互之间具有关联关系,这种关联关系表现为具有相近的需求偏好。同理,信息资源之间也存在着具有相近属性的关联关系,社会化标签之间也存在着具有相近语义特征的关联关系。

社会化标注系统中的各要素(信息用户、资源、标签)之间,通过关联所形成的网络是复杂网络。随着对复杂网络性质的物理意义和数学特性的深入研究,人们发现许多实际网络都具有一个共同性质——社团结构。也就是说,网络是由若干个“群”(group)或“团”(cluster)构成的,每个社区内的节点之间的连接非常紧密,而社区之间的连接却相对比较稀疏。

本书尝试针对社会化标注系统的三重图模型,利用复杂网络的社区结构划分的相关理论和模型,探讨在社会化标注系统中,信息用户的社区性需求偏好、信息资源的社区性属性特征及社会化标签的社区性语义特征,此外,根据特定用户所使用的标签分布频率,从另一个角度来确定用户的信息偏好及资源的属性特征。

5.1.1 社会网络及其社区划分理论

“拓扑结构决定系统功能”是人们一开始研究利用网络来描述真实系统的一个潜在假设。根据这个假设,如果我们将系统内部的各个元素作为节点,元素之间的关系视为连接,那么一个系统就构成一个网络。而对一个系统的网络拓扑结构的有效模拟及对相关拓扑结构特征的准确预测就成为衡量网络研究成功与否的重要标志(图 5.1)。

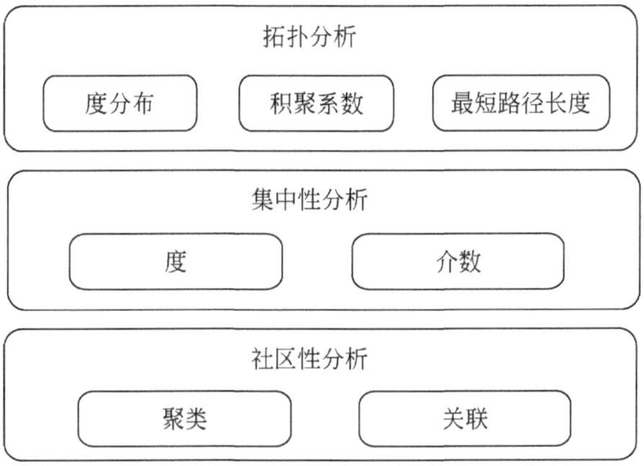

图 5.1　网络分析

在社会网络中,社区的存在是普遍的。如何在复杂网络中发现社区是个非常实际的问题,如如何在社会网络中确定各个主题的社区,如何在生物网络中确定群落,如何给信息网络聚类,等等。

一般而言,社团可以包含模块、类、群、组等各种含义。例如,万维网可以看成是由大量网站社团组成,其中同一个社团内部的各个网站所讨论的都是一些有共同兴趣的话题[92]。《美国传统词典》对“社区”的定义是:“居住在同一地区并隶属于同一政府的一群人”;“具有共同兴趣的一群人”。以上两个条件是构成社区的必要条件。社区由一群具有相同目标的承诺者组成,社区成员相互帮助并分享知识,在承诺的约束机制和规范的作用下达到共同的目标,最终发展成为具有共同经验和价值的共同体[93]。

当社区所属的物理空间变成网络空间,政府的管理和运行机制被相关的网络协议、服务和规范所取代时,便成为所谓的虚拟社区(virtual community)。虚拟社区由共同兴趣的参与者组成,是通过网络信息交互活动,根据共同的信息需求或意见指向,在网络平台上组成的,强调交互性的相对松散的网络人群聚合,参与者通过网络进行互动交流,寻找一群彼此兴趣相投的伙伴,并能够共同讨论一定程度和意义的主题。虚拟社区的组成成员互动性强,信息交流频繁。虚拟社区拥有社区构成的基本要素:一定的时空场域——网络;一定的人群——具有相似点的网络人群;相应的组织——依据传播的原则聚合;成员参与——信息交互;共同的意识——相同的兴趣、文化等特质。但是,虚拟社区毕竟只是现实社区的拟态存在。现实社区通常强调地域环境的影响,其社区形态都存在于一定的地理空间中。虚拟社区的非空间组织形态,把时间和空间进行重组、打散,强调聚合人群是依据相对的特质来进行的,存在于经过重新组合的虚拟出来的时空场域。这是虚拟社区与现实社区在基本要素上最大的差异所在。

自然和社会中的许多复杂系统可以被抽象为由组成该系统的单元相互连接所形成的复杂网络。其中一个关键的问题是如何解释这种网络的全局性组织,因为在其中具有相互关联的部分所形成的结构性子集(社区)的共存,理解和把握这种结构将有助于认识网络的结构和功能特征。很多社区划分的算法主要用于划分相互独立的社区,然而大多数实际的网络是由相互重叠和嵌套的社区所构成的。

大多数实际的网络中一些节点相互间的关联程度大于网络中的其余节点,这些节点的集合通常被称为聚类(clusters)、社区(communities)、黏着组(cohesive groups)、模块(modules)[94]。虽然不同的学科对其的称谓不同,但网络中社区的存在已经被公认为是复杂系统的层级属性的一个重要特征。

2002年,Newman提出复杂网络的社区结构(community structure)概念[95]。从拓扑分析角度来看,网络社区(community、cluster、module)就是网络中节点的集合,社区中的节点之间具有紧密的连接,而社区之间则为松散的连接。这类结构单元在构成相关网络的结构性和功能性方面起着至关重要的作用。另外,网络中社区性的存在是复杂系统等级性质的相关信息信号。

相对于网络的传递性结构(小规模环形拓扑结构)、特征子团而言,社区在网络中是一个相对宏观粒度的概念。到目前为止,复杂网络中这三种不同颗粒度的拓扑结构之间的相互关系还没有人能够说得很清楚。然而,仅仅就社区结构而言,网络是可以被看成由不同规模和层次的社区构建而成的。也就是说,不同规模的社区结构类似层次化聚类,可以使得整个网络变成一个层次化结构。实际上,有些研究人员更愿意称复杂网络为一个层次化的社区结构。

Newman 等的研究成果使得复杂网络中的社区发现成为近年复杂网络领域的一个研究热点并形成复杂网络中的一个重要的研究方向。Newman 等把社区发现问题定义为将网络节点划分成若干组,使组内的节点之间连接比较稠密而不同组的节点之间的连接则比较稀少。Newman 等在其研究中提出基于边介数(edge betweenness)概念的分割方法,尽管该方法计算量很大,但由于其性能优越而成为社区发现研究的重要参考模型。

为了研究网络中的社团结构,科学家提出一系列有效算法来寻找复杂网络中的社团结构。这些算法的目的是利用尽量少的信息得到尽量准确的网络社团结构,从而更好地分析网络中社团结构的基本特点和共同特性。早期分析社团结构的算法,包括计算机科学中的图形分割(graph partition)和社会学中的分级聚类(hierarchical clustering)两种,前者主要包括 Kernighan-Lin 算法[96]和谱平分算法(spectral bisection method)[97]两类;而后者则以著名的 GN(Girvan-Newman)算法[98]为代表。之后,又有很多学者在 GN 算法的基础上提出了一系列算法[98]。以上提到的所有算法,它们的一个共同特点是致力于尽快且尽量准确地求得整个网络的社团结构。本书主要运用 Palla 在文献的研究理论和模型对社会化标注系统的要素关联所形成的复杂网络进行社区性划分[99]。

针对复杂网络的特点,Palla 提出社区发现算法应该满足五个条件:①算法不能太严格;②应当基于连接的密度;③应当有局部性;④不能产生截断点和截断边;⑤允许社区的交错。并认为社区的交错和嵌套是复杂网络的一个重要结构特征。为了方便研究这些特征,Palla 给出基于 k-clique[100]的社区定义。k-clique 是一个全连通的子图,可以看成构成网络的基本元素,它们是重复出现的重要网络连接模式,这些小的有清晰定义的子图对理解 Web 网络的结构及应用有重要的意义。

定义一个 k 集团(尺度为 k 的完全子图)的社区为所有 k 集团所组成的单元,其中部分单元间能够通过一系列的邻接性的 k 集团而相互连通,此处的邻接表示共享 $k-1$ 个公共节点[100]。在整个网络中也有不能通过 k 集团而到达的部分,对这种情况就有必要进一步进行社区划分。

该方法主要针对二元值网络(无向无权网络)进行,任何网络通过忽略其连接的方向,并且仅取那些超过阈值权重的边,总能够转化为一个二元值网络。当阈值增加时,社区就会收缩,进而分解。在 k 集团的社区划分中,随着 k 值的增加,社区就会变小,进而分解,但同时也会更加连接紧密。

首先抽取所有的完全子图,这些完全子图可以简单被称为集团,k 集团和集团

的区别是 k 集团可以是较大的完全子图的子集。一旦集团被确定下来,就可以建立起集团和集团之间的重叠或嵌套矩阵。在此对称矩阵中,每一列(或行)表示一个集团,矩阵的元素值为集团的尺度(节点数)。在其中,两个集团的交集部分仍然是一个完全子图。对于给定 k 值的 k 集团社区就相当于相邻的集团通过至少有 k−1 个公共节点所相互连接所形成的关联集团成分。该组成成分可以在矩阵中通过如下途径获得:去除非对角元素值小于 k−1 的对象,以及对角元素值小于 k 的对象,然后将保留的元素置为 1,进而对该矩阵进行组分分析。所得的结果组分就是不同的 k 集团社区,其过程如图 5.2 所示。

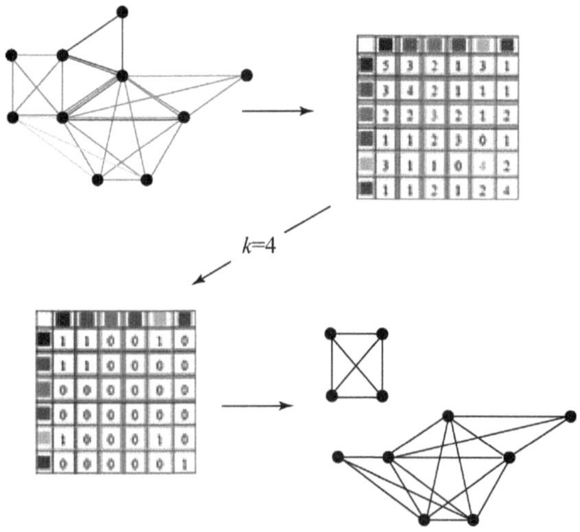

图 5.2　k-集团渗滤示意图

Palla 得到与由大量成员组成的 k 集团完整子图的外观相关的分析性结论和仿真结果。特别地,该文献提供一个 k-集团发生渗滤转换(percolation transition)的临界概率。这一转换是连续的,由非通用的临界指数刻画,该临界指数与 k 和对大量成员的规模进行衡量的方式有关。在此,概述复杂网络的社区结构理论中的一些基本定义:① k-集团。研究的主要对象定义为 k 个节点的完全子图。② k-集团的邻接性。如果两个 k-集团共享 k-1 个节点,那么称这两个 k-集团是邻接的。③ k-集团链。由一系列邻接的 k-集团构成的子图。④ k-集团的连通性。如果两个 k-集团是较大 k-集团的组成部分,那么称这两个 k-集团是连通的。⑤ k-集团的渗滤簇(percolation cluster)是最大的 k-集团连通子图。

5.1.2 基于资源和标签的用户关联性社区划分

5.1.2.1 用户社区划分的研究假设

在建立相关模型时,根据如下常理性的前提条件:①信息标注的质量取决于信息用户对信息内容的评价;②信息用户的需求偏好在一段时间内基本一致;③信息用户的对信息资源的标注受周围信息用户的影响;④信息用户对不同信息内容的标注差异明显。

5.1.2.2 用户社区划分的相关模型

基于上述假设条件,针对标注同一信息资源的所有信息用户,如果其中的两个信息用户对该资源标注过同样的标签,则认为这两个信息用户之间具有一定的关联性。

在此,可以将信息用户集 U 组成关联矩阵:

$$U = \{u_{ij} \mid t_{u_i} = t_{u_j}, t \in \text{Tag}, u \in \text{User}, i,j = 1,2,\cdots,n\} \tag{5-1}$$

结合复杂网络中的相关理论, u_{ij} 可以看作网络中的节点,矩阵值可以看作节点 u_i 和节点 u_j 的连接边的权重值。网络中社区的存在是复杂系统等级性质的相关信息。本书采用集团渗滤方法发现信息用户需求偏好的社区性结构。在每个时间步,使用 CFinder 包(从由与网络中 k-集团渗滤簇相对应的 CPM① 获取的社区中可免费下载)来分析。这个 k-集团过滤簇可以使用 k-集团模板显示,这一模板与 k 个顶点的完全图同构。该模板可以放置到图中任意的 k-集团上,且通过重新定位其中一个顶点、其他顶点固定,可以移动到邻接 k-集团上。从而,某个图的 k-集团过滤簇是通过滚动一个 k-集团模板得到的所有子图。

5.1.2.3 用户社区划分的相关实例

对标注同一资源(www. youtube. com/watch? v = GUHLa1qSy24)的 157 个信息用户(截至 2008 年 1 月 28 日)所建立的数据集,通过信息用户是否使用相同标签进行关联。分析的结果如图 5.3 所示。

从图 5.3 中可以看出,k 值越大,所形成的社区的各个节点之间的关联性越强,节点之间的差别较小;随着 k 值的减小,各个节点之间的细微区别越明显,因而所形成的社区数相应增多,以及小集团数也相应增多;当 k 值达到一定程度时,社区

① http://angel. elte. hu/clustering。

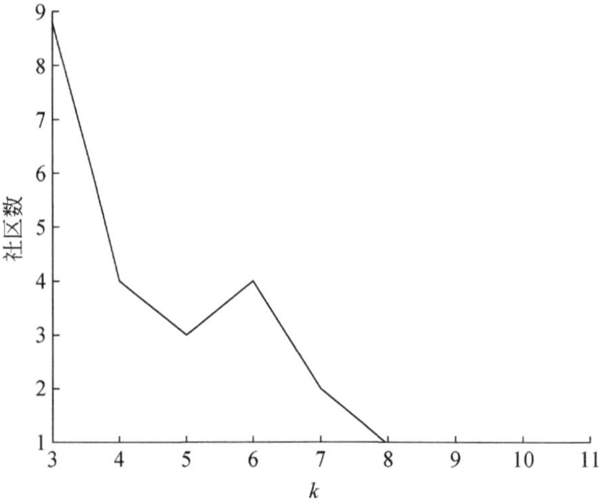

图 5.3　信息用户社区个数随 k 值的变化趋势

数会减少，虽然小集团总数会一直增加，但小集团之间的分化种类这时为最大；当 k 值较小时，社区数也较少，而小集团数较多，更接近于节点本身的独特性。

由以上的 k 值变化规律可以看出，当取社区数由增加到减少的转折点时，小集团数的类别数较大，此时节点之间的关联关系既不是节点之间共性的描述，又不是节点本身独特性的描述，而是适度地把握节点之间分化和关联的关系，以及由此关系得出合理的聚类结果。

就该实例而言，本书取 k 值为 3 时，社区数为最大的 9，即着重分析该 9 种聚类结果。图 5.4(a) 为这 9 个社区相互之间的关联关系，图 5.4(b) ~ (j) 分别为 9 个社区中的信息用户成员及其成员之间所形成的小集团分布。

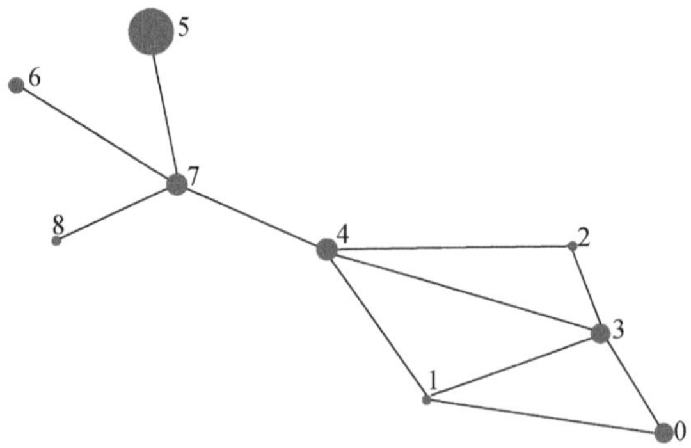

(a) k值为3时所形成的9个社区之间的关联关系

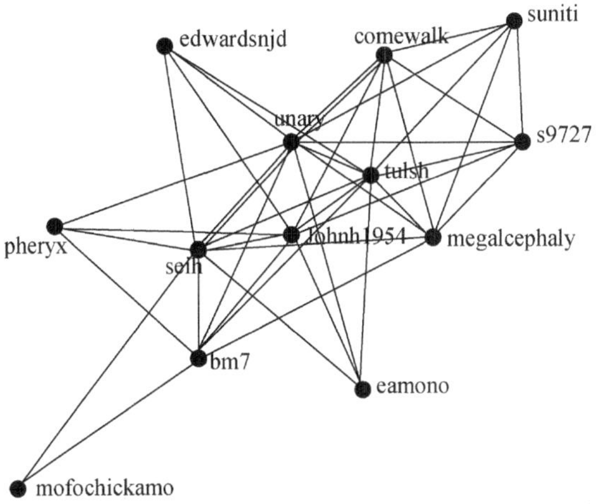

(b) 第1社区（k=3：c_0）

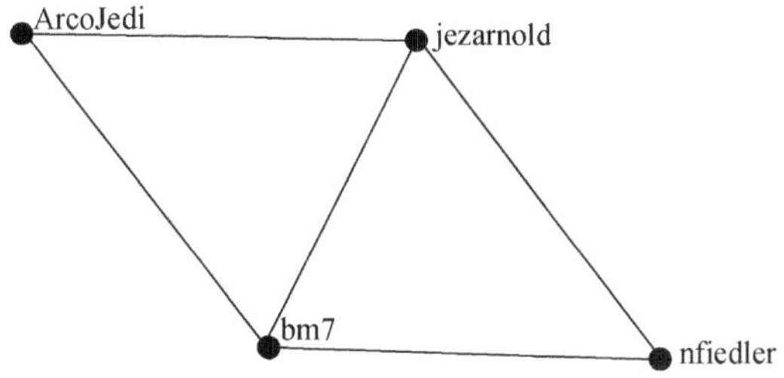

(c) 第2社区（k=3：c_1）

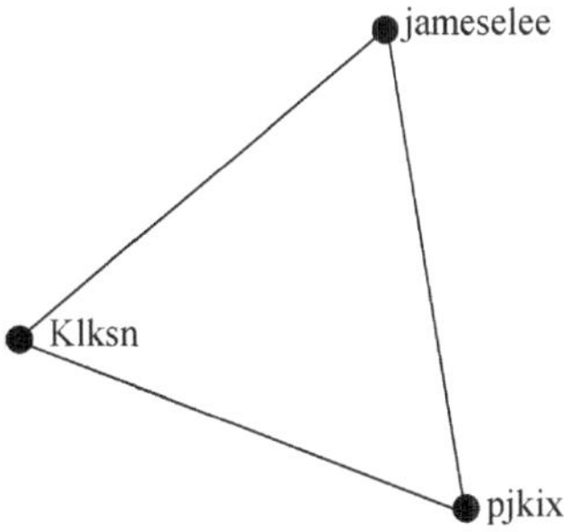

(d) 第3社区（k=3：c_2）

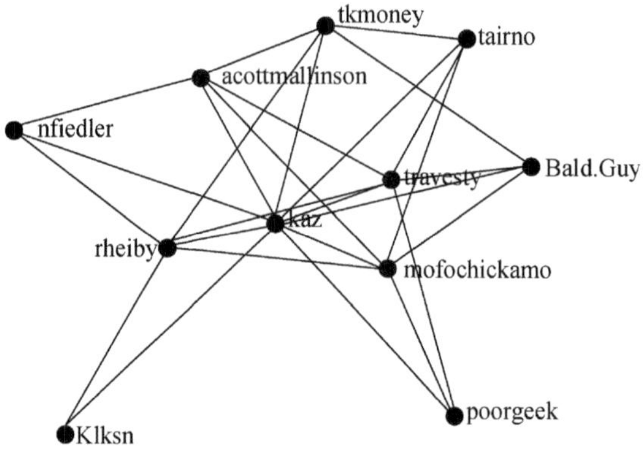

(e) 第4社区（k=3：c_3）

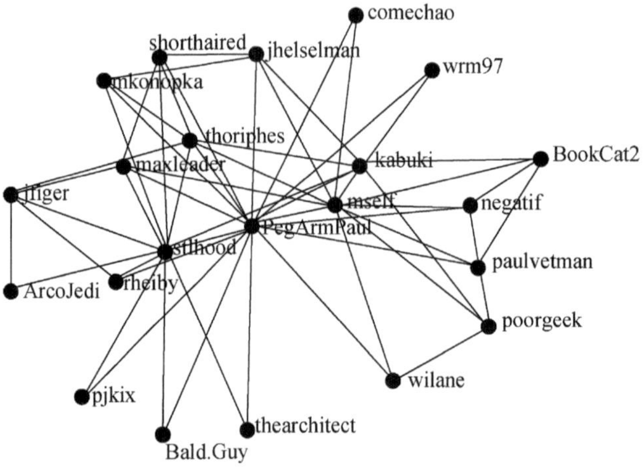

(f) 第5社区（k=3：c_4）

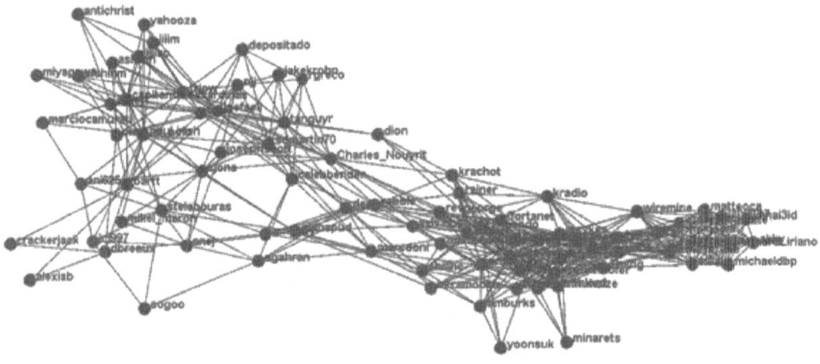

(g) 第6社区（k=3：c_5）

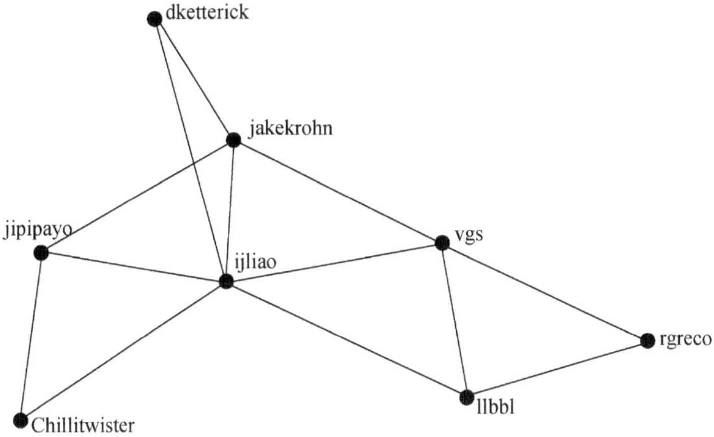

(h) 第7社区（$k=3$：c_6）

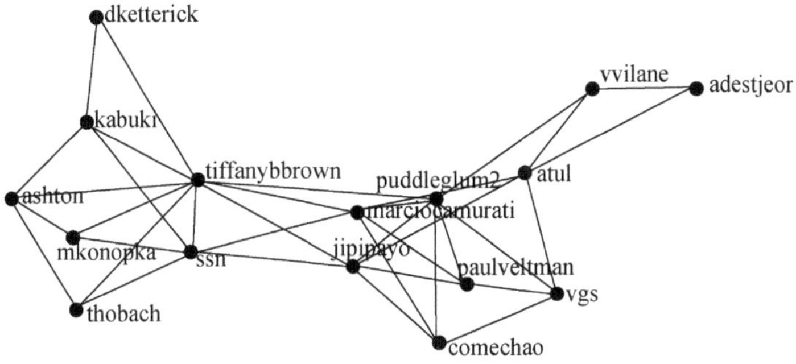

(i) 第8社区（$k=3$：c_7）

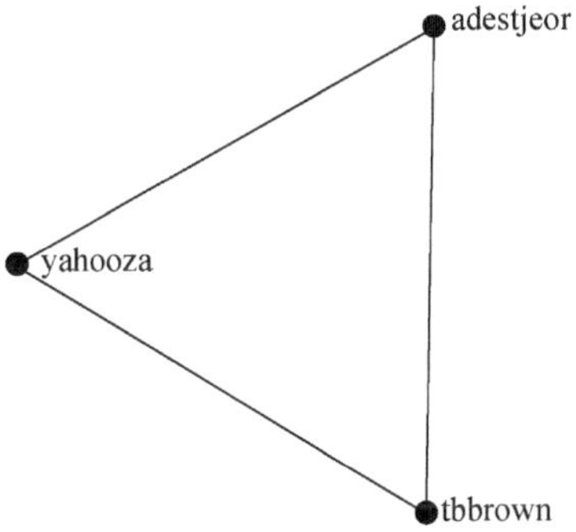

(j) 第9社区（$k=3$：c_8）

图 5.4　k 值为 3 时所形成的 9 个社区及其相互之间的关联关系

一个低 k 值意味着低的链密度，而高 k 值意味着高的链密度。图 5.5 给出所选择的 k 集团网络的社区性统计特征。本书的模型及实例很好地抓住信息内容网络中社区性结构的统计性质：服从幂律的社区性粒度分布、度分布、社区成员数分布及重叠分布，如图5.5所示。

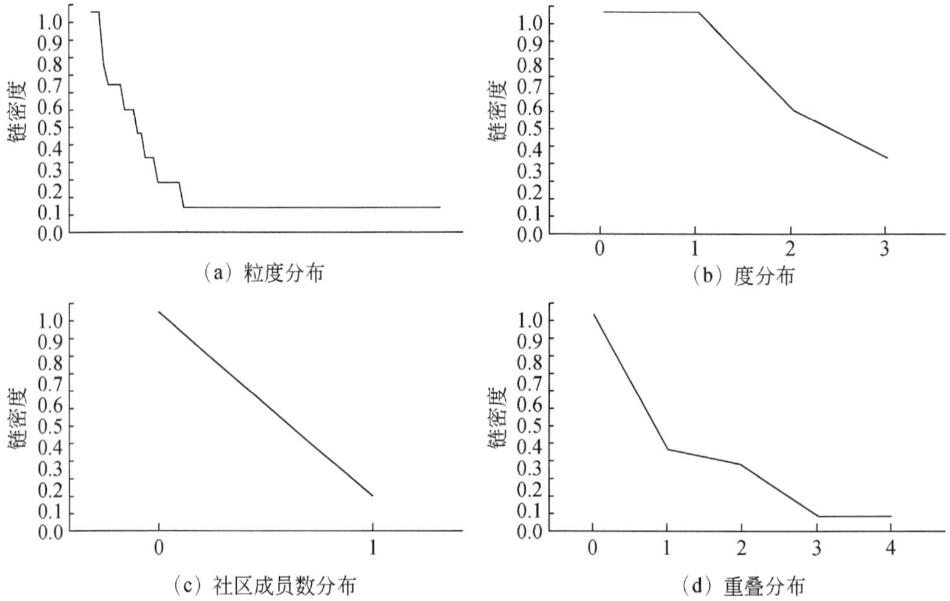

图5.5　k-集团网络的用户社区性统计特征

5.1.3　基于标签分布的用户偏好定位

对于特定的单个用户或用户社区而言，对于其个体或社区的信息偏好的确定，可根据其在社会化标注时使用过的所有标签的使用频率来确定。

5.1.3.1　用户偏好定位模型

特定的用户根据自己的信息需求偏好会访问很多相关的信息资源，并根据自己的认识能力和价值目标对每个信息资源标注相应的标签。这些标签会反映该信息用户在选择、组织和获取相关信息资源时的特定偏好，因此我们可以统计每个标签被该用户所使用的频率，根据使用频率的大小将标签进行排名，根据实际需要选取前 n 个标签的组合作为该信息用户的信息需求偏好的描述框架（profile），如图5.6所示。

特定用户 U 标注过的资源集为 $R_i(i = 1,2,\cdots,m)$，对于其中每一个资源，该用户所标注的标签集为 $\{t_i | t_i \in T_j, j = 1,2,\cdots,n\}$，将该用户在某一段时间标注资源所用过的标签集 T_j 进行统计，并按照使用频率 l_j 排序，频率较大的 k（k 为根据实际

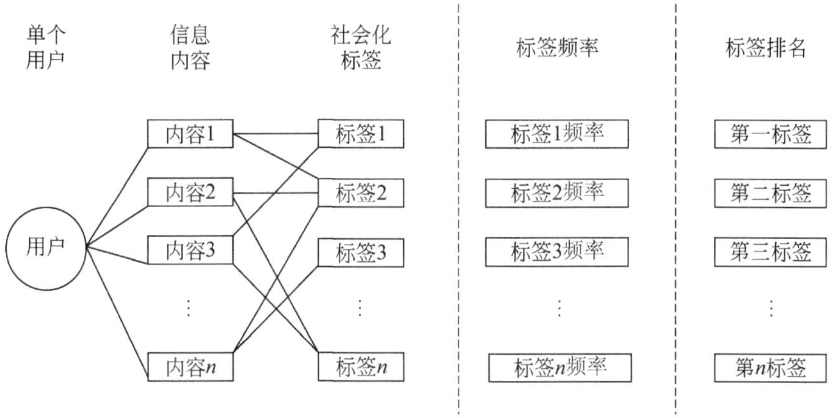

图 5.6　基于社会化标注的用户偏好定位

需要所确定的阈值）个标签的组合 $\{t|t \in T_j, t = 1, 2, \cdots, k, k \leqslant n\}$ 就可作为该用户的偏好特征描述。

相关算法如下。

输入：特定用户 U 标注过的资源集为 $R_i(i = 1, 2, \cdots, m)$，以及该用户其中每一个资源所注的标签集为 $\{t_i | t_i \in T_j, j = 1, 2, \cdots, n\}$，阈值为 k。

输出：符合阈值 k 的特定用户 U 的标签集 $\{t|t \in T_j, k \leqslant n\}$。

步骤：对于用户 U

设置 i 来统计标签，令 i=1 to 标签总数

对于 R_i，记录标注其的标签 $\{t_i | t_i \in T_j, j = 1, 2, \cdots, n\}$ 及每一类标签的使用次数 l_j，

当标签重复出现时，$l_j = l_j + 1$，

$i = i + 1$

根据 l_j 的大小，对标签集 $\{t_i | t_i \in T_j, j = 1, 2, \cdots, n\}$ 排序，

根据设定的 $k(k \leqslant n)$，在经过排序的标签集中选择用户的偏好特征描述的标签集 $\{t|t \in T_j, j = 1, 2, \cdots, n\}$。

5.1.3.2　应用举例

在“Delicious”中，用户“zhangliu98”标注过的资源有 135 项（截至 2007 年 9 月 30 日），并且对每个信息资源使用的标签不尽相同。本书将该用户使用过的标签列出，并按照使用频率（至少被使用过 5 次）从大到小进行排序，得到表 5.1 的结果。

表 5.1　用户对相应标签的使用频率

标签	频率
2c	24
oracle	9
google	8
linux	8
webdesign	7
programming	6
auto	5
tv	5
ubuntu	5
unix	5

从上述结果可以看出,信息用户"zhangliu98"的信息需求偏好可以用该用户使用过的标签进行确定,即根据实际的需要选取一定的阈值进行标签组的选择。如果阈值为 10 时,该信息用户的信息需求偏好为"2c";如果阈值为 5 时,上述的 10 个标签共同确定该信息用户的需求偏好。

5.1.4　基于标签分布的资源属性定位

对于特定的信息资源而言,其属性的确定,可根据其被大量用户所标注过的所有标签的使用频率来确定。

5.1.4.1　资源属性定位模型

社会思维是指人作为社会整体对客观现实的认识,它是在整个社会时间、社会关系的基础上,无数个人思维和各种群体思维交互作用、多元复合的观念体系。社会思维是人作为社会主体的整体思维,从思维主体范围的角度来看,社会思维包括个人思维和群体思维。群体思维是以若干思维个体组成的群体作为思维主体形成系统的特有功能,从而产生单个个体所不能达到的整体思维能力。它给人们带来新的扩大了的认识能力。在群体进入这样的思维状态下,就会使思维能力大大提高,从而发挥其前所未有的水平,使思维的结果实现跨越,涌现出群体智慧。

从思维科学和系统科学来分析,人类智慧的发展可以概括为 3 个方面:① 对于人类个体而言,擅长形象思维易形成象智,象智与量智相结合形成高层次的性智;② 对于人类群体而言,综合个体的智慧,并着重与情境相联系,产生并通过多层次的学习丰富了群体的智慧;③ 对于人类社会而言,社会思维激发群体智慧的涌现,在一定社会环境下形成与此相联系的社会智能。个体与其所处的环境所呈现出来的智慧,群体与环境交互所涌现出来的智能,如果进一步上升到人类社会,那么就必然要研究社会思维及与其紧密相连的社会智能[26]。

社会化标注在体现个性的过程中,有一个重要的实际规律,即每个网络用户在添加标签时都是依据个人的经验和常识。而每个人的常识和经验又是一般人所具有的。德国著名的哲学家海德格尔曾经提到在这个社会上,存在着“常人”,他们也许是几个人、几十个人,也可能是几万人乃至整个人类。这个“常人”从降生开始就被人用经验和常识教导与抚育,从而限定常人的界限。任何人的成长都需要按照这个规律生存,以常人的方式生活。一旦有人要突破这个界限的限制,“常人”就会以各种方式与之对抗并将其消灭。

一个资源在被不同用户进行标注时,所使用的标签的频率分布,能够确定该资源的类别。因此,在微观上可能每个人所做的标签是不一样的,但在宏观上标签的标记过程不会超出经验、常识和“常人”的界限。并且人们对某一事物的第一反应往往更能体现出常识与经验,因此大多数人所选用的标签都属于常识的范畴。既然这些标签是一种常识和经验的反映,那么在众多标签中带有共性就是不难理解的事情了。在这种情况下,标签的个性化实际上更多的是一种微观上的特殊性。

特定的信息资源被许多信息用户所关注,并且其中的每个用户对该信息资源的标注也不相同。这些标注的标签反映该信息资源对不同信息用户的价值效用,因此可以统计这些标签的使用频率,并按照使用频率将这些标签进行排序,根据实际需要选取前 n 个标签作为该信息资源的特征描述,如图 5.7 所示。

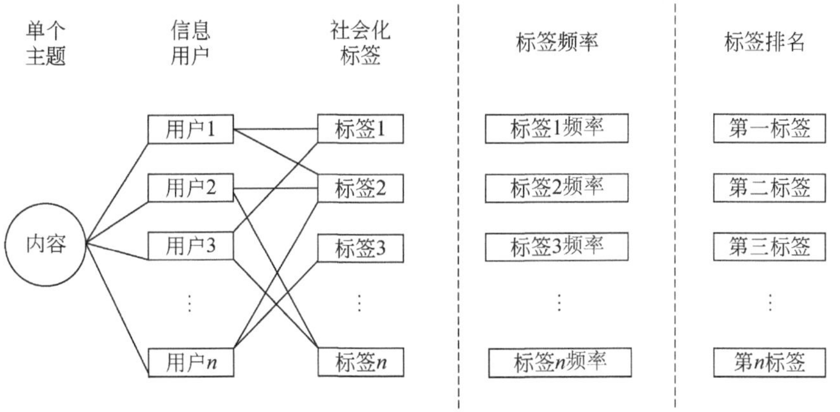

图 5.7　基于标签的内容主题聚类

对特定资源 R 标注过的用户集为 $U_i(i=1,2,\cdots,m)$,对于其中每一个用户,对该资源所标注的标签集为 $\{t_i \mid t_i \in T_j, j=1,2,\cdots,n\}$,将该资源被不同用户 $U_i(i=1,2,\cdots,m)$ 在某一段时间标注资源所用过的标签集 T_j 进行统计,并按照使用频率 l_j 排序,频率较大的 k(k 为根据实际需要所确定的阈值)个标签的组合

$\{t \mid t \in T_j, t = 1,2,\cdots,k, k \leqslant n\}$ 就可作为该资源的特征描述。

相关算法如下。

输入:对特定资源 R 标注过的用户集为 $U_i(i = 1,2,\cdots,m)$,以及该资源被每一个用户所注的标签集为 $\{t_i \mid t_i \in T_j, j = 1,2,\cdots,n\}$,阈值为 k。

输出:符合阈值 k 的特定资源 R 的标签集 $\{t \mid t \in T_j, k \leqslant n\}$。

步骤:对于用户 U

设置 $i=1$

对于 U_i ,记录标注其的标签 $\{t_i \mid t_i \in T_j, j = 1,2,\cdots,n\}$ 及每一类标签的使用次数 l_j ,

当标签重复出现时, $l_j = l_j + 1$,

$i = i + 1$

根据 l_j 的大小,对标签集 $\{t_i \mid t_i \in T_j, j = 1,2,\cdots,n\}$ 排序,

根据设定的 $k(k \leqslant n)$,在经过排序的标签集中选择资源特征描述的标签集 $\{t \mid t \in T_j, j = 1,2,\cdots,n\}$ 。

5.1.4.2 应用举例

在"Delicious"中,将标注信息资源"http://www.zuzafun.com/cool-inventions"的标签进行列出,并按照这些标签被使用的频率,从大到小进行排列,得到表 5.2 所示结果。

表 5.2 资源被标注相应标签的频率

标签	频率
design	18
cool	13
fun	12
inspirations	11
inventions	9
tools	7
advertising	5
creative	3

从上述结果可以看出,信息资源"http://www.zuzafun.com/cool-inventions"的内容可以用该用户使用过的标签进行确定,即根据实际的需要选取一定的阈值进行标签组的选择。如果阈值为 10 时,该信息资源的内容为"design-cool-fun-inspirations"(这些标签之间的主次关系可以根据第 4 章的相关内容进行确定)。

聚类问题一直是信息分析关注的焦点,而传统的聚类多是将信息用户和信息

资源相割裂开来分别进行,这样的结果必然是信息资源聚类与信息用户的认知不能恰当匹配。社会化标注过程中,信息用户和信息资源之间通过社会化标签进行对应性关联,无论是个体信息用户还是群体信息用户都可恰当地通过社会化标注对自己感兴趣的信息资源进行聚类收藏,并在此过程中,信息用户之间也能够建立具有相似偏好关联的社区性聚类,这种聚类能够比较准确地体现信息用户的真实偏好及信息资源的符合相应信息用户需求的属性特征。

本书主要针对三重图模型,通过对实例网站的相关数据的分析,运用复杂网络的相关模型,提出基于关联要素的对象要素的社区性划分,并提出基于社会化标签分布的信息用户偏好和资源属性的定位。

5.2 社会化标注系统要素的排序

社会化标注系统的要素在根据其关联关系划定社区后,对于同一社区内的不同要素之间的主次关系如何确定将是本章想要探讨的问题。

在社会化标注系统的超图模型中,信息用户、信息资源及其中介——社会化标签三者之间具有两两相关联的关系。如果以信息用户为研究的对象,则与之相链接的信息资源和社会化标签就可看作是对不同信息用户之间相对重要性的影响因素,其链接程度的大小决定着信息用户之间相对重要性的大小。同理,不同信息资源之间的相对重要性也可通过信息用户和社会化标签对其的影响来确定,不同社会化标签之间的相对重要性也可通过信息用户和信息资源对其的影响来确定。

在社会化标注系统要素所构成的复杂网络中,信息用户、信息资源及社会化标签三要素之间相互关联影响,即不同的信息用户可能标注相同的信息资源,且同一信息用户会标注不同的信息资源;不同的信息用户可能是用同样的社会化标签,且同一信息用户会使用不同的社会化标签;不同的信息资源可能会被标注同样的社会化标签,且同样的信息资源会被标注不同的社会化标签。因此,社会化标注系统的要素两两之间构成二部分图,同理,三种因素之间会构成三部分图。本书尝试对复杂网络中的二部分图模型进行扩展,建立相应的三部分图模型,以期对上述问题进行定量化探讨。

5.2.1 三部分图模型

5.2.1.1 异质网络的二部分图模型

合作网(collaboration network)一般指由共同完成某一行为而形成联系的行为者所组成的网络[101]。具体的例子很多,如对研究论文共同署名所构成的科学家网、由共同出演一部电影所形成的演员网等。已经有许多讨论社会合作网络(social cooperation networks)的论文,其中特别注意 Ramasco、Dorogavtsev 和 Pastor-Satorras 所发表的论文[102]及他们提出的社会合作网络演化模型。这类网络中的边通常表示它们的基本单元之间的某种合作关系,适用于图 5.8 所示的双粒子图来描述[103]。

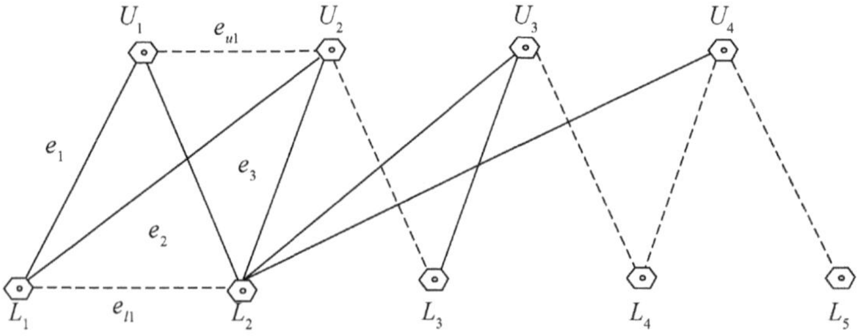

图 5.8　描述社会合作网的二部分图(或双粒子图)

一类粒子可称为"项目"(act,如电影影片或科研论文),在图 5.8 中用上一列顶点($U_i, i=1,2,\cdots$)表示,另一类粒子可以称为"参与者"(actor,如演员或科研人员),在图 5.8 中用下一列顶点($L_i, i=1,2,\cdots$)表示。在这种图中一般只考虑两个不同类粒子之间的无向边,在图 5.8 中用粗实线($e_i, i=1,2,\cdots$)表示。这样的一条边代表一个参与者参加一个合作项目。

如果只考虑一类粒子(称为向一种单粒子图投影),就把两条共一个另一类单粒子的 e_i边投影作为这种单粒子之间的边。例如,常常只讨论演员的合演关系,这时图5.8 中两个粒子 L_1、L_2的边 e_{l1}表示他们在同一部影片 U_1中的合作关系。边 e_{l1}正是代表他们参加 U_1合作项目的两条双粒子图的 e_1、e_3边的向下投影。如果他们曾在两部影片合演,则他们之间具有两条"重复边"(multiple edges),表示合作的频繁程度或强度,具有重要的意义。

类似地,也可以只讨论影片曾经聘用同样演员的关系,这时可以定义两部影片(两个 U_i顶点)之间的边表示它们(曾经)聘用同一个演员。例如,图 5.8 中两个粒子 U_1、U_2之间的边 e_{u1}表示它们曾经共聘演员 L_1的合聘关系。类似地,它是两条双粒子图的 e_1、e_2边的向上投影。如果两部影片曾经聘用过许多相同的演员,它们之间就具有多条"重复边"。这两部影片的风格和特色一定有许多共同之处,同样具有重要的意义。

如果特别注意一个演员 i 曾经演过几部影片,可以定义一个量 h_i,称为它的"顶点项目度",等于这个 L 粒子在双粒子图中连接的 U 粒子数,如图 5.8 中由 L_2粒子出发的四条细实线所示。显然,如果不计多重边,这四条双粒子图边连接的四个 U 粒子(U_1、U_2、U_3、U_4)由于曾经聘用过同一个演员在影片单粒子图中构成一个完全图(complete graph,即每一对 U 粒子顶点之间都有一条 e_u 边连接),它们中的每一个的顶点度都等于 h_i-1。

类似地,如果特别注意一个影片 j 同时聘用几个演员,可以定义一个量 T_j,称为它的“项目含顶点数”,等于这个 U 粒子在双粒子图中连接的 L 粒子数。类似地这些 L 粒子也由于在同一部影片中出演而在演员单粒子图中构成一个完全图,它们中的每一个的顶点度都等于 T_j-1。当然,两个这样的完全图很可能共用一条甚至好几条边,但是如果计算多重边,顶点度等于 T_j-1 的结论仍旧成立。如果把完全图的概念推广到这种计算多重边的情况(即认为包含多重边,每两个顶点都连边的图仍叫作完全图),仍可以说网络是完全图的集合。

虽然社会合作网络通常表示为与参与者相关的项目,但本质上是一种二部分图(bipartite networks)的表示。研究社会合作网络的方法主要将其抽象为一类特殊的网络式二部分图,其节点被分为两个集合,只关注在不同集合的两点间的连接。在社会、经济和信息系统中有两种二部分图被关注得较多,除了合作网之外,另一种是评价网络(opinion network)[104],其中在用户集中的每个节点与目标集中相关的节点相连接,如网络用户同网络上他们通过标签所收集的网页相关联、顾客同他们所购买的图书相关联等。

近年来,许多人关注对二部分图的分析和建模,其中瑞士弗利堡大学和中国科技大学复杂性研究联合课题组最近提出一种把二部分图投影为单模式图的新方法[105],这种方法适用于所有用二部分图描述的网络,其第一个动机是考虑表示合作次数的边权的“饱和性”,也就是说,两个参与者开始重复合作时,多重复一次,他们重复合作的“亲密”效果加强得很快,但是重复很多次之后,这种亲密效果就会呈现“饱和”效应;第二个动机是考虑到合作的亲密效果不仅仅取决于合作次数,也取决于每个合作项目的参与者多少。简单的边权描述也表达不出这种效应[106];第三个动机是考虑到简单的边权描述总是得到“对称”的边权,即 $w_{ij}=w_{ji}$,然而,两个合作者对他们的一篇合作论文的贡献的估计是不同的。一个和许多作者合作过许多论文的作者应该给予较低的估计,所以更合理的边权应该不一定对称;最后一个动机是仅仅有一条二部分图边的项目(即只有一个参与者的项目)在传统投影后就会消失,这是由于两个参与者之间的一条边是由两条二部分图边经过传统投影得到的,这两条二部分图边由两个参与者出发,通向同一个项目。

基于以上动机,该文献建议一种把二部分图投影为单模式图的新方法。他们假设在一开始,每个项目都预分配有一定的“资源”(可以看作项目的点权,如用户的偏好程度、网络的属性及效用等),而边权 w_{ij} 表示参与者 j 通过这次合作所获得的由项目 i 传递的资源所占的比例。他们认为每个项目一开始,每个项目节点上的资源都平均地分配给了它的每个参与者,反过来,每个参与者这样分配到的资源也应该再通过通向他们所参加的项目的二部分图边再平均地分配给每个项目。图 5.9 表述这样的一个资源分配过程。其中上面的圆点表示项目,下面的圆点表示参与者,x、y、z 表示资源。

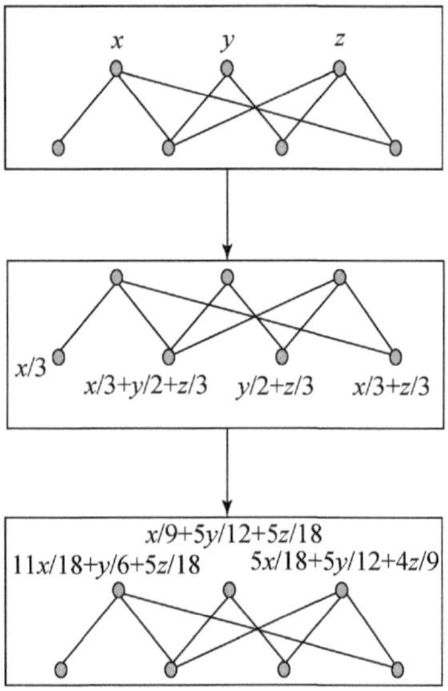

图 5.9　二部分图实例

最后的资源分配可由下面的公式得到

$$\begin{pmatrix} x' \\ y' \\ z' \end{pmatrix} = \begin{pmatrix} 11/18 & 1/6 & 5/18 \\ 1/9 & 5/12 & 5/12 \\ 5/18 & 5/12 & 4/9 \end{pmatrix} \begin{pmatrix} x \\ y \\ z \end{pmatrix}$$

对于一般的二部分图,可以有公式:

$$f'(x_i) = \sum_{j=1}^{n} w_{ij} f(x_j) \tag{5-2}$$

$$w_{ij} = \frac{1}{k(x_j)} \sum_{l=1}^{m} \frac{a_{il} a_{jl}}{k(y_l)} \tag{5-3}$$

式中,$f(x_j)$ 为参与者节点在上述第一步所分配到的资源;$f'(x_i)$ 为项目节点在上述再分配时得到的资源;$k(x_j)$ 为参与者节点 j 的度;$k(y_l)$ 为项目节点 l 的度。

该加权方式的三大特点:①权重矩阵 W 是非对称的,同样的合作关系,已经有过大量成果的人相对赋予较低的权重。②允许自连接,即 W 对角元素大于 0,实际上是每一列的最大元。这个特点可以应用来刻画两个个体之间的依赖性,以及个体自己的独立性。③列归一。

这样定义的依据边权的资源分配解决了上述的各种传统投影所产生的问题。

由于 $w_{ij}/k(x_j)=w_{ji}/k(x_i)$,因此对于一条合作边,度大的节点赋予的权小,而度小的节点赋予的权大。而且由于上面公式所表示的运算矩阵的对角元不为零,所以上述的仅仅有一条二部分图边的项目在投影后仍旧会保持信息。

5.2.1.2 异质网络的三部分图模型

本书尝试结合社会化标注系统的三维要素,将上一节的单模式图的思想扩展到三部分图,即"资源-标签-用户"网络的单模式图。图 5.10 表述这样的一个资源分配过程。其中上面的方形表示用户,中间的圆形表示资源,下面的三角形表示标签,x、y、z 表示资源。

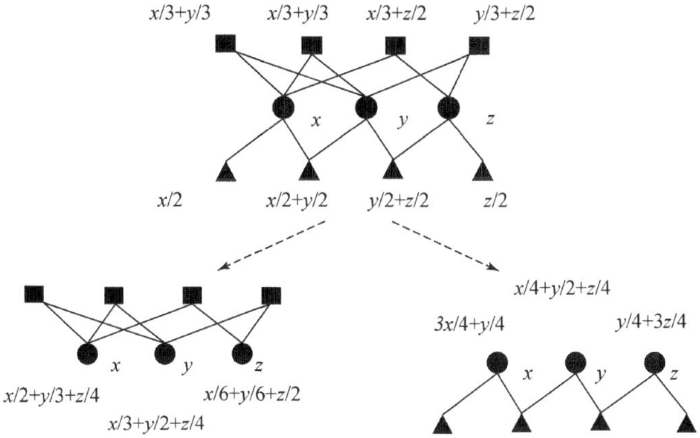

图 5.10 三部分图实例

资源分配过程可由下述的公式得到

$$\begin{pmatrix} x' \\ y' \\ z' \end{pmatrix} = \begin{pmatrix} 1/2 & 1/3 & 1/4 \\ 1/3 & 1/2 & 1/4 \\ 1/6 & 1/6 & 1/2 \end{pmatrix} \begin{pmatrix} x \\ y \\ z \end{pmatrix}$$

$$\begin{pmatrix} x'' \\ y'' \\ z'' \end{pmatrix} = \begin{pmatrix} 3/4 & 1/4 & 0 \\ 1/4 & 1/2 & 1/4 \\ 0 & 1/4 & 3/4 \end{pmatrix} \begin{pmatrix} x \\ y \\ z \end{pmatrix}$$

$$\begin{pmatrix} x''' \\ y''' \\ z''' \end{pmatrix} = \begin{pmatrix} 0.4583 & 0.3542 & 0.2708 \\ 0.3750 & 0.3958 & 0.3125 \\ 0.1667 & 0.2500 & 0.4167 \end{pmatrix} \begin{pmatrix} x \\ y \\ z \end{pmatrix}$$

对于一般的三部分图,可以由下列公式计算:

$$f(u_l) = \sum_{i=1}^{n} \frac{a_{il} f(r_i)}{k(r_i)} \tag{5-4}$$

$$f(t_v) = \sum_{i=1}^{n} \frac{a_{iv} f(r_i)}{k(r_i)} \tag{5-5}$$

式中，$f(u_l)$ 为用户节点 l 在上述第一步所分配到的资源；$f(t_v)$ 为标签节点 v 在上述第一步所分配到的资源；$k(r_i)$ 为资源节点 r_i 的度，并且 a_{il} 为 $n \times m$ 维矩阵；a_{iv} 为 $n \times w$ 维矩阵。

$$a_{il} = \begin{cases} 1, & R_i U_l \in E_{\mathrm{RU}} \\ 0, & \text{其他} \end{cases}, \quad a_{iv} = \begin{cases} 1, & R_i T_v \in E_{\mathrm{RT}} \\ 0, & \text{其他} \end{cases}$$

$$f'(r_i) = \sum_{l=1}^{m} \frac{a_{il} f(u_l)}{k(u_l)} = \sum_{l=1}^{m} \frac{a_{il}}{k(u_l)} \sum_{j=1}^{n} \frac{a_{il} f(r_j)}{k(r_j)} \tag{5-6}$$

也即，$f'(r_i) = \sum_{j=1}^{n} w_{ij} f(r_j)$，其中 $w_{ij} = \frac{1}{k(r_j)} \sum_{l=1}^{m} \frac{a_{il} a_{jl}}{k(u_l)}$

$$f''(r_i) = \sum_{v=1}^{w} \frac{a_{iv} f(t_v)}{k(t_v)} = \sum_{v=1}^{w} \frac{a_{iv}}{k(t_v)} \sum_{h=1}^{n} \frac{a_{iv} f(r_h)}{k(r_h)} \tag{5-7}$$

也即，$f''(r_i) = \sum_{h=1}^{n} w_{ih} f(r_h)$，其中 $w_{ih} = \frac{1}{k(r_h)} \sum_{v=1}^{w} \frac{a_{iv} a_{jv}}{k(t_v)}$

矩阵 $W' = \{w_{ij}\}_{n \times n}$，矩阵 $W'' = \{w_{ih}\}_{n \times n}$，因为 $i, j, k \in \{1, 2, \cdots, n\}$，则

$$W''' = \delta W' W'' = \{\delta w_{ij} w_{ih}\}_{n \times n} = \{w_{ip}\}_{n \times n} \tag{5-8}$$

其中，$\delta \in [0,1]$（在实际操作过程中，可根据需要调整 $\delta \in [0,1]$，以使排序的结果更准确），故

$$f'''(x_i) = \sum_{p=1}^{n} w_{ip} f(x_p) \tag{5-9}$$

式中 $w_{ip} = \delta w_{ij} w_{ih}$，$\delta \in [0,1]$。

5.2.2 基于三部分图模型的资源排序

5.2.2.1 用户对资源的关联影响

对于邻接矩阵，运用二部分图模型计算出用户对资源的转移矩阵，见表 5.3，其中，最后一行的每个数值为对应的各列的数值之和，根据资源与其对应的排序值作散点图，可得用户对资源关联时的资源排序，如图 5.11 所示，其中，横坐标为对应的 22 个资源，纵坐标为各资源在考虑基于用户因素相关联时的排序序值。

5.2.2.2 标签对资源的关联影响

对于邻接矩阵，运用二部分图模型计算出标签对资源的转移矩阵，见表 5.4，其中，最后一行的每个数值为对应的各列的数值之和，根据资源与其对应的排序值作散点图，可得标签对资源关联时的资源排序，如图 5.12 所示，其中，横坐标为对应的 22 个资源，纵坐标为各资源在考虑基于标签因素相关联时的排序序值。

表 5.3　用户对资源的转移矩阵

	A	B	C	D	E	F	G	H	I	J	K	L	M	N	O	P	Q	R	S	T	U	V
1	1	0	0	0	0	0	0	0	0	0	0	0	0	0	0	0	0	0	0	0	0	0
2	0	1	0	0	0	0	0	0	0	0	0	0	0	0	0	0	0	0	0	0	0	0
3	0	0	1	0	0	0	0	0	0	0	0	0	0	0	0	0	0	0	0	0	0	0
4	0	0	0	1	0	0	0	0	0	0	0	0	0	0	0	0	0	0	0	0	0	0
5	0	0	0	0	1	0	0	0	0	0	0	0	0	0	0	0	0	0	0	0	0	0
6	0	0	0	0	0	1	0	0	0	0	0	0	0	0	0	0	0	0	0	0	0	0
7	0	0	0	0	0	0	1	0	0	0	0	0	0	0	0	0	0	0	0	0	0	0
8	0	0	0	0	0	0	0	1	0	0	0	0	0	0	0	0	0	0	0	0	0	0
9	0	0	0	0	0	0	0	0	1	0	0	0	0	0	0	0	0	0	0	0	0	0
10	0	0	0	0	0	0	0	0	0	1	0	0	0	0	0	0	0	0	0	0	0	0
11	0	0	0	0	0	0	0	0	0	0	1	0	0	0	0	0	0	0	0	0	0	0
12	0	0	0	0	0	0	0	0	0	0	0	1	0	0	0	0	0	0	0	0	0	0
13	0	0	0	0	0	0	0	0	0	0	0	0	1	0	0	0	0	0	0	0	0	0
14	0	0	0	0	0	0	0	0	0	0	0	0	0	1	0	0	0	0	0	0	0	0
15	0	0	0	0	0	0	0	0	0	0	0	0	0	0	1	0	0	0	0	0	0	0
16	0	0	0	0	0	0	0	0	0	0	0	0	0	0	0	0.25	0.25	0.25	0	0.25	0	0
17	0	0	0	0	0	0	0	0	0	0	0	0	0	0	0	0.13	0.63	0.13	0	0.13	0	0
18	0	0	0	0	0	0	0	0	0	0	0	0	0	0	0	0.25	0.25	0.25	0	0.25	0	0
19	0	0	0	0	0	0	0	0	0	0	0	0	0	0	0	0	0	0	1	0	0	0
20	0	0	0	0	0	0	0	0	0	0	0	0	0	0	0	0.25	0.25	0.25	0	0.25	0	0
21	0	0	0	0	0	0	0	0	0	0	0	0	0	0	0	0	0	0	0	0	1	0
22	0	0	0	0	0	0	0	0	0	0	0	0	0	0	0	0	0	0	0	0	0	1
23	1	1	1	1	1	1	1	1	1	1	1	1	1	1	1	0.88	1.38	0.88	1	0.88	1	1

表 5.4 标签对资源的转移矩阵

	A	B	C	D	E	F	G	H	I	J	K	L	M	N	O	P	Q	R	S	T	U	V
1	1	0	0	0	0	0	0	0	0	0	0	0	0	0	0	0	0	0	0	0	0	0
2	0	1	0	0	0	0	0	0	0	0	0	0	0	0	0	0	0	0	0	0	0	0
3	0	0	1	0	0	0	0	0	0	0	0	0	0	0	0	0	0	0	0	0	0	0
4	0	0	0	0.25	0	0	0	0	0.25	0	0	0	0	0	0	0	0.25	0	0	0	0.25	0
5	0	0	0	0	1	0	0	0	0	0	0	0	0	0	0	0	0	0	0	0	0	0
6	0	0	0	0	0	1	0	0	0	0	0	0	0	0	0	0	0	0	0	0	0	0
7	0	0	0	0	0	0	1	0	0	0	0	0	0	0	0	0	0	0	0	0	0	0
8	0	0	0	0	0	0	0	1	0	0	0	0	0	0	0	0	0	0	0	0	0	0
9	0	0	0	0.13	0	0	0	0	0.63	0	0	0	0	0	0	0	0.13	0	0	0	0.13	0
10	0	0	0	0	0	0	0	0	0	0.83	0	0	0	0	0	0	0	0	0	0	0	0.17
11	0	0	0	0	0	0	0	0	0	0	1	0	0	0	0	0	0	0	0	0	0	0
12	0	0	0	0	0	0	0	0	0	0	0	1	0	0	0	0	0	0	0	0	0	0
13	0	0	0	0	0	0	0	0	0	0	0	0	1	0	0	0	0	0	0	0	0	0
14	0	0	0	0	0	0	0	0	0	0	0	0	0	0.5	0	0	0	0	0	0	0	0.5
15	0	0	0	0	0	0	0	0	0	0	0	0	0	0	1	0	0	0	0	0	0	0
16	0	0	0	0	0	0	0	0	0	0	0	0	0	0	0	1	0	0	0	0	0	0
17	0	0	0	0.13	0	0	0	0	0.13	0	0	0	0	0	0	0	0.25	0.13	0	0.13	0.25	0
18	0	0	0	0	0	0	0	0	0	0	0	0	0	0	0	0	0.13	0.63	0	0.13	0.13	0
19	0	0	0	0	0	0	0	0	0	0	0	0	0	0	0	0	0	0	0.75	0.25	0	0
20	0	0	0	0	0	0	0	0	0	0	0	0	0	0	0	0	0.13	0.13	0.25	0.38	0.13	0
21	0	0	0	0.04	0	0	0	0	0.04	0	0	0	0	0	0	0	0.08	0.04	0	0.04	0.75	0
22	0	0	0	0	0	0	0	0	0	0.17	0	0	0	0.17	0	0	0	0	0	0	0	0.67
23	1	1	1	0.54	1	1	1	1	1.04	1	1	1	1	0.67	1	1	0.96	0.92	1	0.92	1.63	1.33

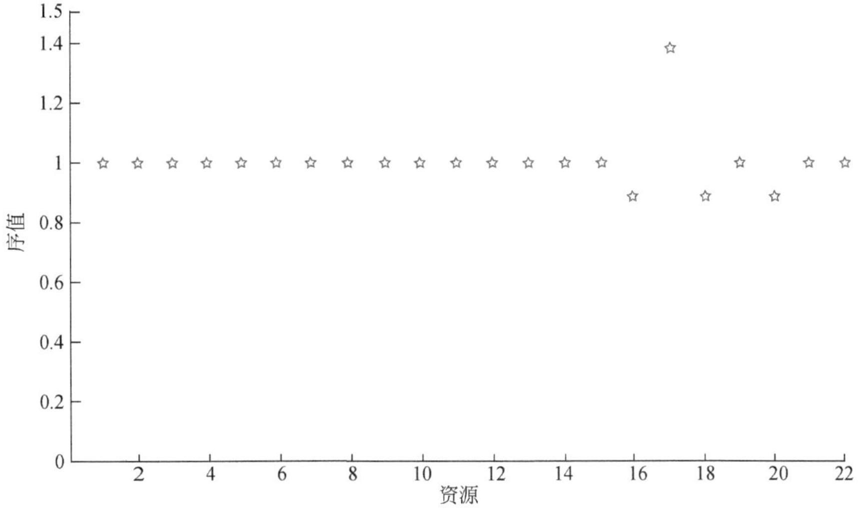

图 5.11　用户对资源关联时的资源排序

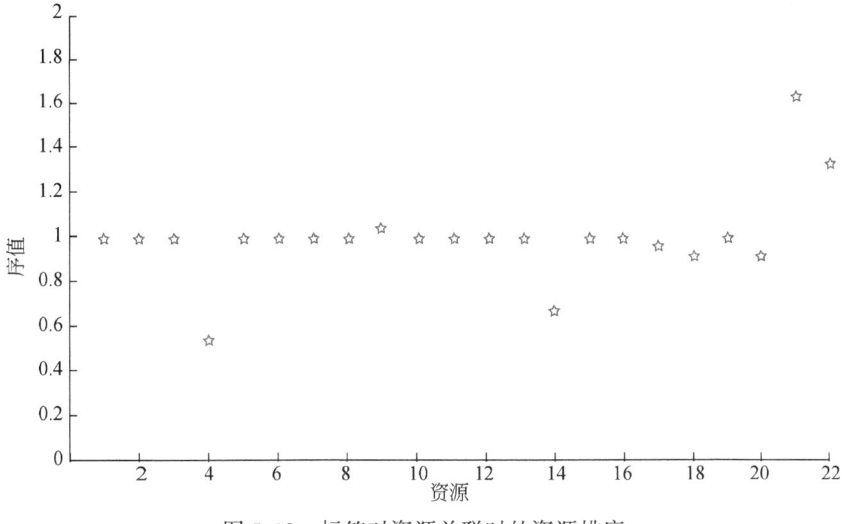

图 5.12　标签对资源关联时的资源排序

5.2.2.3　基于用户和标签的资源间的关联层次

依据计算出的用户对资源的转移矩阵和标签对资源的转移矩阵,运用三部分图模型(在书中均取 $\delta = 1$,在实际操作过程中,可根据需要调整 $\delta \in [0,1]$,以使排序的结果更准确),计算出基于用户和标签的资源间的转移矩阵,见表 5.5,其中,最后一行的每个数值为对应的各列的数值之和。根据每个资源对应的最后一行的数值作散点图,可得基于用户和标签因素的资源间的关联排序,如图 5.13 所示。

表 5.5　资源间的关联转移矩阵

	A	B	C	D	E	F	G	H	I	J	K	L	M	N	O	P	Q	R	S	T	U	V
1	1	0	0	0	0	0	0	0	0	0	0	0	0	0	0	0	0	0	0	0	0	0
2	0	1	0	0	0	0	0	0	0	0	0	0	0	0	0	0	0	0	0	0	0	0
3	0	0	1	0	0	0	0	0	0	0	0	0	0	0	0	0	0	0	0	0	0	0
4	0	0	0	0.25	0	0	0	0	0.25	0	0	0	0	0	0	0	0.25	0	0	0	0.25	0
5	0	0	0	0	1	0	0	0	0	0	0	0	0	0	0	0	0	0	0	0	0	0
6	0	0	0	0	0	1	0	0	0	0	0	0	0	0	0	0	0	0	0	0	0	0
7	0	0	0	0	0	0	1	0	0	0	0	0	0	0	0	0	0	0	0	0	0	0
8	0	0	0	0	0	0	0	1	0	0	0	0	0	0	0	0	0	0	0	0	0	0
9	0	0	0	0.13	0	0	0	0	0.63	0	0	0	0	0	0	0	0.13	0	0	0	0.13	0
10	0	0	0	0	0	0	0	0	0	0.83	0	0	0	0	0	0	0	0	0	0	0	0.17
11	0	0	0	0	0	0	0	0	0	0	1	0	0	0	0	0	0	0	0	0	0	0
12	0	0	0	0	0	0	0	0	0	0	0	1	0	0	0	0	0	0	0	0	0	0
13	0	0	0	0	0	0	0	0	0	0	0	0	1	0	0	0	0	0	0	0	0	0
14	0	0	0	0	0	0	0	0	0	0	0	0	0	0.5	0	0	0	0	0	0	0	0.5
15	0	0	0	0	0	0	0	0	0	0	0	0	0	0	1	0	0	0	0	0	0	0
16	0	0	0	0.03	0	0	0	0	0.03	0	0	0	0	0	0	0.25	0.13	0.22	0.06	0.16	0.13	0
17	0	0	0	0.08	0	0	0	0	0.08	0	0	0	0	0	0	0.13	0.19	0.17	0.03	0.14	0.19	0
18	0	0	0	0.03	0	0	0	0	0.03	0	0	0	0	0	0	0.25	0.13	0.22	0.06	0.16	0.13	0
19	0	0	0	0	0	0	0	0	0	0	0	0	0	0	0	0	0	0	0.75	0.25	0	0
20	0	0	0	0.03	0	0	0	0	0.03	0	0	0	0	0	0	0.25	0.13	0.22	0.06	0.16	0.13	0
21	0	0	0	0.04	0	0	0	0	0.04	0	0	0	0	0	0	0	0.08	0.04	0	0.04	0.75	0
22	0	0	0	0	0	0	0	0	0	0.17	0	0	0	0.17	0	0	0	0	0	0	0	0.67
23	1	1	1	0.59	1	1	1	1	1.09	1	1	1	1	0.67	1	0.88	1.02	0.87	0.97	0.9	1.69	1.33

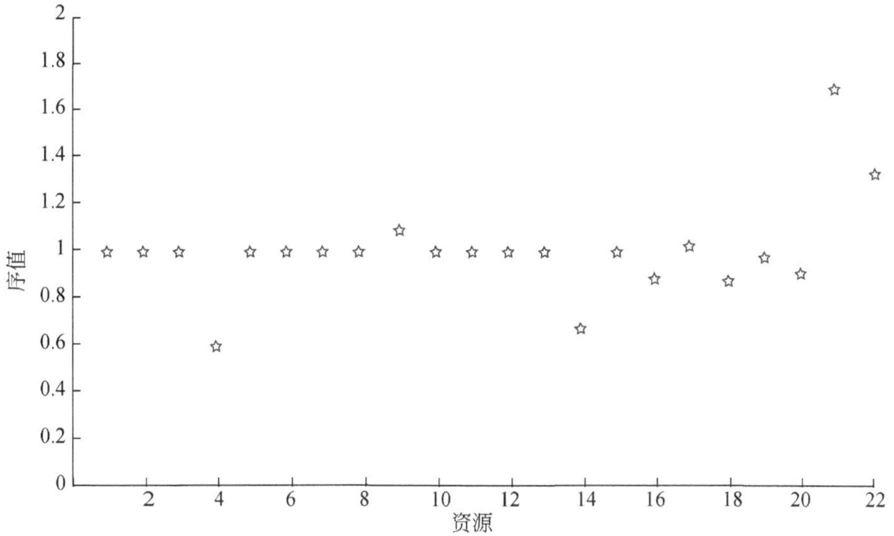

图 5.13　基于用户和标签的资源间的关联排序

从上述排序的结果可以看出，考虑两方面因素（用户和标签）的资源排序的结果，比只考虑单方面因素（用户或标签）的用户排序的结果更为精细，即每个资源的序值更为分散，相互之间的差别更为明显，根据不同的阈值所划分的层次更为准确，即纵坐标序值为1的点已经减少。这表明原来分别考虑单方面因素（用户或标签）时不易区分主次关系，在同时考虑两方面因素（用户和标签）时就可区分开其主次关系了。

5.3　社会化标注系统要素的语义识别

一方面，社会化标注系统中由于是信息用户直接对信息资源根据自身的理解对其标注，因此，对于特定的信息用户和特定的信息资源之间不存在歧义性；另一方面，随着社会化标注的累积，由于具有学习效应，特定信息资源被标注的社会化标签会逐渐收敛和稳定于确定的、能够比较真实反映该资源属性含义的标签范围内，因此，标签语义的歧义性会随着标注的增加而逐渐减少。本书关于社会化标注的语义空间的探讨是基于以上假设所展开的。

语义空间①，即语义意义的世界，一般来说，信息是意义和符号的统一体，内在的意义只有通过一定的外在形式（动作、表情、文字、声音、图画、影像等符号）才能表达

① http://baike.baidu.com/view/770480.htm。

出来。因此,每一种符号体系在广义上都是传达意义的语言,它们所表达的意义构成了特定的语义空间。交互共享既是在社会空间中进行的,也是在语义空间中进行的;交互共享得以实现的前提条件就是参与双方必须要有共通的语义空间,即对符号含义的共同理解或拥有共同的文化背景,否则交互共享过程本身便不能成立。

客观世界存在的信息资源样本,一般拥有多个特征。例如,一本书,它的特征有页数、字数、长度、宽度等;一个人,他的特征有性别、身高、体重、长相、指纹等。为了便于计算机进行处理,对于每一个特征,需要得到它的一个数量化的表示。有些特征可以直接量化,如数的页数、人的身高等,而有些特征是定性的,不能直接量化,如人的性别等,此时可以采用其他的方法。例如,规定一个映射,如男为 1,女为 0,从而使得这些特征数量化。将所有量化后的特征组合在一起,就得到一个向量,因为它的每个分量表示样本的一个特征,故称其为特征向量。特征向量的每一个分量的取值并不固定,完全由特定的样本所决定,但是我们可以大概确定一个取值范围,如人的身高一般在 0.4 ~ 2.5m。也就是说,每一个分量都是一个随机变量,这些随机变量的组合即为随机向量。这样我们就可以用精确的数学语言来描述样本特征,如随机向量以 X 表示,$X = (X_1, X_2, \cdots, X_n)$ 表示某一个随机变量,随机变量的取值空间定义为 R_n 。

在社会化标注系统的三维矩阵模型中,信息用户、信息资源及其中介——社会化标签三者之间形成三维空间,空间中的每一个点表示特定的用户对特定的资源所标注的特定的标签。由于信息用户的需求偏好、信息资源的属性及社会化标签的语义具有多元化的特征,因此,如果将该三维空间中的每一个点放到语义空间中,该点在语义空间中的向量特征值就代表三维矩阵中各维的语义特征。

在社会化标注系统中,信息用户的偏好及信息资源的属性都可通过社会化标签来表示,社会化标签是信息用户对信息资源进行选择性认知的结果,是一种含有语义特征的表述,如何在语义特征空间中确定社会化标签的含义,将有助于把握信息用户及信息资源的语义特征。

人们的认知是一种非线性的,所以用传统的线性模型就难以处理认知过程。当前处理非线性识别的比较有效的理论和方法是人工神经网络。本书尝试运用人工神经网络的相关理论和模型,探讨语义向量的确定、维度的确定及在维度确定的前提下对相关实例的聚类问题。

5.3.1 社会化标注系统要素的语义向量确定

目前大多数文档聚类算法都是基于向量空间模型的。一个向量代表一篇文档,向量元素代表单词在文档中的 词频或权重。通常,文档向量被标准化为统一的长度,以完成不同长度文档的比较。一种最常用的方法就是向量空间的维,由文档集合中所有文档的特征词组成。

5.3.1.1　基于叙词表的用户信息需求偏好界定

通过搜索引擎的关键词检索已经变成网络环境下获取信息的一种主要手段,但是用户对于关键词查询动辄数以万计的"检索结果"十分失望。随着可供检索的纪录信息的大量增长,关键词检索越来越难以满足人们的需求。这是因为,每个单词都有一个以上的含义,而且大部分含义之间有许多细微的差别;同一词汇又往往具有名词、动词、形容词或副词等多种词性。

关键词检索系统虽然允许信息用户使用"自然语言",却不能有效地区分不同语言环境下词汇的含义和词性。此外,人们在写作时往往使用不同的词汇表达相同概念,不同的信息用户在检索时也用不同的词汇表达同一概念[107]。所以,有必要用控词词表来集中可能用来表达某一概念的所有词汇,并区分隐含在某一词汇中的所有可能含义。

控词词表主要指叙词表,叙词表主要用于标引界,其优点主要有:①提供的主题词的一致性要高于未控制的、不可预测的词汇,并通过主题词实现对信息体的主题检索或标注功能;②要对词汇进行优选,并对未选用的词汇做参照;③采用等级体系显示主题词之间的上下级关系和相关关系;④有单词和表达单一概念的复合词构成;⑤等级体系严密,每一个单词通常只能有一个上位词,比较通用的标准有美国国家信息标准组织(National Information Standards Organization, NISO)制定的《NISO 单语叙词表词汇构造、形式、管理指南》[108]。叙词表的范围比较狭窄,通常由某一专业领域的主题词汇构成;通常是多语种的,因为是单词,比较容易找到其他语种中的对应词,并易于维护。鉴于此,本书选取叙词表作为比较规范的用户信息需求界定的标准。

本书将规范化的索引词 $k_i(i=0,1,\cdots,n)$ (叙词或元数据,具有约定俗成的语义)所构成的空间作为语义空间,将用户 $u_j(j=0,1,\cdots,n)$ 放入其中,在此向量模型中,权重 w_{ij} 是集对 (k_i,u_j) 的权重,即用户偏好在语义空间中的语义分布程度[109]。这样,用户向量就可定义为 $\vec{u_j}=(w_{1,j},w_{2,j},\cdots,w_{n,j})$,其中 n 为系统中索引词的总数,即语义维度,如图 5.14 所示。

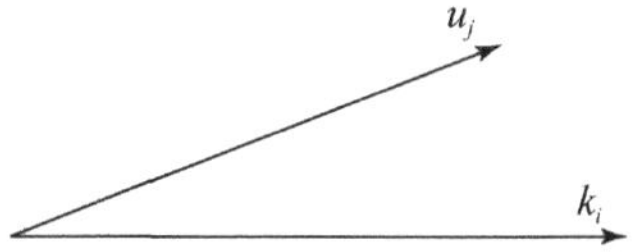

图 5.14　用户信息需求偏好的语义空间

5.3.1.2 基于 BP 神经网络的用户偏好的语义权重

BP 神经网络算法是众多神经网络算法中应用最为广泛的算法[110]。该算法是为了层次结构的网络的权值学习,其基本原理是梯度最速下降法,它的中心思想是调整权值,使网络总误差最小,也就是采用梯度搜索技术,以期使网络的实际输出值与期望输出值的误差均方值为最小,网络学习过程是一种误差边向后传播边修正权系数的过程。

通过 P 个实际的映射对 (x^1,y^1),(x^2,y^2),…,(x^P,y^P) 的训练,其训练的目的是得到神经元之间的连接权 w_{ji}、w_{kj} 和阈值 θ_i、θ_j、θ_k,使其映射获得成功。训练后得到的连接权,对其他不属于训练集 P 的测试集进行测试,其结果仍能够满足正确映射。

如果输入第 P_l 个样本 (x^{P_l},y^{P_l}),通过一定方式训练后,得到一组权 W^{P_l},W^{P_l} 包括网络中所有的权和阈值,此时 W^{P_l} 的解不是唯一的,而是在权空间中的一个范围,也可为几个范围。对于所有的学习样本 $P_l = 1,2,\cdots,P$,都可以满足:

$$y^{P_l} = F(x^{P_l},W^{P_l}) \tag{5-10}$$

各自的解为 $W^1,W^2,\cdots,W^P$,通过样本集的学习,得到满足所有样本正确映射的解为

$$W = \bigcap_{P_l=1}^{P} W^{P_l} \tag{5-11}$$

学习过程就是求解 W 的过程,因为学习不一定要求精确,所以得到的是一种近似解[111]。

具有隐含层 BP 神经网络的结构如图 5.15 所示,图 5.15 中设有 M 个输入节点 $x_1,x_2,\cdots,x_M$,L 个输出节点 $y_1,y_2,\cdots,y_L$,BP 神经网络的隐含层共有 q 个神经元。

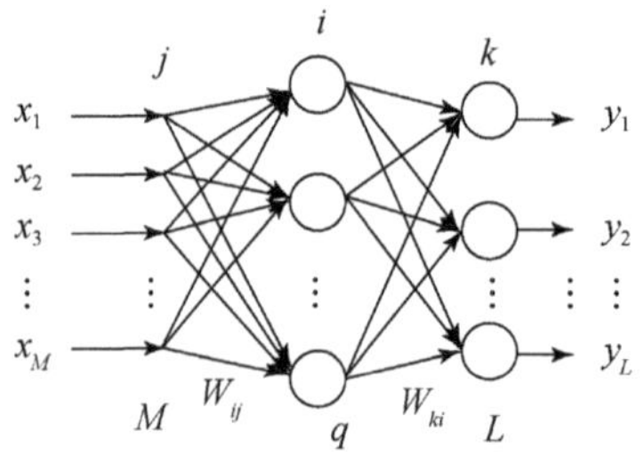

图 5.15 BP 神经网络的结构

可采用以下的训练步骤。

1)从训练范例集中取一组训练对,将输入矢量(x_k)作为 BP 神经网络的输入。

2)计算 BP 神经网络的输出矢量(y_i)。

3)计算 BP 神经网络输出矢量(y_i)与训练对中的目标矢量(A_i)间的方差。

4)再从输出层反向计算到第一中间层,向减小方差的方向调整 BP 神经网络中的权重值和阈值。

对训练范例集中每一个范例重复上面的1) ~4)步,直至使整个训练集的方差达到最小。这个过程实际上是反向传播算法(B-P)的训练步骤。它是一个监督训练多层 BP 神经网络的算法。

在这种算法中,每一个训练范例在网络中经过两遍传递计算。第一遍是向前传播计算,从输入层开始传递各层,经过处理后产生一个输出,并得到一个该实际输出和所需输出之方差的方差矢量;第二遍是向反向传播计算,从输出层到第一中间层为止,利用方差矢量对权重值和阈值进行逐层修改。

对于多层 BP 神经网络,首先要确定选取网络的层数。常用的网络有三层或四层,也有的只用二层结构,也就是直接将输入层与输出层连接,这种结构只有在输入模式与输出模式很类似的情况下是可行的。当输入、输出模式相当不同时,则需要在输入层与输出层之间加入中间层——隐含层,形成输入信号的中间转换。处理信号的能力是随着网络层数的增加而增加的,如果有足够的隐含层单元,输入模式总能够转换为适当的输出模式。然而并非隐含层层数越多越好,根据经验,使用二层以上的隐含层反而没有益处,因为隐含层增多,误差后向传播过程的计算量增大,训练时间就会急剧增加,此外,隐含层增加,局部最小误差也会增加,网络在训练过程中很容易隐入局部最小点,使得网络的权值无法调整到最小误差点。

在本书研究中,选取典型的含有一个隐含层 BP 神经网络,即其中的输入层为用户信息偏好的描述向量,输出层为规范的序词描述。通过计算输入层 X 与输出层 Y 之间的权重关系 W ,就能够确定用户信息需求偏好在语义空间中的向量表示 $\vec{u}_j = (w_{1,j}, w_{2,j}, \cdots, w_{n,j})$ 。

本书中的 BP 神经网络权重模型是在运用传统的 BP 神经网络运算,经过训练待各层的权重稳定后,通过运用计算所得各层之间的权重结果,来确定输入层和输出层之间的连接权重,如图 5.16 所示。如果不考虑中间层神经元,而只考虑输入层和输出层之间的连接权重,则不能充分利用 BP 神经网络的非线性处理的强大功能。如果在输入层和输出层之间不只加入一个隐含层,则可将所有的隐含层看作一个黑箱,其效果等同于一个隐含层,这样实际的运算结果就可归结于只考虑对输入层与该隐含层之间的权重 w_{ij} 及该隐含层与输出层之间的权重 w_{ki} 的调整。此时,如果考虑输入层的第 j 个神经元与输出层的第 k 个神经元之间的连接权重 w_{jk} ,则可通过运算 $w_{kj} = \alpha w_{ki} \cdot w_{ij}$ 来获得,在样本例子中也能说明其可行性。

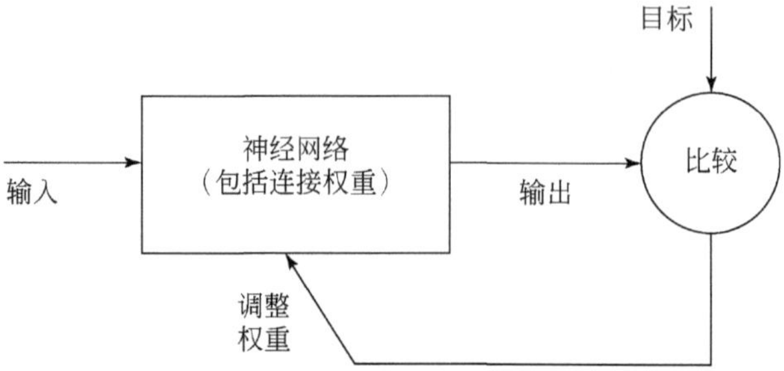

图 5.16　人工神经网络的权重确定示意图

在此含有一个隐含层 BP 神经网络中，本书通过计算：

$$w_{kj} = \alpha w_{ki} \cdot w_{ij} \tag{5-12}$$

式中，$\alpha \in [0,1]$，就可获得特定用户的第 j 方面的偏好描述与第 k 方面的序词规定之间的关联权重，进而可以确定用户信息需求的语义向量：

$$\vec{u}_j = (w_{1,j}, w_{2,j}, \cdots, w_{n,j}) \tag{5-13}$$

特定信息用户在检索特定的信息时，在一定时间段内会使用比较固定的关键词及其组合，因此，可以通过统计这些关键词被使用的频率，然后将其排序，并根据上述量化方法对其进行量化的转换。同理，特定信息用户在对信息内容进行标注时，在预定时间段内也会使用比较固定的标签词汇及其组合，也可按照上述量化思路对其量化。

在信息用户的检索或标注时出现的词语共现现象，也可通过统计其不同共现组合出现的频率，将其作为概率，也可按照上述量化思路对其量化，或运用效用理论的计算方法来对其进行量化转化，如图 5.17 所示。

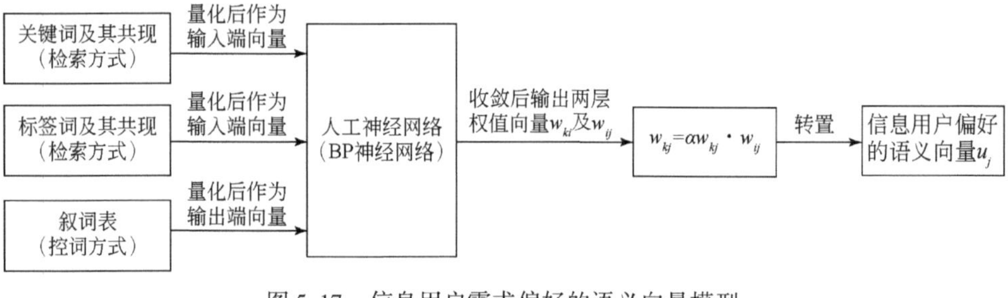

图 5.17　信息用户需求偏好的语义向量模型

上述量化转化是针对 BP 神经网络的输入端而言，分为信息用户对信息资源的检索和获取两方面，以及针对单个关键词和关键词的组合来进行量化转化的。

对于 BP 神经网络的输出端而言，可根据与信息用户的信息需求相关的背景知识库，从叙词表中选择相应的叙词作为输出端的向量，即针对叙词表中的叙词，与信息用户的可能偏好相关的叙词置为 1，否则置为 0。

完成上述输入端和输出端的量化转化后,可根据相关实例对所构建的 BP 神经网络进行训练,待收敛稳定后,即可得到输入层与隐含层之间的权重 w_{ij} ,以及隐含层与输出层之间的权重 w_{ki} ,进而可计算输出层与输入层之间的权重 $w_{kj} = \alpha w_{ki} \cdot w_{ij}$, $\alpha \in [0,1]$,该权重即为信息用户需求偏好的语义向量 $\vec{u}_j = (w_{1,j}, w_{2,j}, \cdots, w_{n,j})$ 。

根据上述思路,本书只针对信息用户对网络信息资源的标注行为所反映的用户偏好的语义确定进行例证,而信息用户对网络信息资源的检索行为所反映的用户偏好的语义确定思路及步骤与之相类似,限于篇幅,本书不在此赘述。

5.3.1.3 相关实例

从“Delicious”网站(http://deli. cio. us)针对用户“leeger1993”①对其感兴趣的网络信息资源的标注中选取使用频率较高的前 5 个标注词,分别是:clipmarks、design、graphic、news、art。这些标注词的标注次数、在样本中的频数、在样本中的排序及其量化(当正序排列时,其对应值为 $y = x/(a+1)$,其中, x 为该词语变元在其排序中的序号, a 为词语变元排序的等级数, y 为该词语变元转化成的实数值),见表 5.6。表 5.7 为这 5 个标注词的两两共现情况,即共现次数、共现概率、样本序及其量化,其中共现的条件概率依据公式 $P(a,b) = P(a,b \mid a)P(a) + P(a,b \mid b)P(b)$ 求出,其中 a、b 分别代表共现的两个标注词。

表 5.6 标注词的统计及量化

标注词汇	标注次数	样本频数	样本序	样本序的量化
clipmarks	146	0. 3873	1	0. 83
design	72	0. 1910	2	0. 67
graphic	64	0. 1698	3	0. 50
news	48	0. 1273	4	0. 33
art	47	0. 1247	5	0. 17

表 5.7 标注词共现的量化

两两共现的标注词	共现次数	共现概率	样本序	样本序的量化
clipmarks-design	9	0. 0478	1	0. 875
clipmarks-graphic	5	0. 0265	4	0. 5
clipmarks-art	8	0. 0425	2	0. 75
clipmarks-news	24	0. 1273	7	0. 125
design-graphic	64	0. 3396	3	0. 625

---

① http://del. icio. us/Lawl78? setminposts=5,[2008-01-22]。

续表

两两共现的标注词	共现次数	共现概率	样本序	样本序的量化
design-art	34	0.1804	5	0.375
graphic-art	34	0.1804	6	0.25

将量化后的12维向量作为BP神经网络的输入向量，并根据背景知识可看出该用户主要关注新闻（news）和艺术（art、graphic、design、clipmarks）两大类信息资源，因此可将输出设置为二维向量，隐含层取15个神经元，经过BP神经网络的建立和训练，其中学习速率取0.05，期望误差最小值取0.001，训练的最大数取10 000次，隐含层采用双曲正切S形传输函数，输出层采用线性传输函数。在该实例中，经过11步训练达到收敛稳定后，可计算出隐含层到输入层之间的权重w_{ij}如下所示。

w_{ij} =

0.6312	0.1971	0.1467	0.8229	0.0140	0.6268	0.7495	0.5642	0.5998	0.3894	0.4189	0.0341
0.7348	0.9101	0.2016	0.6102	0.3842	0.9410	0.3115	0.1825	0.3614	0.4785	0.9949	0.3117
0.0161	0.6569	0.8129	0.8431	0.7551	0.0295	0.4568	0.7283	0.2297	0.5012	0.6092	0.8141
0.0342	0.4075	0.0175	0.0871	0.5612	0.2136	0.2985	0.0504	0.4391	0.5732	0.9130	0.2142
0.8878	0.0439	0.5352	0.6470	0.4070	0.6714	0.0063	0.3788	0.6422	0.6214	0.9096	0.5858
0.7621	0.4590	0.1891	0.1141	0.1953	0.5843	0.3327	0.8607	0.2449	0.9898	0.8141	0.9236
0.5759	0.7945	0.5954	0.4707	0.5108	0.0578	0.2428	0.8510	0.4670	0.3541	0.6865	0.3280
0.6821	0.2867	0.2902	0.6818	0.7127	0.8756	0.9920	0.8163	0.4969	0.2734	0.3071	0.2045
0.9648	0.6932	0.0899	0.1324	0.8669	0.4855	0.9042	0.2436	0.0746	0.6764	0.5571	0.3638
0.5489	0.2581	0.5059	0.4635	0.7415	0.8900	0.3489	0.8963	0.7664	0.5077	0.6361	0.9753
0.7754	0.7117	0.8830	0.0705	0.9945	0.7604	0.2770	0.6025	0.0451	0.2755	0.7682	0.7163
0.6003	0.7123	0.6095	0.5772	0.8647	0.6447	0.0869	0.1307	0.1635	0.5712	0.0494	0.6403
0.9862	0.7313	0.0449	0.5650	0.4853	0.9689	0.2391	0.1591	0.7768	0.8210	0.1137	0.7818
0.0454	0.6200	0.9502	0.2541	0.9027	0.1681	0.8999	0.8805	0.2079	0.9393	0.8447	0.4656
0.9812	0.9864	0.1665	0.2368	0.0194	0.1315	0.3217	0.9748	0.2511	0.4411	0.1704	0.2310

输出层与隐含层之间的权重w_{ki}如下所示。

$$w_{ki} = \begin{bmatrix} -0.2683 & 0.4793 & 0.4024 & 0.0069 & -0.0475 & 0.1204 & 0.1903 & 0.0782 \\ 0.0459 & 0.2478 & 0.0424 & 0.0429 & 0.1266 & -0.1904 & 0.0985 & \\ -0.3981 & -0.0102 & 0.3879 & 0.3987 & -0.2262 & -0.2187 & 0.5506 & 0.3744 \\ -0.1846 & -0.0538 & -0.1260 & 0.2624 & 0.5672 & 0.1471 & -0.0299 & \end{bmatrix}$$

利用公式$w_{kj} = \alpha w_{ki} \cdot w_{ij}, \alpha \in [0,1]$，在此假定两个向量正交，取$\alpha = 1$，就可以算出输出层与输入层之间的权重$w_{kj}$如下所示。

$$w_{kj} = \begin{bmatrix} 1.3199 & 0.5797 & 0.1072 & 0.4364 & 0.6049 & 0.7743 & 0.5051 & 0.9332 & 0.7951 \\ 0.5814 & 0.7536 & 0.6464 & & & & & & \\ 1.2520 & 0.7616 & 0.6873 & 0.6206 & 0.4566 & 0.3509 & 0.5890 & 0.8716 & 0.5326 \\ 0.8997 & 0.3171 & 0.7172 & & & & & & \end{bmatrix}$$

由此可知该用户“leeger1993”在新闻和艺术两方面的信息偏好向量大致为 $u_j = w_{kj}^{\mathrm{T}}$

通过信息用户与网络信息资源的交互作用,特别是从用户的检索和标注行为中,可以通过检索所用的关键词和标注所用的标签词汇来对用户的信息需求偏好进行确定。同时,基于规范的叙词表,以及关于用户的背景知识库,可以确定特定用户的需求偏好的语义向量。将词汇向量作为输入向量,将叙词向量作为输出向量,借助较成熟的 BP 神经网络理论及模型,可以确定输入向量与输出向量之间对应的权重向量,此权重向量即为信息用户在语义空间中的需求偏好向量。

5.3.1.4 语义向量确定的相关扩展

本书对偏好的界定主要是基于比较规范的叙词表,除了自上而下的基于专家知识所制定的规范的叙词表外,还可以自下而上地通过信息用户的检索或标注行为来自组织地确定大众化的标准。此外,对于神经网络的权重,在不同的训练过程中,其输入层与隐含层之间的权重向量或隐含层于输出层之间的权重向量也会发生一些变化,但其二者的乘积针对特定的输入和输出,输入向量和输出向量之间的对应权重向量变化较小,因此可将其确定为信息用户信息需求偏好的语义空间向量。

与此相类似,也可建立信息资源的语义向量 $\vec{r}_k$ 及标签的语义向量 $\vec{t}_l$ 。将规范化的索引词 $k_i(i = 0,1,\cdots,n)$ (叙词或元数据,具有约定俗成的语义)所构成的空间作为语义空间,将用户 $u_j(j = 0,1,\cdots)$ 、资源 $r_k(k = 0,1,\cdots)$ 和标签 $t_l(l = 0,1,\cdots)$ 放入其中,在此向量模型中,权重 w_{ij} 是集对 (k_i,u_j) 的权重,即用户偏好在语义空间中的语义分布程度;权重 w_{ik} 是集对 (k_i,r_k) 的权重,即资源属性在语义空间中的语义分布程度;权重 w_{il} 是集对 (k_i,t_l) 的权重,即标签概念在语义空间中的语义分布程度。这样,用户向量就可定义为 $\vec{u}_j = (w_{1,j},w_{2,j},\cdots,w_{n,j})$,其中, n 为系统中索引词的总数,即语义维度。同理,资源向量可定义为 $\vec{r}_k = (w_{1,k},w_{2,k},\cdots,w_{n,k})$,标签向量可定义为 $\vec{t}_l = (w_{1,l},w_{2,l},\cdots,w_{n,l})$,如图 5.18 所示。

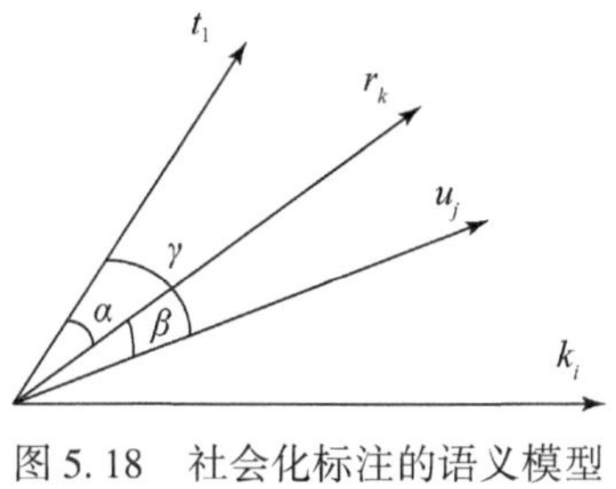

图 5.18　社会化标注的语义模型

关于信息资源和标签的语义空间模型思路可借鉴信息用户的偏好语义模型，其不同在于三者是从不同的侧重点来利用相应的检索关键词或标签词来描述的，即关键词或标注词可用来描述信息用户的偏好，也可用来描述信息资源的属性，也可用来描述标签的语义。

5.3.2 社会化标注系统要素的语义维度确定

叙词表是由专家确定的，是自上而下具有良好结构的，这样界定的好处是具有统一性，不足是不能体现具体用户对特定语义的理解，比较僵化。如果能够自下而上自组织地形成规范，则能够弥补叙词表的一些不足。

模糊聚类分析被广泛地应用，但模糊聚类分析中，在进行数据标定时（建立模糊相似矩阵），不同人可以采用不同的方法，如相关系数法、距离法等。因此建立的模糊相似矩阵是不同的，最后的聚类结果也存在局部差异。这说明不同的标定方法所利用提取的样本间的信息不同，就会影响到最后的结果。另外，在最后确定最佳聚类结果是否合适还需要根据实际问题做进一步分析与判断。这些都说明，某种聚类方法仅仅提供一种工具和思路，对于具体问题还要结合实际情况才能做出正确的判断。

目前大多数信息检索系统采用的是浅层的词频统计方法，如向量空间模型，这类方法具有易于实现、检索速度快且不依赖于具体领域和语言等优点，但其由于缺乏对文本的语法语义分析，不能深层次地理解文本所表达的主题思想，因而无法取得很好的系统性能。相对于统计方法，基于理解的方法虽更多地运用了自然语言理解技术、人工智能技术、语言学等方面的知识，可提高文本检索的精度，但对文本的理解依赖于具体的领域，需要领域知识库的支持，而且要对文本进行语法语义分析，就目前的技术而言，在精度和效率上都还不理想。一种可行的方法应是在统计的基础上，通过对文本进行部分的语义分析，弥补统计方法缺乏语义信息的弊端，更好地体现用户的信息需求。

词频统计法的主要假设是：文章中相对使用频率较高的词反映文章的主题。这种方法简单易行，但是它对词的处理过于简化，除了考虑一些词性变换外，几乎没有处理词之间的语义联系[112]。

概念类类似于词汇链，它表示了一个文档的概念或主题。用语义链进行索引是基于一系列的词汇包含一个文档的结构和主题信息的思想。词汇链（lexical chain）[113]是指由一个主题之下的一系列相邻的词共同组成的词系列。这些词在同样的词法环境中共现。例如，{postoffice，service，stamps，pay，leave}，这些词在特定的服务环境中会共现，因为它们都是描述服务的场景。固然这些词之间存在着距离，它们的共现限于一定的范围内，但它们并不仅限在句子内，词汇链描述的是文本中的语义单元。

吴贤等在2005年运用期望最大化算法，对“Delicious”网站的907 491个“资源-用户-标签”三元组数据进行了分析，通过选择不同维度，以及运用期望最大化算法的反复运算次数，得出了如图5.19所示的关于社会化标注的极大似然值(log-likelihood)[114]。

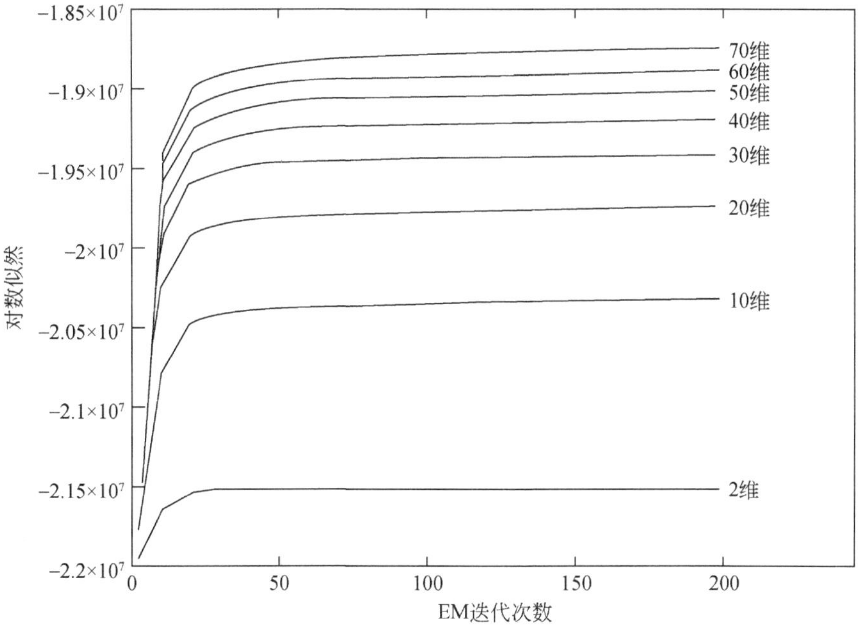

图5.19 “Delicious”网站数据的极大似然值

从图5.19中可以看出，从2维到40维的极大似然值增加得很快，而40维以上变化速率就下降很快。因为“Delicious”网站所收集的网络书签主要集中在信息技术领域，知识存储相对较小，所以40维就基本能够表示“Delicious”网站标签语义的主要分类了，较高维度的语义很可能是重复的，能够用其他维度的语义所代替，或者由几个其他维度的语义融合所能得到。并且维数过高，也会给计算带来维数灾难。因此，一般取40维或者较少的10维来计算。

自组织神经网络能够通过其输入样本，学会检测样本的规律性和样本相互之间的关系，并根据这些输入样本的信息，自适应调整网络，使网络以后的响应与输入样本相适应。自组织神经网络通过学习能够识别成组的相似输入向量，使那些在竞争层中的神经元对相似的输入向量产生响应。自组织神经网络不但能够学习输入向量的分布情况，还可以学习输入向量的拓扑结构，其单个神经元对模式分类不起决定性的作用,而要靠多个神经元的协同作用才能完成模式分类。

基于上述问题及思路,本书尝试利用 SOM 神经网络进行标签的聚类。SOM 神经网络是一种具有聚类功能的神经网络,为标签聚类提供一种新的思路和方法。

本书尝试利用神经网络的联想记忆原理,采用 SOM 神经网络聚类算法来训练标签集,解决信息组织和获取领域的标签聚类与资源分类问题,形成便于社会化标注系统的概念空间。

5.3.2.1 SOM 神经网络的理论及模型

与其他聚类方法相比,SOM 神经网络可以实现实时学习,网络具有自稳定性,无须外界给出评价函数,能够识别向量空间中最有意义的特征,抗噪声能力强。SOM 神经网络聚类算法的主要优点就是利用神经网络的学习训练,可以提取出众多数据中的共性。它更接近人脑的处理信息的过程,可以比较准确地处理复杂的标签关系。

依据大脑对信号处理的特点,T. Kohonen 首先提出 SOM 神经网络模型[115],进而又发展为一种无监督自组织和自学习的网络[116]。SOM 模型是对生物神经系统进化过程的计算机模拟,它的网络结构分为上下两层,下层为输入层,上层为输出层。输出层神经元构成一维或二维格形,格形确定了神经元在空间中的邻域关系;且输出层神经元与每个输入节点都有连接。若输入为 n 维向量,则每个输出神经元对应一个 n 维权值向量 w_j,如图 5.20 所示。

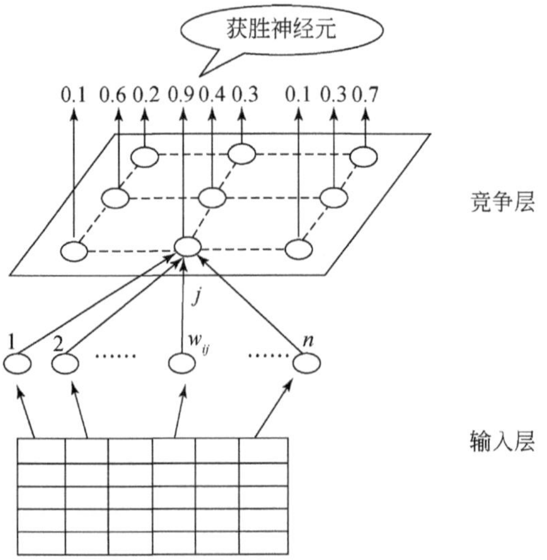

图 5.20 SOM 神经网络模型

SOM 神经网络模型可以实现自组织功能,即 SOM 神经网络聚类。自组织的目的就是通过调整输入和输出之间的权系数 w_{ij},使神经网络收敛于一种表示形态。每执行一次学习,则 SOM 神经网络网络中就会对外部输入模式执行一次自组织适应过程。其结果是强化现行模式的映射形态,弱化以往模式的映射形态。

SOM 神经网络聚类算法可以用在许多方面,如汉字识别系统、Web 结构挖掘、数据挖掘及对大量数据的处理等,它的主要优点就是利用神经网络的学习训练,可以把许多数据中的共性提取出来。

5.3.2.2 基于 SOM 神经网络的社会化标注系统要素的语义关联性聚类

(1)数据集的预处理

“Delicious”网站中的流行标签云如图 5.21 所示,共有约 140 个标签。

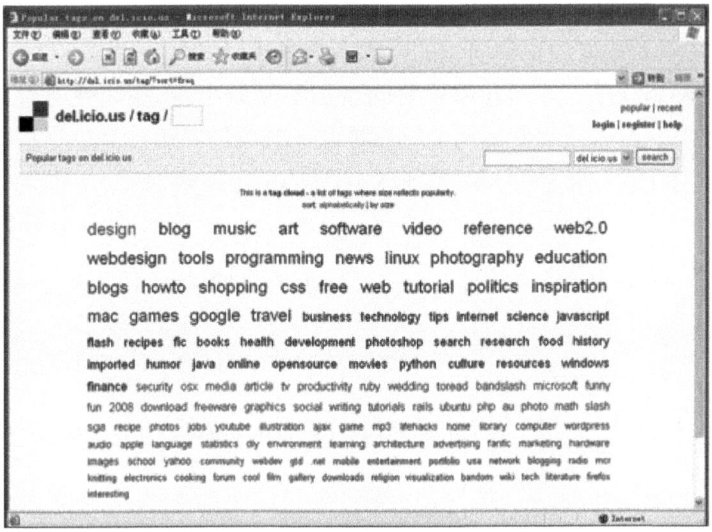

图 5.21 “Delicious”网站中的流行标签云

从“Delicious”网站上得到 102 个资源样本和 109 个流行标签样本。

标签云中有,而分析数据中没有的标签有:au、bandom、bandslash、clothing、crafts、fic、fashion、fanfic、flichr、gen、games、game、iphone、jobs、literature、math、mckay、mobile、php、rails、python、school、ruby、shop、sga、slash、tv、ubuntu、wedding、wikipedia。

这些标签被排除,是因为在资源数据集中没有相应的用户用这些标签进行标注。

(2)构造神经网络

SOM 是一种无监督的自学习过程,它把 n 维输入空间映射为输出层神经元的一维或二维阵列,构成一个有意义的拓扑序列输出空间。每个输出层神经元相关联的权值矢量,被看作是神经元对输入矢量的响应的结果。将输入矢量 P 标记为 $P = [p_1, p_2, \cdots, p_n]^T$,与输出神经元 j 相对应的权值矢量 W_j 可写为 $W_j = [w_{j1}, w_{j2}, \cdots, w_{jn}]^T$,$j = 1, 2, \cdots, M$,获胜输出神经元的确定,相当于选择权值矢量 W_j 与输入矢量 P 最为匹配的输出层神经元。

(3)训练 SOM 网络

训练过程如下所述。

1)初始化。对初始权值向量 $W_i(0)$ 选择一组较小的随机值。这儿唯一的限制是:对 $j = 1, 2, \cdots, M$,$W_i(0)$ 互不相同,其中 M 是格形中神经元数目。同时,设置初始学习速率 $\eta_0 (0 < \eta_0 < 1)$;设置迭代总次数为 T,T 一般取 500 ~ 1000 次。

2)取一个文本作为训练样本,把该样本中的词作为本次训练的输入向量节点,数值为归一化后的词频再乘以该词的权值。

3)确定输出最大的神经元为获胜神经元。当输入向量为 X 且第 c 个神经元获胜时,等价于输入向量和权值向量的欧氏距离最小。

4)调整网络权值。学习速率随时间增加不断减小,拓扑邻域随着迭代次数的增加不断收缩。通过使用更新调整所有神经元的权值向量。

$$W_{ij}(t+1) = \begin{cases} w_{ij}(t) + \eta(t) \times A_c(i,t)[x_j(t) - w_{ij}(t)] & i \in N_c(t) \\ w_{ij} & i \notin N_c(t) \end{cases} \tag{5-14}$$

式中,$\eta(t) = \eta_0 \times \left[1 - \frac{t}{T \times L}\right]$,$0 < \eta_0 < 1$,$L$ 是输入样本总数,T 是循环次数;$N_c(t) = N_{c0} \times \left[1 - \frac{t}{T \times L}\right]$,$N_{c0}$ 大于输出神经元个数的一半,可取 $N_{c0} = N_0 \times 0.8$;$A_c(i,t) = \exp\left[-\frac{h \times (i-c)^2}{2N_c^2(t)}\right]$,$i \in N_c(t)$,$h$ 为正实数,可取 $h=50$,c 为获胜单元。

5)用下一个样本继续训练网络,直到在特征映射里没有观察到明显的变化为止。

(4)再次聚类及语义空间的形成

进行一次 SOM 聚类计算后,生成了一个二维的权值矩阵,每一个列向量对应一个类别。通过上面的 SOM 聚类,当标签数不多,而且标签集合的选择非常精心时可能进行一次聚类就可得到比较理想的分类结果。但是,处理结果中往往出现一个或多个仍旧较大的类别。这是由于标签实际类别数多于我们设定的输出层神经元的个数,所以还需要进行再次聚类。在再次聚类中,用那些大类作为新的网络输入,其他的参数可以沿用第一次聚类设定的参数,取该类别中所有互异的标签作为输入节点,该类别中出现的标签作为输入样本,用前面的公式训练一个对应与该类别的新的权值矩阵。

在这个过程中，还要设定一个聚类阈值，来判断多大的类别还需要进行再次聚类。这个阈值可以由实验效果和经验来选取，一般取最初的网络输入维数的百分比，如20%，如果该阈值取得太小会使聚类过细，使运算时间大幅度增长，并且结果失去意义，所以应选取合适的数值。当分好的类别所含的词的个数均小于该阈值时，则停止循环。

如上通过SOM聚类算法对标签进行聚类，就生成一个标签聚类的树型结构，从一个根节点依次打开，逐次得到最终的叶子节点，形成一个空间结构，由于这个结构是对标签的聚类，所得的也是一种语义的层次，也称为语义空间。语义空间是通过神经网络训练权值，由下而上自动生成，如图5.22所示。经过多次再聚类后，就得到最终聚类结果，聚类的类别总数就是这个层次类别的标签语义总和。

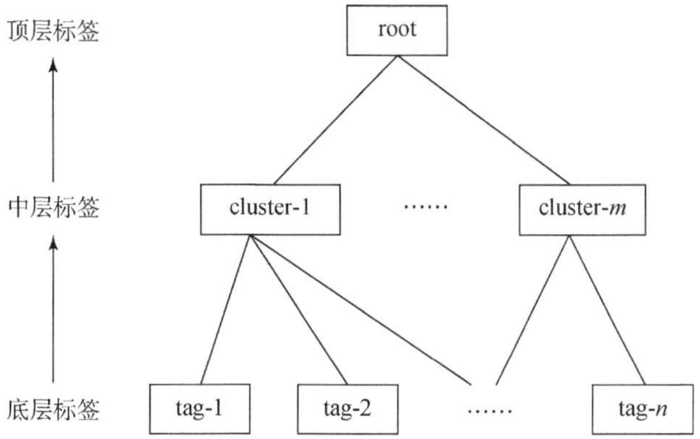

图5.22 标签语义空间形成示意图

5.3.2.3 基于SOM的标签聚类

将资源作为行变量，标签作为列变量，矩阵的值为用户使用相应列变量的标签对行变量的资源进行标注的次数，原始数据包括102个资源样本和109个流行标签样本。确定网络的输入模式为 $P_k = (P_1^k, P_2^k, \cdots, P_n^k)$，$k = 1, 2, \cdots 109$，$n = 102$。

在本书中，每个输入向量即为标签向量，向量的每一维代表的是一个资源，其数值是进行归一化后的用该标签对相应资源进行标注的用户数量。由于用户数量相差很大，为了弱化大值对小值的剧烈的噪声影响，也同时提高小值的作用，进而得到比较理想的结果，本书对原始数据进行归一化的处理。

(1)分层聚类

SOM神经网络输入向量的维数设为109，输出向量的维数设为10，训练循环次数为1000次，所得的结果如图5.23所示。

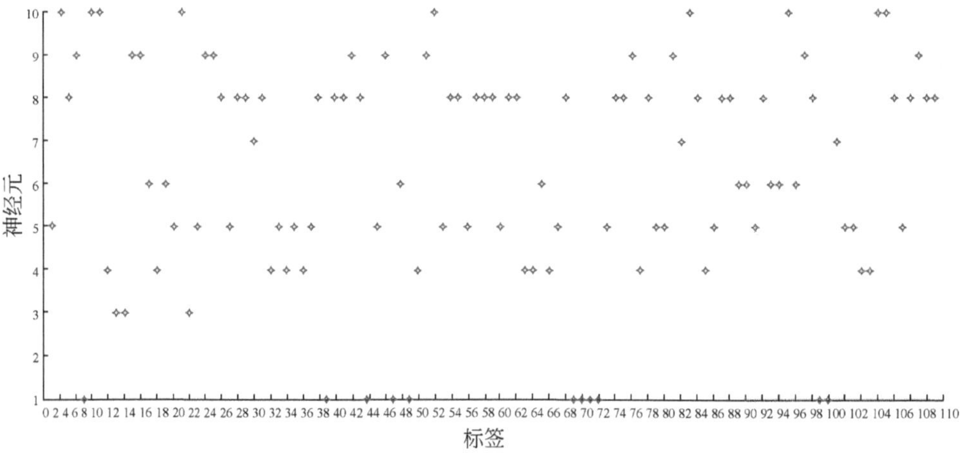

图 5.23　基于 SOM 神经网络的标签聚类(竞争层为 2×5,训练 1000 次)

从图 5.23 可以看出,激活第 1、第 4、第 5、第 6、第 8、第 9、第 10 个神经元的标签样本数较多,可对激活其中每个神经元的标签分别再聚类。当输出向量的维数为 6(采用 2×3 结构的竞争层结构),训练循环次数为 1000 次,所得的结果如图 5.24 ~ 图 5.30 所示。

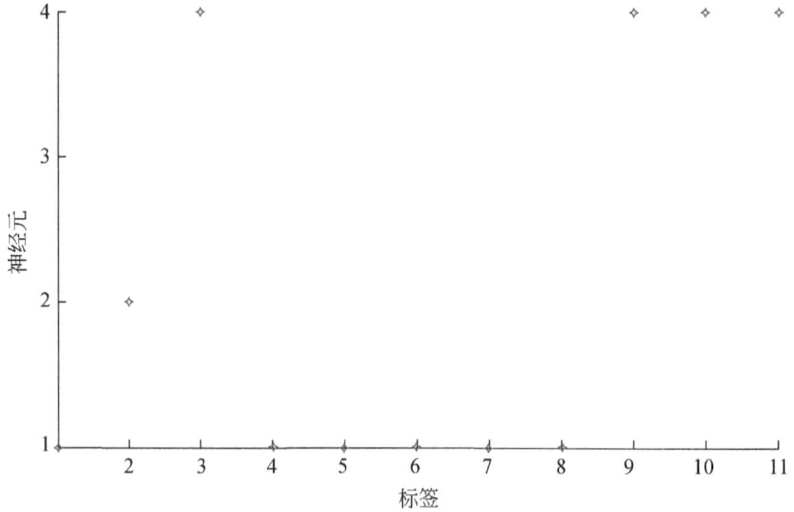

图 5.24　对激活第 1 个神经元的标签再聚类的结果

基于 SOM 的标签聚类(竞争层为 2×2,训练 1000 次)

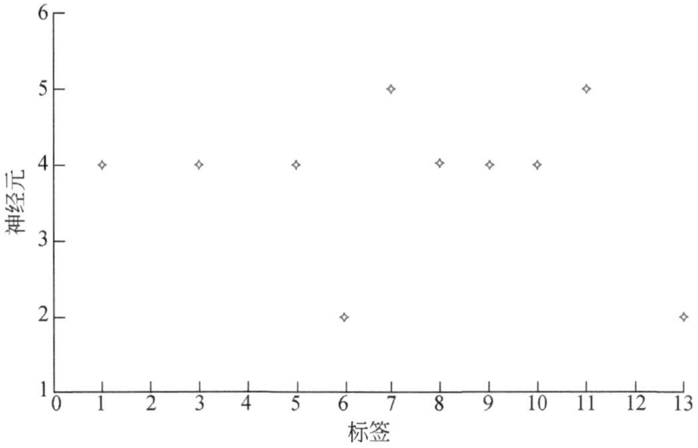

图 5.25　对激活第 4 个神经元的标签再聚类的结果

基于 SOM 的标签聚类(竞争层 2×3,训练 1000 次)

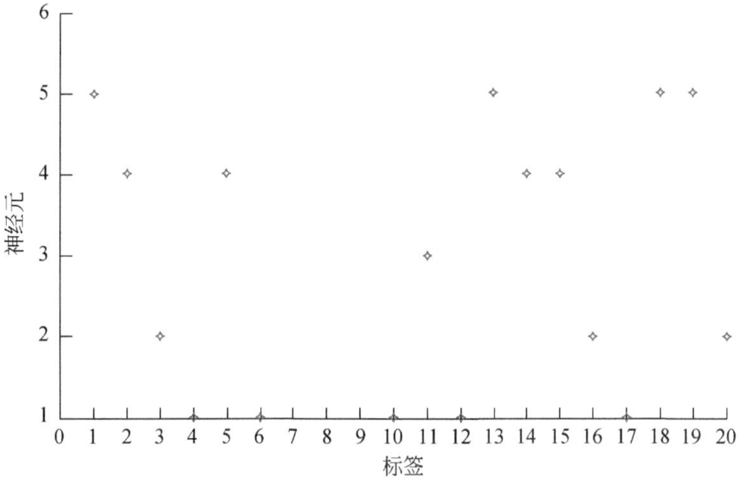

图 5.26　对激活第 5 个神经元的标签再聚类的结果

基于 SOM 的标签聚类(竞争层为 2×3,训练 1000 次)

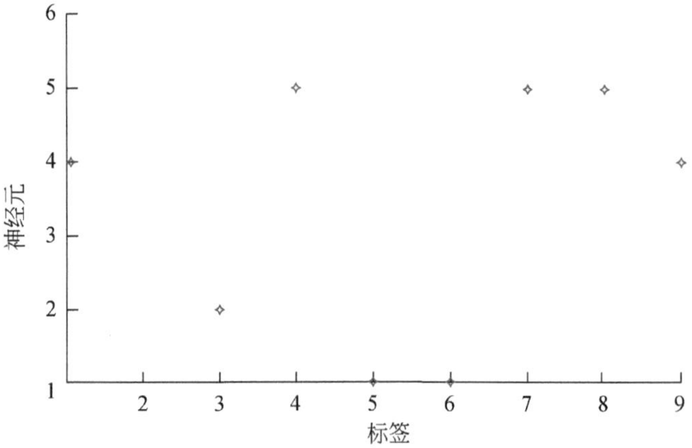

图 5.27　对激活第 6 个神经元的标签再聚类的结果

基于 SOM 的标签聚类(竞争层为 2×3,训练 1000 次)

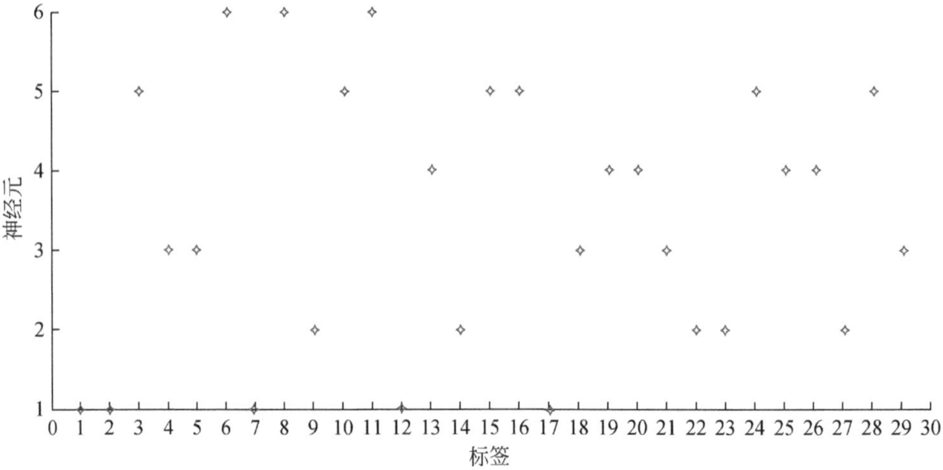

图 5.28　对激活第 8 个神经元的标签再聚类的结果

基于 SOM 的标签聚类(竞争层为 2×3,训练 1000 次)

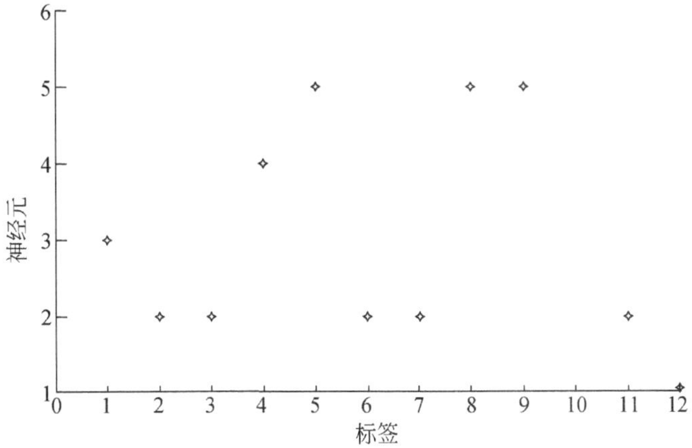

图 5.29　对激活第 9 个神经元的标签再聚类的结果

基于 SOM 的标签聚类(竞争层为 2×3,训练 1000 次)

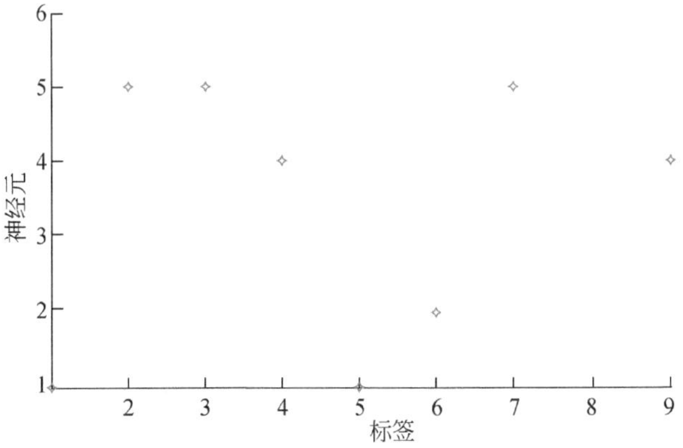

图 5.30　对激活第 10 个神经元的标签再聚类的结果

基于 SOM 的标签聚类(竞争层为 2×3,训练 1000 次)

经过两次聚类的结果见表 5.8。

表 5.8　竞争层的神经元分别为 10 个与 6 个时标签的聚类

<table>
<tr><td colspan="2">对全部数据集,设置竞争层为 2×5,训练 1000 步的结果</td><td colspan="2">对左边的数据集,设置竞争层为 2×3,训练 1000 步的结果</td></tr>
<tr><td rowspan="3">1</td><td rowspan="3">art、images、inspiration、photo、photography、photos、graphics、howto、photoshop、tutorial、tutorials</td><td>1</td><td>art、images、inspiration、photo、photography、photos</td></tr>
<tr><td>2</td><td>graphics</td></tr>
<tr><td>4</td><td>howto、photoshop、tutorial、tutorials</td></tr>
</table>

续表

对全部数据集,设置竞争层为 2×5,训练 1000 步的结果		对左边的数据集,设置竞争层为 2×3,训练 1000 步的结果	
3	blog、blogs、culture		
4	community、web、internet、web2. 0、audio、flash、fun、music、online、radio、mp3、search	1	community、web
		2	internet、web2. 0
		4	audio、flash、fun、music、online、radio
		5	mp3、search
5	download、freeware、linux、opensource、software、database、security、windows、media、cooking、food、recipe、recipes、2008、politics、video、videos	1	download、freeware、linux、opensource、software
		2	database、security、windows
		3	media
		4	cooking、food、recipe、recipes
		5	2008、politics、video、videos
6	social、socialnetworking、imported business、tools、news、tech、technology、computer	1	social、socialnetworking
		2	imported
		4	business、tools
		5	news、tech、technology
		6	computer
7	film、research、typography		
8	apple、diy、hardware、mac、osx home、marketing、seo、shopping、wordpress、environment、finance、portfolio、science、youtube、maps、productivity、reading、travel、wiki、education、learning、microsoft、money、teaching、yahoo、google、health、library	1	apple、diy、hardware、mac、osx
		2	home、marketing、seo、shopping、wordpress
		3	environment、finance、portfolio、science、youtube
		4	maps、productivity、reading、travel、wiki
		5	education、learning、microsoft、money、teaching、yahoo
		6	google、health、library
9	Writing、book、books、history、illustration、toread、architecture、design、development、java、programming、reference	1	writing
		2	book、books、history、illustration、toread
		3	architecture
		4	design
		5	development、java、programming
		6	reference

续表

<table>
<tr><td colspan="2">对全部数据集,设置竞争层为 2×5,训练 1000 步的结果</td><td colspan="2">对左边的数据集,设置竞争层为 2×3,训练 1000 步的结果</td></tr>
<tr><td rowspan="5">10</td><td rowspan="5">ajax、javascript、resources、css、webdev、article、articles、tips、webdesign</td><td>1</td><td>ajax、javascript</td></tr>
<tr><td>2</td><td>resources</td></tr>
<tr><td>4</td><td>css、webdev</td></tr>
<tr><td>5</td><td>article、articles、tips</td></tr>
<tr><td>6</td><td>webdesign</td></tr>
</table>

注:表中的标号为竞争层中相应资源的输入所激活的对应神经元。

当然在聚类的过程中不可避免地会出现个别词的误分类情况,这个问题可以通过多次聚类及调整神经网络参数来加以改善。

(2)一次性聚类

如果不按照上述分步聚类的思想,而是通过设置输出向量的数量,将数据集依次进行聚类,则针对上述数据集,将输入向量的维数设为 109,输出向量的维数设为 36,训练循环次数为 1000 次,所得的结果如图 5.31 所示。

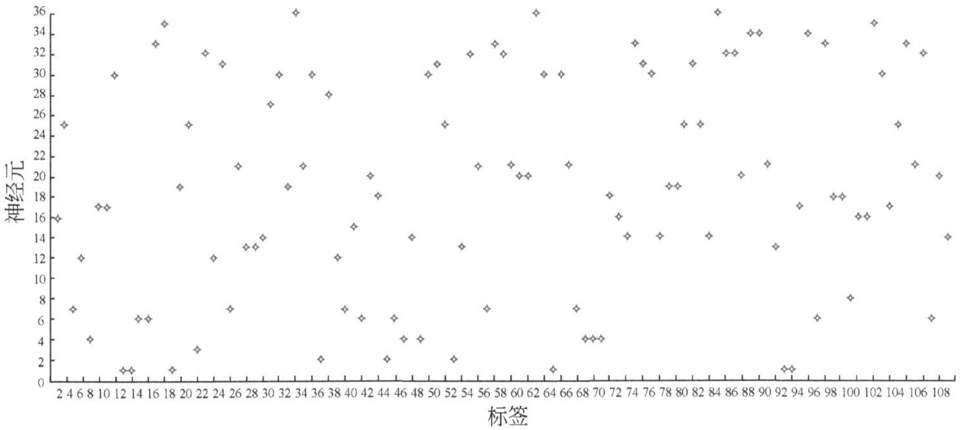

图 5.31 基于 SOM 的标签聚类

竞争层为 6×6,训练 1000 次

当采用 6×6 结构的竞争层结构时,标签样本所激活的神经元较为分散,其对应的样本分别如图 5.31 中横坐标的数值所示(图中的标号为竞争层中相应资源的输入所激活的对应神经元)。

从结果上可看出,将标签分为 36 个类别比 10 个类别较为合理,分类结果见表 5.9。

表 5.9 大众化标签聚类为 36 个类

神经元	标签
1	blog、blogs、business、news、tech、technology
2	funny、humor、language
3	culture
4	art、images、inspiration、photo、photography、photos
6	book、books、history、illustration、toread、writing
7	apple、diy、hardware、mac、osx
8	typography
12	architecture、design、graphics
13	education、environment、learning、teaching
14	film、imported、portfolio、reading、science、youtube
15	health
16	2008、politics、video、videos
17	article、articles、tips、webdesign
18	howto、photoshop、tutorial、tutorials
19	cooking、food、recipe、recipes
20	home、Microsoft、money、shopping、yahoo
21	download、freeware、linux、media、opensource、software、windows
25	ajax、css、javascript、reference、resources、webdev
27	finance
28	google
30	audio、flash、fun、internet、music、online、radio、web2. 0
31	development、java、programming、research
32	database、library、marketing、security、seo、wordpress
33	business、maps、productivity、travel、wiki
34	social、socialnetworking、tools
35	community、web
36	free、mp3、search

(3)基于 SOM 神经网络的资源聚类

将标签作为行变量,资源作为列变量,矩阵的值为用户使用相应列变量的标签对行变量的资源进行标注的次数,原理同上,可对资源进行聚类,结果如图 5.32 所示。

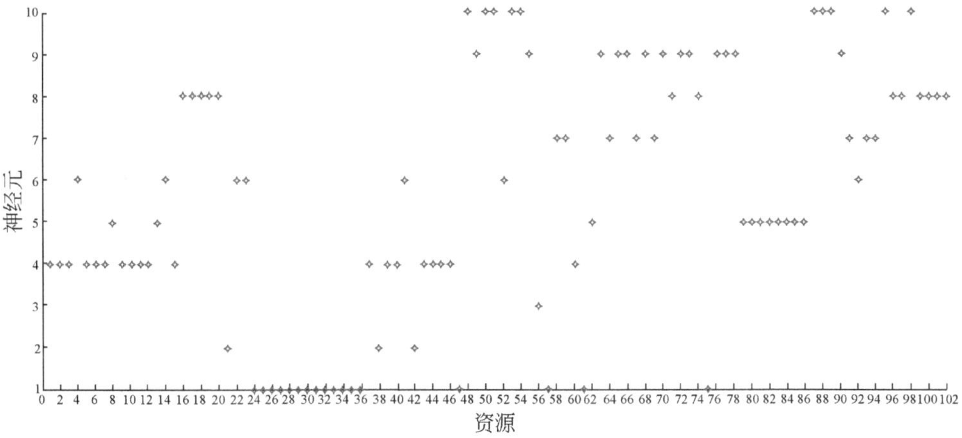

图 5.32　基于 SOM 神经网络的资源聚类

竞争层为 2×5,训练 1000 次

当采用 2×5 结构的竞争层结构时,激活第 1、第 4、第 5、第 8、第 9 个神经元的资源样本数较多,其对应的样本分别如图 5.33 中横坐标的数值所示。

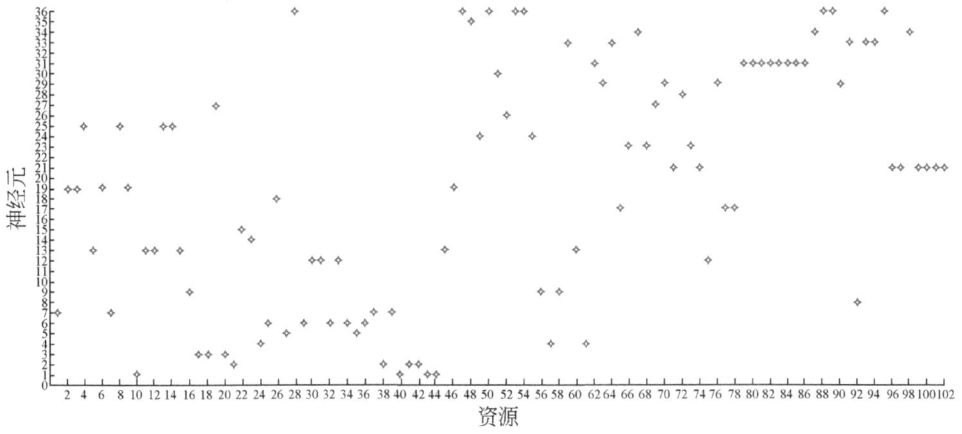

图 5.33　基于 SOM 神经网络的标签聚类

竞争层为 6×6,训练 1000 次

当采用 6×6 结构的竞争层结构时,标签样本所激活的神经元较为分散,其对应的样本分别如图 5.33 中横坐标的数值所示。

通过对结果进行分析可以发现,处于同一类的点在这里激发的神经元位置也是近邻的,这说明相对于基本竞争型网络而言,SOM 神经网络的分类结果更加精确。需要注意的是,重新运行该神经网络的源代码,可能结果就会不一致,这是因为每次激发的神经元不一样。但是,相似的类激发的神经元总是邻近的,差别很大的类激发的神经元相差也比较远。

对于上述模型及实例的扩展途径:①不同大小的资源集对标签聚类结果的影响(分别取 20 个,4060 个资源,看其聚类的结果);②不同的训练次数对标签聚类的影响(分别进行 10 次、100 次、1000 次,看其聚类的结果);③不同的聚类数(竞争层的神经元数)对其的影响(分别取 2×5 的 10 个神经元、4×5 的 20 个神经元、5×8 的 40 个神经元,看其训练后的聚类结果);④对于转置的数据集进行针对资源的聚类,也进行上述的比较;⑤在每种聚类后,对比较集中的标签再次递归的聚类,建立层级结构。

5.3.3 社会化标注系统要素的语义识别

5.3.3.1 竞争型神经网络的相关理论及模型

在生物神经系统中,存在一种侧抑制现象,即一个神经细胞兴奋后,通过它的分支会对周围其他神经细胞产生抑制。由于侧抑制的作用,各细胞之间相互竞争的最终结果是:兴奋作用最强的神经细胞所产生的抑制作用战胜周围所有其他细胞的抑制作用而“赢”了,其周围的其他神经细胞则全“输”了。

自组织竞争人工神经网络正是基于上述生物结构和现象形成的。它是一种以无监督学习方式进行网络训练的,具有自组织功能的神经网络。自组织竞争神经网络通过自身训练,自动对输入模式进行聚类。

在网络结构上,自组织竞争人工神经网络一般是由输入层和竞争层构成的单层网络,网络间没有隐含层,输入层和竞争层之间的神经元实现双向连接,同时竞争层各神经元之间还存在横向连接。在学习算法上,它模拟生物神经系统依靠神经元之间兴奋、协调与抑制、竞争的作用来进行信息处理的动力学原理,指导网络的学习与工作。

自组织竞争人工神经网络是一种以无教师示教的方式进行网络训练的、具有自组织功能的神经网络模型。它模拟生物神经系统依靠神经元之间的兴奋、协调与抑制、竞争的作用来进行信息处理的动力学原理,指导网络的学习与工作。网络通过自身训练,自动对输入模式进行分类。其基本原理表现为:网络竞争层各神经元通过竞争方式或抑制方式争取对输入模式的响应机会,最后仅 1 个神经元成为竞争的胜者,并对那些与获胜神经元有关的各连接权朝着更有利于它竞争的方向进行调整,而这一获胜神经元就表示对输入模式的分类[117]。

自组织竞争学习网络可由两个层次组成,第 1 层为输入层,有 N 个神经元,它接收样本输入;第 2 层为竞争层,有 M 个神经元,它对输入样本进行分类。网络没有隐含层,输入层和竞争层各神经元之间进行全互联连接,网络结构如图 5.34 所示,$x_1,x_2,\cdots,x_n$ 为输入样本,两层神经元间的连接权值取 $[0,1]$ 的实数,用 w_{ij} 表示输入层神经元 i 与竞争层神经元 j 的连接权值,对于任何 $j = 1,2,\cdots,M$,有 $\sum_{i=1}^{N} w_{ij} = 1$。

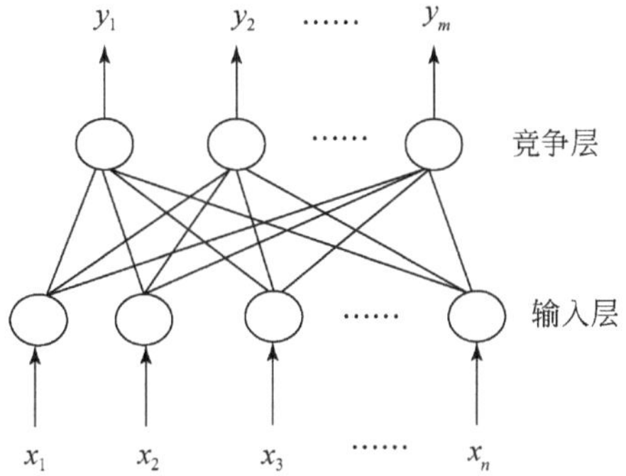

图 5.34　自组织竞争神经网络模型

竞争型网络的输入样本为二值向量,各元素取值为 0 或 1。竞争层神经元 j 的状态可按式(5-15)计算。

$$s_j = \sum_{i=1}^{N} w_{ij}x_i \tag{5-15}$$

式中, x_i 为输入样本向量的第 i 个元素。根据竞争机制,竞争层中最大加权值的神经元 k 赢得竞争胜利,输出为 $a_k = \begin{cases} 1 & s_k > s_j, \forall j,k \neq j \\ 0 & \text{else} \end{cases}$ 。竞争后的权值按照下式进行修正,对于所有的 i ,有

$$w_{ij} = w_{ij} + \alpha\left[\frac{x_i}{m} - w_{ij}\right] \tag{5-16}$$

式中, α 为学习参数, $0 < \alpha < < 1$,一般取 0.01 ~ 0.03; m 为输入层中输出为 1 的神经元个数,即 $m = \sum_{i=1}^{N} x_i$ 。

权值调整公式中 $\frac{x_i}{m}$ 项表示 x_i 为 1 时,权值增加,而 x_i 为零时,权值减小,即当

x_i 活跃时，对应的第 i 个权值就增加，否则就减小。由于所有权值的和为 1，所以当第 i 个权值增加或较小时，对应的其他权值就可能减小或增加。此外，公式(5-16)还保证权值的调整能够满足所有的权值调整量之和为零。

5.3.3.2　基于竞争型神经网络的资源的分类

对于用户"Vinn"所标注的 35 个资源而言，根据其所用最多的 9 个标签(均使用 5 次以上的"Web2.0""webdesign""socialsoftware""tools""css""education""6it000""article""generator")作为资源向量的维度，将该用户所标注过的 35 个资源向量作为输入。具体见附录 D。运用竞争神经网络进行运算，并将输出设置为三类，所得结果如图 5.35 所示。

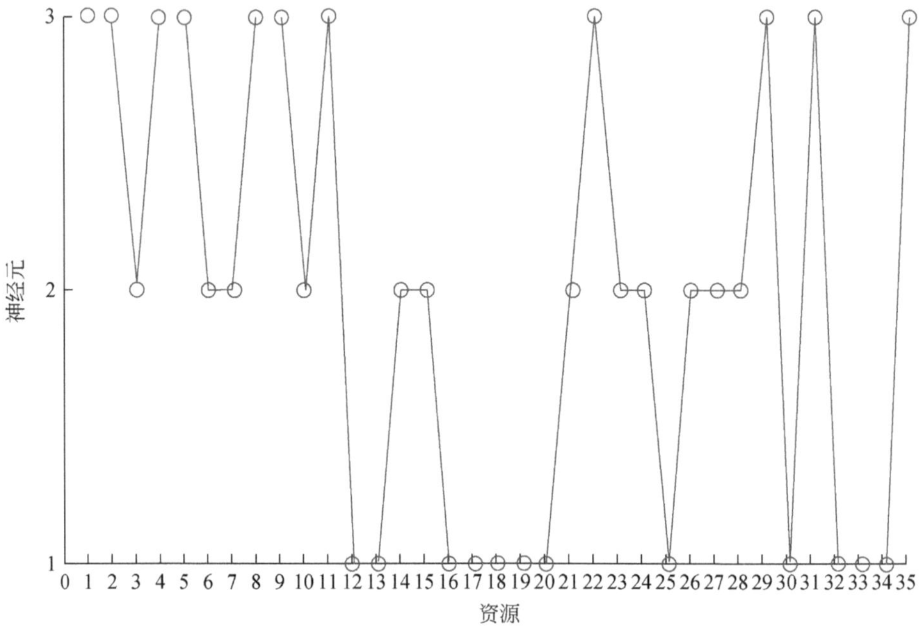

图 5.35　基于竞争神经网络的资源的分类

从图 5.35 中可以看出，该用户所标注的 35 个资源大致分为三类，每个资源的归类如图 5.35 中相应的圆圈所示。并且从图 5.35 中也可看出，该用户随着时间的变迁，关注点在不同类之间的变化趋势。

5.3.3.3　基于竞争型神经网络的用户的分类

对于资源"www.classroom20.com"而言，根据不同用户(最新参与标注的 94 个用户)对其的标注标签，本书选取标签被使用频数大于 5 的标签(约 24 个标签)作为用户向量的维度,将用户向量作为输入向量,并将输出结果设置为五类,运用竞争型神经网络运算后所得的结果如图 5.36 所示。

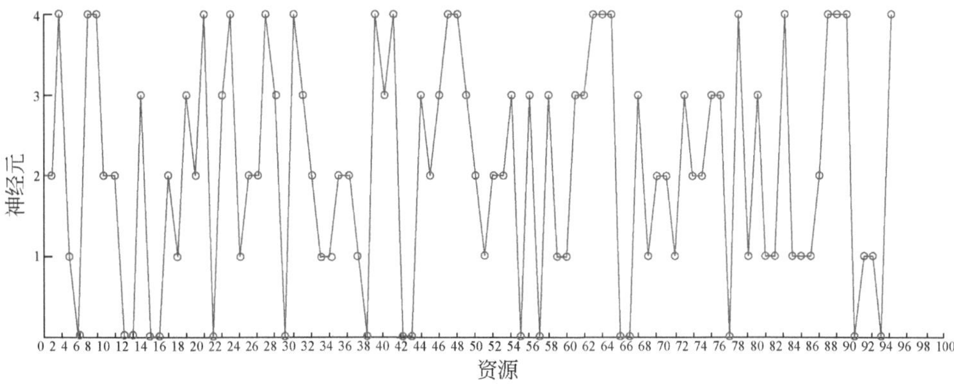

图 5.36　基于竞争神经网络的用户的分类

从图 5.36 中可以看出,标注该资源的用户根据所用的标签不同大致分为五类,每个用户的归类如图 5.36 中相应的圆圈所示。

社会化标注所形成的社会化标签,是大量信息用户根据自身的认识能力及价值目标,通过对信息资源的选择和标注,并收藏到网络收藏夹中的结果。其本质是信息用户对信息资源的认识结果,这种结果必然具有相应的语义特征,但由于是信息用户根据自身的理解所进行的标注,因此,不同的信息用户之间会存在着理解的偏差,因而会造成同义、歧义等问题,这不利于信息的交互共享。然而,从另一个角度来看,特定的信息用户针对特定的信息资源选择特定的社会化标签,则具有相应的特定的对于该用户能够理解的语义含义,此外,随着社会化标注的积累,大量信息用户对特定信息资源的社会化标注所形成的社会化标签的语义和形式也会稳定到一定范围内,这是由于学习效应及认识程度的深入所造成的涌现结果。基于以上原因,本书认为,社会化标注中尽管存在同义或歧义等现象,但仍然能够将其放入一定的语义空间中来分析信息用户的偏好特征、信息资源的属性特征及关联两者的中介——社会化标签的语义特征。

一方面,社会化标注系统中由于是信息用户直接对信息资源根据自身的理解对其标注,因此,对于特定的信息用户和特定的信息资源之间不存在歧义性;另一方面,随着社会化标注的累积,由于具有学习效应,特定信息资源被标注的社会化标签会逐渐收敛和稳定于确定的、能够比较真实反映该资源属性含义的标签范围内,因此,标签语义的歧义性会随着标注的增加而逐渐减少。文中图例在比较中差别不太明显,这是因为数据量较少,当数据量增加时会增加其比较的有效性,但同时也增加了计算量,作为例子,本书采用相对折中的做法。

本章运用能够较好地处理非线性运算的人工神经网络的相关模型,针对社会化标注系统的三维矩阵模型,分别运用 BP 神经网络模型所得出的权重来揭示社会化信息用户的偏好在语义空间中的特征向量在各维度中的分量;运用 SOM 神经网络模型,对大众化运用较多的标签进行自组织聚类,揭示语义空间中相应的维度;运用自组织竞争网络模型,根据确定的语义维度和语义向量,可以对实例数据进行分类运算。

第三部分

网络信息的可信测度

6 概率性可信测度

本章拟基于社会化媒体用户生成内容的客观行为数据,构建定量的网络信息内容可信测度模型。这三个可信测度模型分别是:①基于贝叶斯推理理论,构建社会化媒体网络信息内容的可信测度模型;②基于贝叶斯网络理论,构建网络信息内容属性关键词的可信测度模型;③基于迁移学习理论,构建可适用于多个参照对象的网络信息内容的可信测度模型。

信息可信度评估是信息管理、决策科学等学科永恒的主题。在用户生成内容环境下,网络信息内容的可信度,就是用户对网络信息内容是否值得信任的判断和评价。在用户生成内容环境下,网络信息内容的可信度,就是用户对网络信息内容是否值得信任的判断和评价。基于相关数学理论,构建网络信息内容的可信测度模型,具有重要的理论意义和实践意义。

基于数理模型构建的规范性可信测度研究,相比于侧重定性评估的调查问卷及抽样实验,提供较为精确的定量测度指标。并且基于网络信息内容的可信测度方法,是基于关键词的内容含义的可信度评估。基于社会化媒体特征来构建的用户参与的可信测度模型,充分利用用户通过主动参与对网络信息内容进行标注或评价所生成的客观性行为数据,充分体现用户对相关信息内容的认知性判断,随着参与者数量的增加,集体性的判断会趋于网络信息内容属性的客观真实性描述,也即集体智慧(crowd wisdom)[118]。

6.1 基于贝叶斯推理的社会化媒体网络信息内容可信测度

贝叶斯推理是经典的统计归纳推理,其推理过程不仅依据当前的样本信息,还要根据已有经验和知识。此外,贝叶斯推理由概率论中的贝叶斯定理扩充而来,将其引入网络信息内容的可信测度模型中,在使模型具备概率背景的同时,也可将网络信息用户的体验性评价作为先验知识融入模型,从而可定量测度网络信息内容的可信度。

利用贝叶斯公式进行推理的过程,即贝叶斯推理。事件 E 发生的条件下,事件 H 发生的概率表示为贝叶斯公式的一般形式:

$$P(H/E)=\frac{P(E/H)P(H)}{P(E/H)P(H)+P(E/\overline{H})P(\overline{H})} \tag{6-1}$$

贝叶斯推理方法可通过对已有经验及证据性数据的利用,达到修正先验知识的目的。例如,“医生根据检查和化验结果做出病情诊断”“房屋购买者根据市场信息做出是否购房决策”等[119]。在许多不确定的信息(即具有概率性质的信息)的基础上,根据新信息或证据调整已有观点得出适当结论并做出决定,这样的贝叶斯推理过程将有助于利用信息用户的体验性评价,提高网络信息内容可信测度的效率。

本节尝试基于信息用户的先验性知识及交互评价,将贝叶斯推理应用于网络信息内容的可信测度,构建基于已有经验及证据性数据的网络信息内容可信度的定量测度模型。此外,本书还尝试构造最小错误率计算公式,观察错误率随着参与者规模的增大而发生的变化规律,探索网络信息用户集体智慧形成过程中,网络信息用户规模对网络信息内容可信测度的影响。

6.1.1 基于贝叶斯推理的可信测度

拟以案例“苹果具有红的前提下是否甜”的条件性推理问题为例说明信息内容可信测度的贝叶斯推理思路。为方便计算,在全部是苹果的大前提下,选择苹果“红”与“甜“这两个属性,分别用 X,Y 表示,并且采取二值 0、1 赋值的方法,数字“1”分别代表苹果红或甜,数字“0”为不红或不甜。由式(6-1)可计算在苹果红的条件下苹果为甜的概率,表示如下:

$$P(Y=1/X=1)=\frac{P(X=1/Y=1)P(Y=1)}{P(X=1/Y=1)P(Y=1)+P(X=1/Y=0)P(Y=0)} \tag{6-2}$$

式中,$P(Y=1)$ 是属性甜的先验概率;$P(Y=0)$ 则表示属性不甜的概率;而 $P(X=1/Y=1)$ 和 $P(X=1/Y=0)$ 分别表示在收集苹果甜与不甜的样本信息的条件下,苹果红的抽样分布概率。上述先验分布概率及条件分布概率均可基于实际数据统计得到。

此外,尚需考虑信息用户规模对网络信息内容可信测度的影响。因为苹果红与甜的属性值为 0 或 1,故对于特定对象苹果而言,属性红与甜相应的属性值均服从二项分布,事件“苹果甜且红”“苹果甜但不红”“苹果不甜但红”“苹果不甜也不红”也服从二项分布,且它们构成一个完备事件组,将事件“苹果红且甜”表示为事件 A。所以,$P(A)=p=\frac{1}{4}$,$P(\overline{A})=1-p=\frac{3}{4}$。于是,$n$ 重伯努利试验中,事件 A 出现的概率为 p,则事件 A 出现 M(M 为随机变量)次的概率为

$$A(k;n,p)=P(M=k)=C_n^k p^k(1-p)^{n-k}, k=0,1,2,\cdots,n \tag{6-3}$$

于是,贝叶斯公式(6-2)可表示为

$$P(Y=1/X=1)=\frac{C_n^{k_1}p^{k_1}(1-p)^{n-k_1}P(Y=1)}{C_n^{k_1}p^{k_1}(1-p)^{n-k_1}P(Y=1)+C_n^{k_2}p^{k_2}(1-p)^{n-k_2}P(Y=0)} \tag{6-4}$$

由样本集可得上述贝叶斯公式的初始先验概率为 $P(Y=1)=p=1/4$,似然概率 $C_n^{k_i}p^{k_i}(1-p)^{n-k_i}$,其中 $k_i=1,2,3,\cdots,n;i=1,2,\cdots,n$ 为样本矩阵的行数,k_1 为“苹果红且甜”的数量($X=1,Y=1$),k_2 为“苹果红但不甜”的数量($X=1,Y=0$),由此便可直接代入公式(6-4)计算得出事件 A 的后验概率 $P(Y=1/X=1)$。

贝叶斯推理不仅利用了当前信息,它还要在新的证据性数据的基础上修正先验信息。因此,本书基于参与对信息内容进行体验性评价及交互性评价的信息用户规模的不同,根据信息用户规模分组计算事件 A 的概率值。需要注意的是,计算下一组样本集时,其先验概率 $P(Y_i=1)$ 为上一组数据的后验概率,即

$$P(Y_{i+1}=1)=P(Y_i=1/X_i=1), i=1,2,\cdots,n \tag{6-5}$$

基于以上贝叶斯推理的相关知识,可求得事件 A 的概率,并且经过按比例的规模增加进行多次迭代计算,得到与按比例增加的规模相对应的多个概率值。

6.1.2 基于贝叶斯决策的最小错误率评价模型

为了衡量上述基于贝叶斯推理的可信测度模型的有效性,本书尝试基于贝叶斯决策理论,引入错误率的概念,计算其最小错误率[120],并进一步探测在特定场景下信息的可信度随着参与者规模的增加,可信测度模型最小错误率变化的趋势。

6.1.2.1 基于贝叶斯决策的分类

为了尽量减少错误分类,在贝叶斯决策模式分类问题中,有一种基于最小错误率的贝叶斯决策。顾名思义,就是需要让出错率为最小的分类规则[121]。在运用贝叶斯决策理论的时候必须满足如下的基本条件:①各类别总体的概率分布是已知的;②被决策的分类数是一定的[122]。因此,首先将上述贝叶斯推理的结果进行分类,其次利用测试样本集估计类条件概率密度函数,最后构建出最小错误率公式。

以上述特定事物苹果为例,基于其是否具有两种属性(红或甜),可将其划分为四种状态,用 W 表示状态,$W=\{W_1,W_2,W_3,W_4\}$。具体表示如图 6.1 所示。

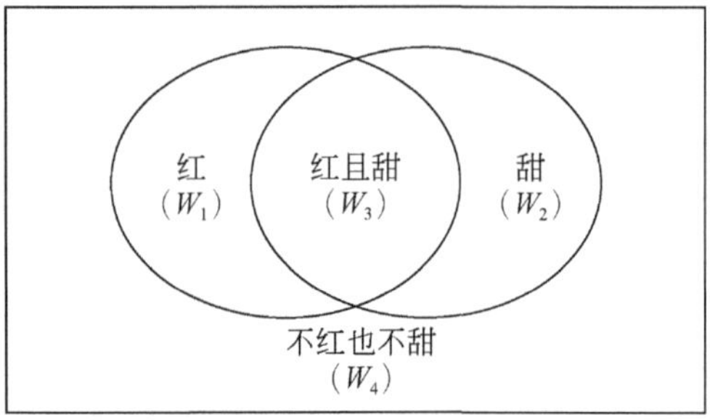

图 6.1 特定对象苹果具有属性红或甜的状态文氏图

如图 6.1 所示,W_1表示状态"苹果红但不甜",W_2表示状态"苹果红且甜",W_3表示状态"苹果不红但甜",W_4 则表示状态"苹果不红也不甜"。

根据上述贝叶斯公式[式(6-1)],分别得到这四种状态出现的概率值:当状态 W_1 发生时,$P(W_1)=P(Y=1/X=1)$;当状态 W_2发生时,$P(W_2)=P(Y=0/X=1)$;当状态 W_3发生时,$P(W_3)=P(Y=1/X=0)$;当状态 W_4发生时,$P(W_4)=P(Y=0/X=0)$。其中,$P(W_1)+P(W_2)=1$;$P(W_3)+P(W_4)=1$。

以上状态的概率均可由式(6-4)计算得出,如 $P(W_3)$ 可表示如下:

$$P(W_3)=\frac{C_n^{k_3}p^{k_3}(1-p)^{n-k_3}P(Y=1)}{C_n^{k_3}p^{k_3}(1-p)^{n-k_3}P(Y=1)+C_n^{k_4}p^{k_4}(1-p)^{n-k_4}P(Y=0)} \tag{6-6}$$

式中,k_3 为苹果不红但甜的数量($X=0,Y=1$),k_4 为苹果不红也不甜的数量($X=0,Y=0$)。

6.1.2.2 类条件概率密度函数

贝叶斯决策理论进行分类时,要求模式集在特征空间中分布的类条件概率密度函数已知。本书尝试利用测试样本集估计类条件概率密度函数也是基于贝叶斯决策进行分类的关键步骤。

除了用作训练参数计算概率值的数据组外,根据样本特征组成二维特征向量 $z=[x_i,y_i]$,其中,$i=1,2$。该二维特征向量用于计算上述四类状态的类条件概率密度,X 和 y 的可能取值均为 0 和 1,即有 $z=[x_1=1,y_1=1]$,$z=[x_2=1,y_2=0]$,$z=[x_3=0,y_3=1]$,$z=[x_4=0,y_4=0]$。属性 $x=1$ 表示始终选择苹果属性为红的数据,$p(z/w_1)$ 是红苹果的属性为甜的类条件概率密度,且 $p(z/w_1)=p(x_1=1,y_1=1)$;$p(z/w_2)$ 是红苹果的属性为不甜的类条件概率密度,且 $p(z/w_2)=p(x_2=1,y_2=0)$,以此类推可分别求得 W_3与 W_4的类条件概率密度。因此。基于初始的训练集,类条件概率均可计算确定。

由于状态 W_1 和状态 W_2 发生的概率构成完备事件组,则 $P(W_1)+P(W_2)=1$,

同理有 $P(W_3)+P(W_4)=1$。当 i 取值为 1 或 2 时，代入式(6-7)分别计算出状态 W_1 和 W_2 的后验概率：

$$p(w_i/z)=\frac{p(z/w_i)p(w_i)}{p(z/w_1)p(w_1)+p(z/w_2)p(w_2)} \tag{6-7}$$

同理，当 i 取值为 3 或 4 时，代入式(6-8)计算状态 W_3 和 W_4 的后验概率：

$$p(w_i/z)=\frac{p(z/w_i)p(w_i)}{p(z/w_3)p(w_3)+p(z/w_4)p(w_4)} \tag{6-8}$$

6.1.2.3 最小错误率公式

为保证错误率最小，就要使对于每个证据因子的 $P(e/z)$ 取最小值，所以每次均取 $P(w_1/z)$ 和 $P(w_2/z)$ 、$P(w_3/z)$ 和 $P(w_4/z)$ 者中的最小值[227]。表示如下。

1）当 i 取值为 1 或 2 时，$P_1(e/z)=\min\{P(w_1/z),P(w_2/z)\}$。

2）当 j 取值为 3 或 4 时，$P_2(e/z)=\min\{P(w_3/z),P(w_4/z)\}$。

所以，最小错误率公式表示如下：

$$P(e)=P_1(e/z)P(w_i)+P_2(e/z)P(w_j) \tag{6-9}$$

式中，$i=1$ 或 2；$j=3$ 或 4。例如，当 $P_1(e/z)=P(w_1/z)$ 时，$i=1$；当 $P_2(e/z)=P(w_3/z)$ 时，$j=3$，以此类推。

6.1.3 模型实例

为进一步明确上述步骤，本书拟以样本数据为例来说明上述模型的思路，样本数据集中训练集为 100 条记录的前 50 条记录，测试集为后 50 条记录。

首先，观察数据可得，k_1 为苹果红且甜的数量，$k_1=11$；k_2 为苹果红但不甜的数量，$k_2=15$。由此便可直接代入式(6-4)计算得出苹果在红的条件下甜的后验概率 $P(Y=1/X=1)$ 及苹果在不红的条件下甜的后验概率 $P(Y=1/X=0)$，具体如下。

$$\begin{aligned}P(Y=1/X=1)&=\frac{C_n^{k_1}p^{k_1}(1-p)^{n-k_1}P(Y=1)}{C_n^{k_1}p^{k_1}(1-p)^{n-k_1}P(Y=1)+C_n^{k_2}p^{k_2}(1-p)^{n-k_2}P(Y=0)}\\&=\frac{C_{50}^{11}(\frac{1}{4})^{11}(\frac{3}{4})^{50-11}\times\frac{11}{50}}{C_{50}^{11}(\frac{1}{4})^{11}(\frac{3}{4})^{50-11}\times\frac{11}{50}+C_{50}^{15}(\frac{1}{4})^{15}(\frac{3}{4})^{50-15}\times\frac{11}{50}}\\&=\frac{0.026}{0.026+0.089}\approx 0.23\end{aligned}$$

另外，k_3 为“苹果不红但甜”的数量，$k_3=10$；k_4 为“苹果不红也不甜”的数量，

$k_4 = 14$。

$$P(Y=1/X=0)=\frac{C_n^{k_3}p^{k_3}(1-p)^{n-k_3}P(Y=1)}{C_n^{k_3}p^{k_3}(1-p)^{n-k_3}P(Y=1)+C_n^{k_4}p^{k_4}(1-p)^{n-k_4}P(Y=0)}$$

$$=\frac{C_{50}^{10}\left(\frac{1}{4}\right)^{10}\left(\frac{3}{4}\right)^{50-10}\times\frac{11}{50}}{C_{50}^{10}\left(\frac{1}{4}\right)^{10}\left(\frac{3}{4}\right)^{50-10}\times\frac{11}{50}+C_{50}^{14}\left(\frac{1}{4}\right)^{14}\left(\frac{3}{4}\right)^{50-14}\times\frac{11}{50}}$$

$$=\frac{0.099}{0.099+0.111}=0.47$$

于是,状态“红苹果甜”的概率为 $P(W_1)=0.23$;状态“红苹果不甜”的概率为 $P(W_2)=1-0.23=0.77$;状态“苹果不红但甜”的概率为 $P(W_3)=0.21$;状态“苹果不红也不甜”的概率为 $P(W_4)=1-0.21=0.79$。然后,利用测试集 $z=[x_i,y_i]$ 得出状态的后验概率,其中 $i=1,2,3,4$。测试集中,k_1 为“苹果红且甜”的数量,$k_1=12$;k_2 为“苹果红但不甜”的数量,$k_2=14$;k_3 为“苹果不红但甜”的数量,$k_3=6$;k_4 为“苹果不红也不甜”的数量,$k_4=18$。基于上述公式计算可得到

$$p(w_1/z)=\frac{p(z/w_1)p(w_1)}{p(z/w_1)p(w_1)+p(z/w_2)p(w_2)}=\frac{(\frac{1}{4})^{12}\times 0.23}{(\frac{1}{4})^{12}\times 0.23+(\frac{1}{4})^{14}\times 0.77}\approx 0.827$$

$$p(w_2/z)=1-0.827=0.173$$

$$p(w_3/z)=\frac{p(z/w_3)p(w_3)}{p(z/w_3)p(w_3)+p(z/w_4)p(w_4)}=\frac{\left(\frac{1}{4}\right)^{6}\times 0.21}{\left(\frac{1}{4}\right)^{6}\times 0.21+\left(\frac{1}{4}\right)^{18}\times 0.79}=0.999$$

$$p(w_4/z)=1-0.999=0.001$$

显然,$p(w_2/z)<p(w_1/z)$;$p(w_4/z)<p(w_3/z)$,则 $P_1(e/z)=0.173$;$P_2(e/z)=0.001$。

所以,基于公式(6-9)可知,第一组数据最终的错误率为

$$P(e)=P_1(e/z)P(w_2)+P_2(e/z)P(w_4)=0.173\times 0.77+0.001\times 0.79=0.134$$

6.1.4 实验验证

为了验证上述基于贝叶斯推理的网络信息内容可信测度模型,本书针对三类真实数据集,实现可信测度模型的推理,并且选择目前具有代表性的模糊测度法,基于贝叶斯决策的最小错误率公式,分别探索贝叶斯可信测度模型和模糊可信测度模型的最小错误率随着参与者规模的增加而变化的趋势。

6.1.4.1 实验思路及数据集

为了定量测度对象 T 具有目标属性 F_1 的可信程度,本书所构建的可信测度模型涉及该对象的另一条件属性 F_2,以及基于观察者体验性经验,能够揭示该对象 T 是否具有目标属性 F_1 及条件属性 F_2 的记录规模 M。为简化计算并更为一般化,上述目标属性 F_1 及条件属性 F_2 的取值为更一般化的 1(具有该属性)或 0(不具有该属性)。

为了探索错误率随记录规模增加而变化的规律,本书尝试按一定记录样本的增加比例(如每次抽样是在原来记录规模基础上增加 100 条记录),依次抽取累积的记录作为样本数据。每次试验,取样本数据的 50% 作为可信测度计算的输入,基于可信测度公式计算对象是否具有目标属性的可信值;取样本数据的 50% 作为最小错误率计算的输入,基于最小错误率计算公式计算可信测度的错误率。

本书引入三个分别来自 UCI 典型数据库[123]。三个数据集分别属于计算机、生活、游戏领域的对象及相关属性。均选取相应数据集中的目标属性列及条件属性列,相关列的取值为 1(具有该属性)或 0(不具有该属性)。

数据集 1:数据集来自 2012 年网络视频领域,此数据集来自于 YouTube 的喜剧大满贯实验,共有 1 138 562 条记录、3 个属性,结合该对象的目标属性——“左或右”(左表示视频有趣,右则相反)及条件属性——“YouTube 视频 ID”,可构成 1593 行、2 列的 0-1 矩阵。

数据集 2:对于社交生活领域的数据集,此数据来源于博客帖子在 24h 之内的评论数量,共有 60 021 条记录、281 种属性。结合该对象的目标属性“博客的评论数”及条件属性“博客文章的长度”,可构成 21 276 行、2 列的 0-1 矩阵。

数据集 3:数据集来自新闻领域,此数据来自互联网信息服务器 MSNBC. com 和 MSN. com 新闻相关的部分记录,相关记录共有 981 818 条记录、17 个属性,结合该对象的目标属性——“首页与新闻”的点击顺序及条件属性“首页与其他”的点击顺序,可构成 435 050 行、2 列的 0-1 矩阵。

6.1.4.2 实验结果

基于本书所构建的可信测度模型及衡量可信测度模型的最小错误率公式,对三个不同领域的相关数据集进行实验,分别得到随着参与者规模而变化的错误率。

实验一:网络视频领域的可信测度,基于实验结果如图 6.2 所示。

由图 6.2 可知,参与者规模从 200 人增加到 1593 人的过程中,模糊可信测度模型的最小错误率始终高于贝叶斯可信测度模型的最小错误率。因此,对于计算机领域可信测度而言,贝叶斯可信测度模型具有较高的可行性和有效性。

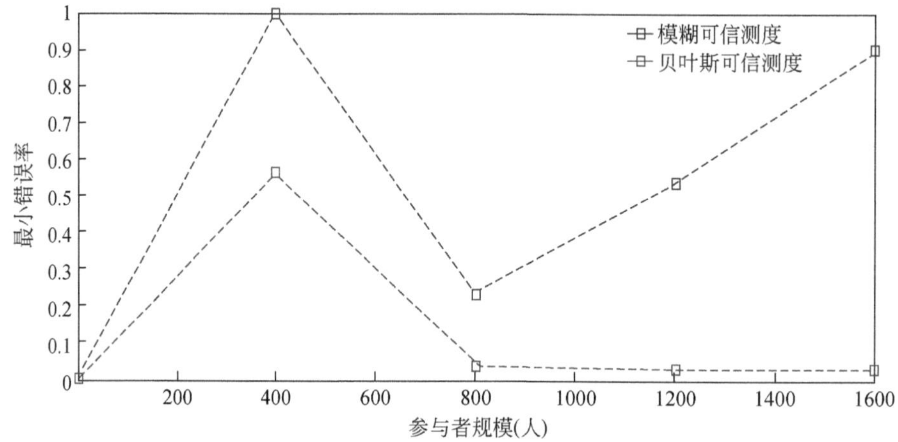

图 6.2 网络视频领域可信测度的错误率随参与者规模变化的趋势

就贝叶斯可信测度的最小错误率而言,当参与者规模小于 400 时,错误率随着参与者规模的增加而显著提高;当参与者规模大于 400 时,错误率随着参与者规模的增加而显著降低;当参与者规模达到 800 时,错误率趋于稳定。该领域的对象是否具有目标属性的可信测度模型的错误率随着参与者规模的增加具有波动的特征。结合错误率随参与者规模变化的趋势,对于该领域的对象而言,在对其具有目标属性的可信度进行测度时,应选择参与者规模大于 800 为宜。

实验二:社交生活领域的可信测度,实验结果如图 6.3 所示。

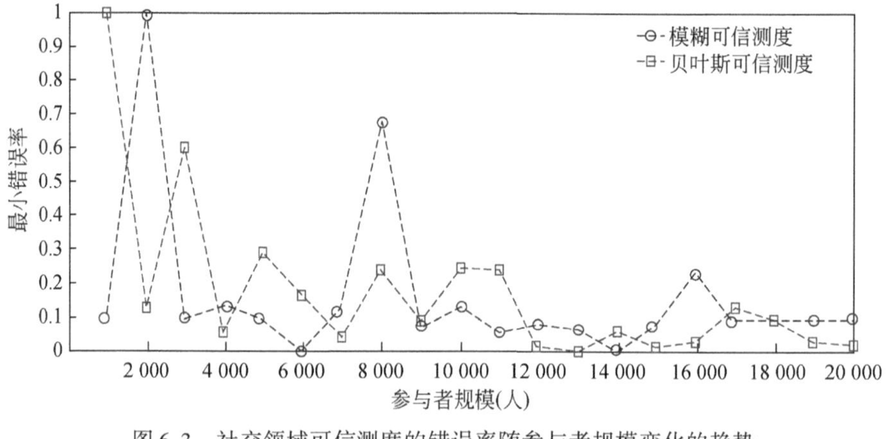

图 6.3 社交领域可信测度的错误率随参与者规模变化的趋势

由图 6.3 可知,两个模型的可信测度的最小错误率均总体呈现降低的趋势。参与者规模从 2000 增加到 6000 的过程中,即参与者规模较小时,模糊可信测度模型的最小错误率低于贝叶斯可信测度模型的最小错误率。而随着参与者规模的增加,模糊可信测度模型的最小错误率也开始高于贝叶斯可信测度模型的最小错误率。因此,对于社交生活领域可信测度而言,随着参与者越来越多,贝叶斯可信测度模型具有较高的可行性和有效性。

就可信测度的最小错误率而言,当参与者规模小于2000时,错误率随着参与者规模的增加而显著提高;当参与者规模大于2000且小于12 000时,错误率随着参与者规模的增加而总体呈下降趋势,尽管期间有上下波动;当参与者规模大于12 000时,错误率逐渐降低并且渐渐趋于稳定。该领域的对象是否具有目标属性的可信测度模型的错误率随着参与者规模的增加具有波动的特征。结合可信度及错误率随参与者规模变化的趋势,对于该领域的对象而言,在对其具有目标属性的可信度进行测度时,应选择参与者规模大于12 000为宜。

实验三:网络新闻主题的可信测度,实验结果如图6.4所示。

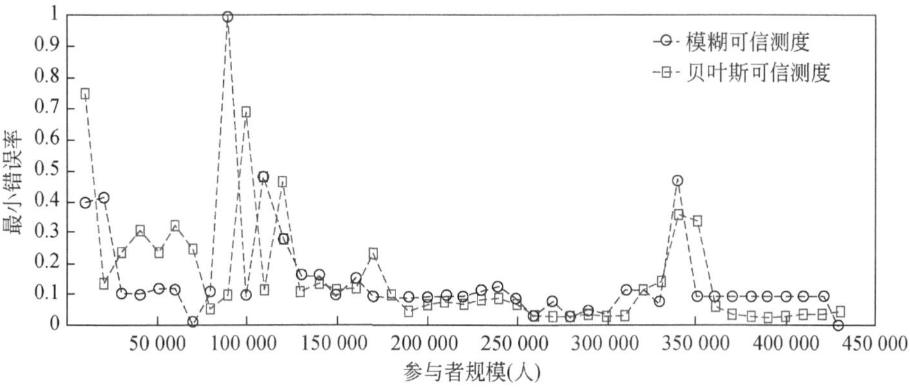

图6.4　网络新闻领域可信测度的错误率随参与者规模变化的趋势

由图6.4可知,两个模型的可信测度的最小错误率均总体呈现降低的趋势。参与者规模从50 000增加到200 000的过程中,模糊可信测度模型的最小错误率低于贝叶斯可信测度模型的最小错误率。而随着参与者规模的增加,模糊可信测度模型的最小错误率开始高于贝叶斯可信测度模型的最小错误率。因此,对于游戏领域可信测度而言,随着参与者越来越多,贝叶斯可信测度模型具有较高的可行性和有效性。

就可信测度的错误率而言,当参与者规模小于100 000时,错误率的波动较大,但随着参与者规模的增加而总体呈下降趋势;当参与者规模大于150 000时,错误率随着参与者规模的增加而显著降低;当参与者规模达到350 000时,错误率趋于稳定。该领域的对象是否具有目标属性的可信测度模型的错误率随着参与者规模的增加具有波动的特征。结合可信度及错误率随参与者规模变化的趋势,对于该领域的对象而言,在对其具有目标属性的可信度进行测度时,应选择参与者规模为 200 000 ~ 300 000 及大于 350 000 为宜。

上述实验结果表明:①在参与者规模越来越多的情况下,贝叶斯可信测度模型相较于模糊可信测度模型而言,具有较高的可行性;②贝叶斯可信测度模型的最小错误率会随着参与者规模的增加,总体呈现降低,且始终大于 0 的趋势,但对于不同领域的对象及目标属性而言,该变化趋势也具有不同的波动特征。

6.1.4.3 结果讨论

在构建可信测度模型过程中,本书基于贝叶斯推理理论,首先针对一定参与者规模的特定事件所具有目标属性的数据集,计算出其先验概率;其次按一定比例逐渐增加参与者规模,对该特定事件具有目标属性可信度进行迭代计算;最后获得随着参与者规模不断扩大所不断增加的新信息,计算该特定事件具有目标属性可信度的后验概率逐渐被修正的结果。本书模型利用参与者对事件是否具有目标属性的体验性经验,提出网络信息内容可信度的定量测度指标。

对于可信测度模型结果的评价,本书基于贝叶斯决策理论,构建最小错误率模型,该模型在一定程度上揭示特定事件具有目标属性可信度的可靠性或可接受程度,为可信测度模型的实际运用提供更多的参照标准,即对于一定的参与者规模,当其可信测度的最小错误率较高时,相应的可信测度值的可靠性或可接受程度较低。并揭示随着参与者规模的增加,最小错误率总体降低的趋势,这其中体现集体智慧的规律。

此外,本书选择目前具有代表性的模糊测度法,基于贝叶斯决策的最小错误率公式,分别探索模糊可信测度模型和贝叶斯可信测度模型的最小错误率随着参与者规模的增加而变化的趋势。虽然随着参与者规模的增加,两个模型的最小错误率总体都呈现降低的趋势,但是模糊可信测度模型的最小错误率总体而言高于贝叶斯可信测度模型的最小错误率,由此证明本书构建的贝叶斯可信测度模型的有效性和可行性。

基于贝叶斯推理理论,构建网络信息内容可信测度模型;基于贝叶斯决策理论,构建衡量可信测度模型的最小错误率模型,并基于集体智慧的思想,揭示随着参与者规模的增大,最小错误率总体呈现下降趋势的变化规律。利用三个不同领域的真实数据集,揭示贝叶斯可信测度模型总体优于传统的模糊可信测度模型,验证模型的有效性。

然而本节贝叶斯可信测度错误率的影响因素只关注参与者规模因素,尚未考虑条件属性及可参照对象等其他因素对其的影响。下一节将考虑网络信息内容的属性关键词,基于贝叶斯网络构建网络信息内容的可信测度模型。

6.2 基于贝叶斯网络的社会化媒体网络信息内容可信测度

6.1节贝叶斯可信测度模型只关注参与者规模这一因素,尚未考虑条件属性因素的影响。贝叶斯网络可兼顾属性之间的相关性。本节尝试基于贝叶斯网路理论,利用参与者通过主动参与对网络信息内容进行标注或评价所生成的客观性行为数据,研究网络信息内容属性关键词之间的条件性相关关系,从而构建网络信息内容可信度的定量测度模型,并且为了衡量可信测度模型的有效性,本书构建最小错误率模型和分类精确度模型,分别探索该可信测度模型的最小错误率和精确度,随着条件属性个数变化的演化趋势和规律。

网络信息内容主要表现为文本信息,可通过关键词抽取[124],从不同维度对网络信息内容进行多维描述,因而,网络信息内容属性可通过具体的关键词进行表示。目前,针对网络信息关键词的分析,主要体现在侧重于信息内容的相关性挖掘中,如个性化推荐[125,126],而在网络信息内容的真实可信性挖掘中,针对关键词分析的相关文献较少,主要有孟美任和丁晟春[127]研究在线中文商品评论可信度研究中,提取了评论内容中的主要出现在"刚刚开店""店铺搞活动""调整价格"等时期的推销词汇,或是包含电话、QQ号、链接等干扰词汇,抑或是"好""不错"等简单评价的敷衍词汇。盛宇[128]从信息内容出发,以新浪微博抽样数据为例,建立包含"数据""互联网""管理""价值"等个人领域词表。

根据一定的条件关系,即能推理出相应的结论。特定网络信息内容,都可被具体表征为一个或多个特征关键词的集合,其中,每一个特征关键词都是网络信息内容某一方面特征含义的描述。在一定的语境中,网络信息内容属性关键词之间具有一定的条件性关联关系。

贝叶斯网络通过有向边和条件概率分布,能够较准确揭示变量之间的相关程度,如叶跃祥等[129]利用贝叶斯网络理论,以"房源""交通方式""交通状况""转车"等租房属性因素,提供不确定环境下租房信息是否可信的多属性决策问题;胡志刚等[130]基于贝叶斯网络,选择QoS三个代表性的属性,即执行时间(execution time)、价格(price)、可用性(availability),提出网格QoS可信度评估方法;王新富等[131]以大型战机、小型机密集编队、民航客机、电子干扰信号等属性为例,利用贝叶斯网络算法,计算目标属性及其相关属性的后验概率,提出空中目标可信度的计算方法。上述贝叶斯网络建模方法较合理地揭示不同领域及不同对象属性之间的条件性关联关系。因此,可基于贝叶斯网络理论,研究网络信息内容属性关键词之间的条件性关联关系。

6.2.1 基于贝叶斯网络的可信测度模型

贝叶斯网络结合图论和统计学的知识，能通过有向边和条件概率分布，揭示变量之间的相关程度。本书尝试基于贝叶斯网络理论，构建网络信息可信度的定量测度模型。

6.2.1.1 可信测度模型构建

根据上述贝叶斯网络的定义，本书按三个部分构建网络信息内容的可信测度模型：构建特定网络信息内容属性关键词的有向无环图（directed acyclic graph，DAG）、建立各属性节点的条件概率表（condition probability table，CPT）及提出目标属性节点的可信测度模型。

1）构建有向无环图。通常构建该有向无环图有两种方式：一是由领域内专家确定网络节点和结构；二是可通过机器学习来确定网络的结构和参数，即可通过训练证据集合学习建立因素间的因果联系[132]。相应地实现算法有 K2 算法、爬山法、重复爬山法、模拟淬火、Tabu 搜索算法和遗传算法[133,134]。这两种方式各有利弊，为简化计算，可直接根据领域内专家知识，构建特定网络信息内容属性的网络拓扑结构。

2）建立条件概率表。在已知 DAG 的前提下，确定各属性网络节点的概率分布。贝叶斯网络可通过参数学习确定变量的概率分布，基于网络用户主动参与对网络信息内容进行标注或评价所生成的客观性行为数据，计算各属性节点的条件概率表。贝叶斯网络可以根据先验概率计算后验概率。例如，若在条件 c 下，则事件 a 发生的概率为

$$p(a/c)=\frac{p(a,c)}{p(c)}=\frac{p(a)p(c/a)}{p(c)} \tag{6-10}$$

3）可信测度模型。根据特定网络信息内容属性关键词之间的条件性关联关系，构建直接可信测度与间接可信测度模型，进而可基于直接可信值及间接可信值，得出最终的可信值。这一过程中运用贝叶斯网络的联合概率公式，按照贝叶斯网络的约定以节点节点 x_i 的父节点为条件，节点 x_i 与任意非 x_i 后代节点的节点条件独立。有 n 个节点的贝叶斯网络的联合概率分布可表示如下：

$$P(x_1,x_2,\cdots,x_n)=\prod_{i=1}^{n}P[x_i/\text{Parent}(x_i)] \tag{6-11}$$

式中，$\text{Parent}(x_i)$ 表示节点 x_i 的父节点集合。

6.2.1.2 贝叶斯网络的节点可信测度公式

社会化媒体环境下,用户不再是单纯的信息消费者,而且是网络信息的制造者[135]。由用户主动参与对网络信息内容进行标注或评价所生成的客观性行为数据,充分体现了用户对相关信息内容的认知、经验及判断。特定网络信息对象 T 具备多个属性关键词 $M(m_1,m_2,m_3,\cdots,m_n)$,这些属性关键词均包括两种可用状态,即通过用户评价行为得出属性关键词是否属于该对象的可能性,即二值 0(不具备该属性)、1(具备该属性)数据集。

根据专家知识和已有经验揭示各个属性关键词 M 之间的部分条件性相关关系,从而构建对象 T 的有向无环图;在相应地有向无环图中,对于目标属性关键词而言,其他条件性属性关键词可分为直接属性关键词 k 个$(m_1,m_2,m_3,\cdots,m_k)$和间接属性关键词$(n-k)$个$(m_{k+1},m_{k+2},m_{k+3},\cdots,m_n)$。

基于特定贝叶斯网的直接属性关键词及间接属性关键词,特定对象是否具有目标属性关键词的可信度可相应地分为直接可信度和间接可信度。直接可信度是指:在与目标属性关键词节点直接相连的条件性属性关键词存在的条件下,目标属性关键词能够存在的条件概率值。间接可信度是指:目标属性关键词节点与条件性属性关键词节点之间存在中间节点时,当条件性属性关键词存在的条件下,目标属性关键词能够存在的条件概率值。

首先,将剩下的数据集作为测试集,计算对象 T 直接可信度,公式表示如下:

$$D = P(T=1/M=e_i) = \frac{P(T=1,M=e_i)}{P(M=e_i)} = \frac{P(T=1)\prod_{i=1}^{k}P(M=e_i/T=1)}{\left(\sum_{T=0,1}P(T)\left(\prod_{i=1}^{k}P(M=e_i/T)\right)\right)} \tag{6-12}$$

式中,属性 M 由一个属性开始,按单位个数依次递增,即 $M=\{m_1,m_2,m_3,\cdots,m_k\}$,$k$ 为直接属性的个数;e 的取值为 0 或 1。

其次,对象 T 的间接可信度在直接可信度值的基础上,结合贝叶斯网络公式计算得出。

$$I = P(T=1/M=e_i) = \frac{\sum_{i=k+1}^{n}P[T=1/\text{Parent}(M=e_i)]P[\text{Parent}(M=e_i)/M=e_i]}{\sum_{i=k+1}^{n}P[T=1/\text{Parent}(M=e_i)]} \tag{6-13}$$

式中,属性 M 均为间接属性,共 $n-k$ 个,$M=\{m_{k+1},m_{k+2},m_{k+3},\cdots,m_n\}$,$e_i$ 的取值为 0 或 1,$i=1$ 或 2。

最后,在直接可信值和间接可信值的基础上,求得根节点的可信度。最终的可信度计算有如下公式:

$$T = aD + bI$$

$$\text{其中 } a + b = 1$$

式中,D 为直接可信值;I 为间接可信值。该比例值可根据实际的应用场景进行确定,一般地,可分别取 0.5。

6.2.2 模型实例

本书拟以“苹果是否甜”为例,依据相关的条件属性关键词,如品质(quality)、品种(variety)、圆(circle)、大(big)、红(red)和香味(fragrance)这 6 个属性关键词,通过模型实例进一步说明上述可信测度模型的应用步骤。

6.2.2.1 贝叶斯网络有向无环图及条件概率表

根据专家知识和已有经验揭示属性之间部分相关关系,可构建出如图 6.5 所示的网络拓扑结构图。

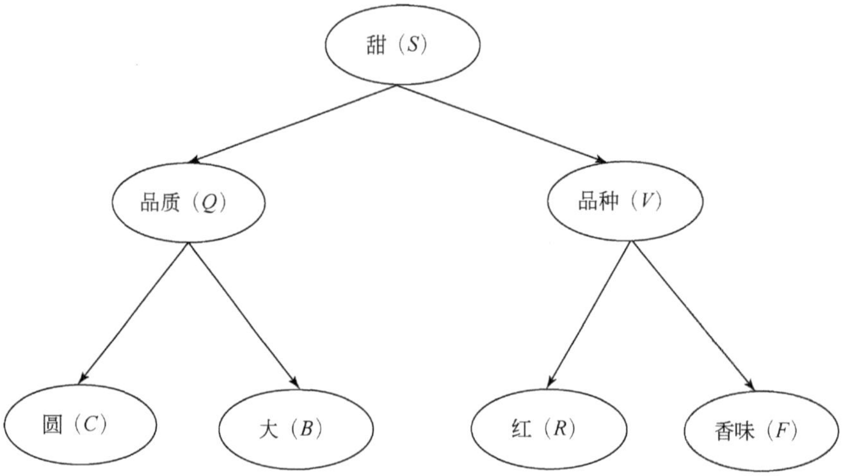

图 6.5 苹果的网络拓扑

针对用户对苹果的 6 个属性的评价,利用二值 0 或 1 赋值,即若用户认同该属性,则赋值 1;否则赋值 0。贝叶斯网络中各节点的可用状态见表 6.1。

表 6.1 贝叶斯网络中各节点的可用状态

属性	状态 1(赋值 1)	状态 2(赋值 0)
苹果甜	sweet	not sweet
品质	high	not high
品种(红富士)	yes	not
圆	circle	not circle
大	big	not big
红	red	not red
香味	fragrance	not fragrance

根据表 6.1 中各节点的状态,结合苹果贝叶斯网络,基于用户主动参与对苹果进行标注或评价所生成的客观性行为数据集,也即 0–1 数据集,利用贝叶斯公式计算每个节点的概率分布,见表 6.2 ~ 表 6.9。表中的 $P_1 \sim P_8$ 分别表示每个节点在不同状态下的概率分布情况。

表 6.2 $P(Q/S)$ 概率分布

$P(Q/S)$	$S=0$	$S=1$
$Q=0$	$P_1(Q=0/S=0)$	$P_1(Q=0/S=1)$
$Q=1$	$P_1(Q=1/S=0)$	$P_1(Q=1/S=1)$

表 6.3 $P(V/S)$ 概率分布

$P(V/S)$	$S=0$	$S=1$
$V=0$	$P_2(V=0/S=0)$	$P_2(V=0/S=1)$
$V=1$	$P_2(V=1/S=0)$	$P_2(V=1/S=1)$

表 6.4 $P(C/Q)$ 概率分布

$P(C/Q)$	$Q=0$	$Q=1$
$C=0$	$P_3(C=0/Q=0)$	$P_3(C=0/Q=1)$
$C=1$	$P_3(C=1/Q=0)$	$P_3(C=1/Q=1)$

表 6.5 $P(B/Q)$ 概率分布

$P(B/Q)$	$Q=0$	$Q=1$
$B=0$	$P_4(B=0/Q=0)$	$P_4(B=0/Q=1)$
$B=1$	$P_4(B=1/Q=0)$	$P_4(B=1/Q=1)$

表 6.6　$P(R/V)$ 概率分布

$P(R/V)$	$V=0$	$V=1$
$R=0$	$P_5(R=0/V=0)$	$P_5(R=0/V=1)$
$R=1$	$P_5(R=1/V=0)$	$P_5(R=1/V=1)$

表 6.7　$P(F/V)$ 概率分布

$P(F/V)$	$V=0$	$V=1$
$F=0$	$P_6(F=0/V=0)$	$P_6(F=0/V=1)$
$F=1$	$P_6(F=1/V=0)$	$P_6(F=1/V=1)$

表 6.8　$P(B/R)$ 概率分布

$P(B/R)$	$R=0$	$R=1$
$B=0$	$P_7(B=0/R=0)$	$P_7(B=0/R=1)$
$B=1$	$P_7(B=1/R=0)$	$P_7(B=1/R=1)$

表 6.9　$P(F/R)$ 概率分布

$P(F/R)$	$R=0$	$R=1$
$F=0$	$P_8(F=0/R=0)$	$P_8(F=0/R=1)$
$F=1$	$P_8(F=1/R=0)$	$P_8(F=1/R=1)$

概率 $P_1 \sim P_8$ 的计算公式如下所示：

$$P(X/Y)=\frac{P(X,Y)}{P(Y)}=\frac{n(X,Y)/m}{n(Y)/m} \tag{6-14}$$

$$X \in \{Q,V,C,B,R,F\}, Y \in \{S,Q,V,R\};\quad S,Q,V,C,B,R,F \in \{0,1\}$$

式中，$n(X,Y)$ 为节点符合属性 X、Y 要求的数量；$n(Y)$ 为符合属性 Y 要求的数量；m 为关于属性描述的总数量。

例如，$P_{1_{00}}=\dfrac{n(Q=0,S=0)/m}{n(S=0)/m}$，$P_{1_{01}}=\dfrac{n(Q=0,S=1)/m}{n(S=1)/m}$，剩下的依次类推。

6.2.2.2　参数学习

上述概率值 $P(X/Y)$ 由数据集统计得出，为了构造分类模型，本书基于以下贝叶斯公式，计算 $P(X/Y)$：

$$P(X/Y)=\frac{P(X,Y)}{P(Y)}=\frac{P(Y/X)P(X)}{P(Y/X)P(X)+P(Y/\bar{X})P(\bar{X})}$$

$$= \frac{C_n^{k_1} p^{k_1} (1-p)^{n-k_1} P(X)}{C_n^{k_1} p^{k_1} (1-p)^{n-k_1} P(X) + C_n^{k_2} p^{k_2} (1-p)^{n-k_2} P(\bar{X})} \tag{6-15}$$

$$X \in \{Q,V,C,B,R,F\}, Y \in \{S,Q,V,R\}; \quad S,Q,V,C,B,R,F \in \{0,1\}$$

式中，$P(X/Y)$ 由式(6-4)统计得出，$P(X) = \frac{n(X)}{m}$，$P(\bar{X}) = \frac{n(\bar{X})}{m}$。$n(X)$ 为节点符合属性 X 要求的数量；$n(\bar{X})$ 为节点符合属性 $\bar{X}$ 要求的数量；m 为关于属性描述的总数量。似然函数 $C_n^{k_1} p^{k_1} (1-p)^{n-k_1}$ 与 $C_n^{k_2} p^{k_2} (1-p)^{n-k_2}$ 中，$n=m$ 为关于属性描述的总数量，k_1 和 k_2 两个均为要训练的参数，基于对象的多个数据集，生成多个包含未知参数的函数，进而求出参数。

6.2.2.3 直接可信值

以“条件属性下苹果是否甜”为例，尝试计算属性“甜”的可信值。根据图 6.6 可知，直接影响属性“甜”的分别是品质、品种这两个属性。节点 S 的贝叶斯网络如图 6.6 所示。

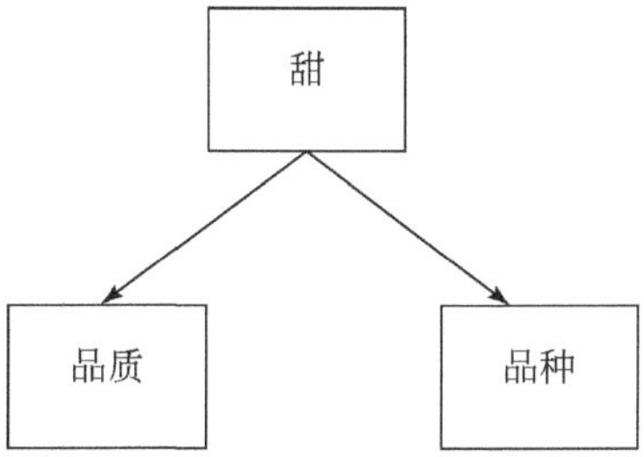

图 6.6 节点 S 的贝叶斯网络

根据贝叶斯定理，苹果甜的后验概率为 $P(S/Q,V)$。由公式可计算出节点 Q、节点 V 的概率分布，计算属性甜的直接可信值：

$$D = P(S=1/Q=e_1, V=e_2) = \frac{P(S=1, Q=e_1, V=e_2)}{P(Q=e_1, V=e_2)}$$

$$= \frac{P(S=1)P(Q=e_1/S=1)P(V=e_2/S=1)}{\sum_{s=0,1} P(S)P(Q=e_1/S)P(V=e_2/S)} \tag{6-16}$$

式中，e 为节点的 Q 和 V 的两种状态，取值分别为 0 或 1。

6.2.2.4 间接可信值

节点与节点之间，不仅可以建立直接联系，也可以通过中间节点建立两者之间的关系。图 6.5 中节点 Q 为源节点 S 与目标节点 C，节点 B 的连接点，节点 V 是连

接源节点 S 和目标节点 R 的中间节点间。在没有中间节点的情况下，目标节点的可信度只来源于节点之间的直接可信值。

对于实例“条件属性下苹果是否甜”而言，不仅要计算直接可信值，还要计算出节点的间接可信值。节点 S 的间接可信值计算公式为

$$I = \frac{\begin{array}{c}P(S/Q=e_1)P(Q=e_1/C=e_3) + P(S/Q=e_1)P(Q=e_1/B=e_4) \\ + P(S/V=e_2)P(V=e_2/R=e_5) + P(S/V=e_2)P(V=e_2/F=e_6)\end{array}}{P(S/Q=e_1) + P(S/V=e_2)} \tag{6-17}$$

式中，e 为节点 Q 和节点 V 的两种状态，取值分别为 0 或 1。

6.2.2.5 可信度

直接可信值和间接可信值分别代入公式(6-17)即可求得节点 S，即苹果甜的最终可信度。

$$T = aD + bI \tag{6-18}$$

式中，a,b 为调和参数，一般情况下，$a=0.5$,$b=0.5$;D 为直接可信值;I 为间接可信值;系数 a,b 分别为在计算节点可信度时，直接可信值和间接可信值所占的比例。

6.2.3 可信测度模型评价

基于贝叶斯网络的网络信息内容关键词可信测度模型是否可行，为了衡量其正确性，本书尝试构建最小错误率模型和分类精确度模型，以便对可信度模型进行评价。

6.2.3.1 基于贝叶斯决策的最小错误率模型

为了衡量上述基于贝叶斯网络的可信测度模型的有效性，本书尝试基于贝叶斯决策理论，引入最小错误率的概念，计算其最小错误率[227]，并进一步探测在特定场景下随着参与者规模的增加，可信测度模型最小错误率变化的趋势。因此，首先将上述可信测度模型的结果进行分类，其次利用测试样本集估计类条件概率密度函数，最后构建出最小错误率公式。

以上述特定事物苹果为例，基于其是否具有两种属性“甜”S，可将其划分为两种状态，用 W 表示状态，$W=\{W_1,W_2\}$。W_1 表示状态“苹果甜”，W_2 表示状态“苹果不甜”。根据上述可信测度公式，$P(W_1)=T=P(S=1)$，则 $P(W_2)=P(S=0)=1-P(W_1)$。

从样本特征抽取得到 d 维观测向量 $S=[s_1,s_2,\cdots,s_d]^{\mathrm{T}}$。该观测向量用于计算

上述四类状态的类条件概率密度，$p(z/w_1)$ 是苹果的属性为甜的类条件概率密度，且 $p(z/w_1)=p(s=1)$；$p(z/w_2)$ 是苹果的属性为不甜的类条件概率密度，且 $p(z/w_2)=p(s=0)$，因此。基于测试集，类条件概率均可计算确定。

由于状态 W_1 和状态 W_2 发生的概率构成完备事件组，则 $P(W_1)+P(W_2)=1$。当 i 取值为 1 或 2 时，代入以式(6-19)分别计算出状态 W_1 和状态 W_2 的后验概率：

$$p(w_i/z)=\frac{p(z/w_i)p(w_i)}{p(z/w_1)p(w_1)+p(z/w_2)p(w_2)} \tag{6-19}$$

为保证错误率最小，就要使对于每个证据因子的 $P(e/z)$ 取最小值，所以每次均取 $P(w_1/z)$ 和 $P(w_2/z)$ 中的最小值。具体表示如下：

$$P(e/z)=\min\{P(w_1/z),P(w_2/z)\} \tag{6-20}$$

所以，错误率 $P(e)=P(e/z)P(w_i)$，其中 $i=1$ 或 2。例如，当 $P(e/z)=P(w_1/z)$ 时，$i=1$；反之，当 $P(e/z)=P(w_2/z)$ 时，$i=2$。

6.2.3.2 分类精确度模型

网络信息内容的可信测度实质上是分类问题，即根据网络信息内容的可信程度，将网络信息内容分为真实和虚假两类。利用上述基于贝叶斯网络构建出可信测度模型，本书求得可信度 T，与此同时，为了衡量测度模型的正确性，本书尝试建立精确度公式，求其分类的精确度。本书针对属性“苹果甜”增加属性“专家标注可信度”C，同时将属性“专家标注可信度”C 和属性“甜”S 作为事实集，当可信度 $T\leqslant 0.5$，认为对象不具备甜的属性，即专家标注($C=0$)中用户评价属性“甜”状态 $S=0$ 为分类正确；反之，当 $T\geqslant 0.5$，认为对象具备甜的属性，即专家标注($C=1$)中用户评价属性“甜”状态 $S=1$ 为分类正确。精确度计算公式如下：

$$P=\frac{N_{(C=S=j)}}{N_{\text{test}}}\quad (j=0,1)$$

式中，当可信度 $C\leqslant 0.5$，$j=0$；当 $C\geqslant 0.5$，$j=1$。而 $N_{(C=S=0)}$ 为测试集中同时满足 $C=0$ 且 $S=0$ 的数量；$N_{(C=S=1)}$ 为测试集中同时满足 $C=1$ 且 $S=1$ 的数量；N_{test} 为测试集的总数。

6.2.4 实验验证

本书基于贝叶斯网络理论构建了网络信息内容可信测度模型。为了验证该模型的有效性，本书引入三个分别来自 UCI 典型数据库的数据集[230]。三个数据集分别属于社会领域、物理领域和商业领域的对象及相关属性。本书均选取相应数据集中的目标属性列及部分条件属性列，相关列的取值为 1(具有该属性)或 0(不具有该属性)。

6.2.4.1 实验结果

实验一:对于社会领域的数据集,相关记录有 2 075 259 条记录,结合该对象的目标属性及条件属性,可构成 840 行、7 列的 0-1 矩阵,其中直接条件属性列是 4 列。选择其中的 469 行作为测试集,计算得出最小错误率和精确度,实验结果如图 6.7 所示。

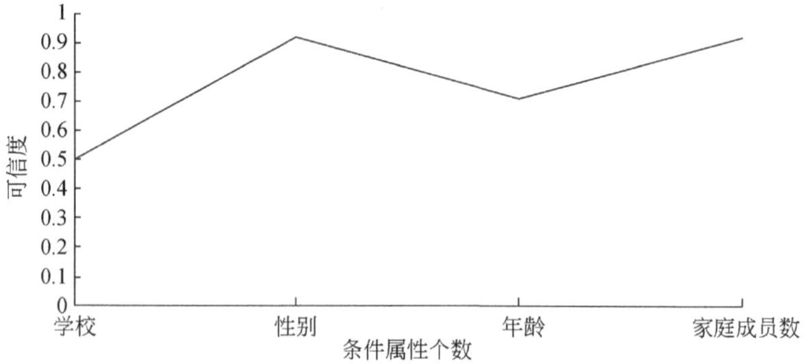

(a)可信度趋势图(a=0.2,b=0.8)

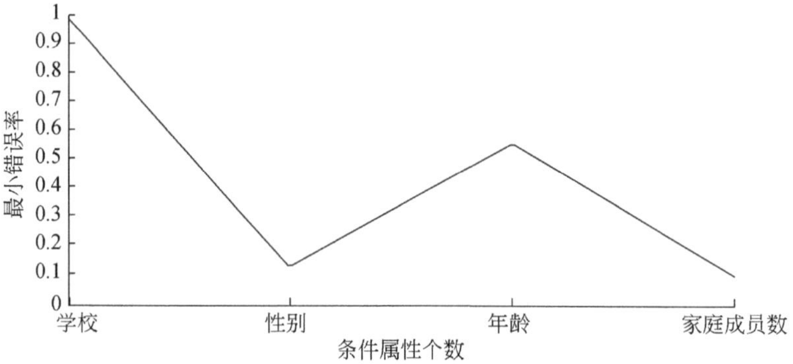

(b)最小错误率趋势图(a=0.2,b=0.8)

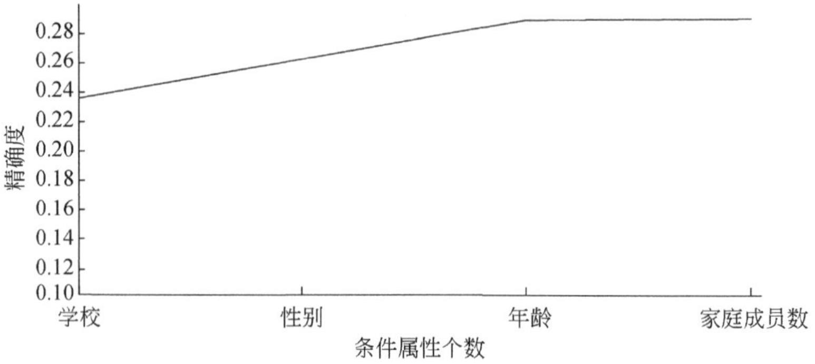

(c)精确度趋势图(a=0.2,b=0.8)

图 6.7 社会领域对象的可信度、最小错误率和精确度随条件属性个数变化的趋势图

由图6.7(a)可知当直接可信值与间接可信值所占比例不等时,即比例为0.2∶0.8,社会领域对象具有目标属性的可信度随着条件属性个数的增加总体呈上升趋势,期间有波动。

就可信测度的最小错误率而言,当条件属性的个数为1时,错误率最高;随着条件属性个数的增加,该领域的对象是否具有目标属性的可信测度模型的错误率总体呈降低趋势。就可信测度的分类精确度而言,当条件属性的个数小于等于2时,精确度逐渐降低,而精确度在具有三个条件属性时达到最高值,随着条件属性个数增加,精确度又随之下降。

社会领域对象是否具有目标属性的可信测度模型的错误率与分类精确度,随着条件属性个数的增加具有波动的特征。结合图6-7,对于该领域的对象而言,在对其具有目标属性的可信度进行测度时,应选择4个条件属性为宜。

实验二:对于物理领域的数据集,相关记录有2 075 259条记录,结合该对象的目标属性及条件属性,可构成97行、7列的0-1矩阵,其中直接条件属性列是4列。选择其中的53行作为测试集,计算得出最小错误率和精确度,实验结果如图6.8所示。

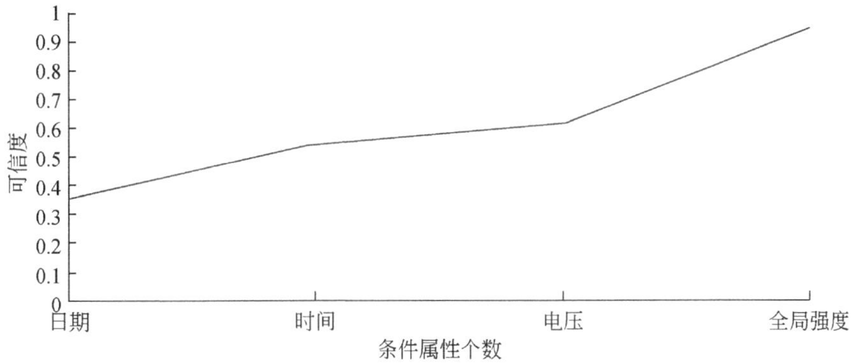

(a)可信度趋势图(a=0.5,b=0.5)

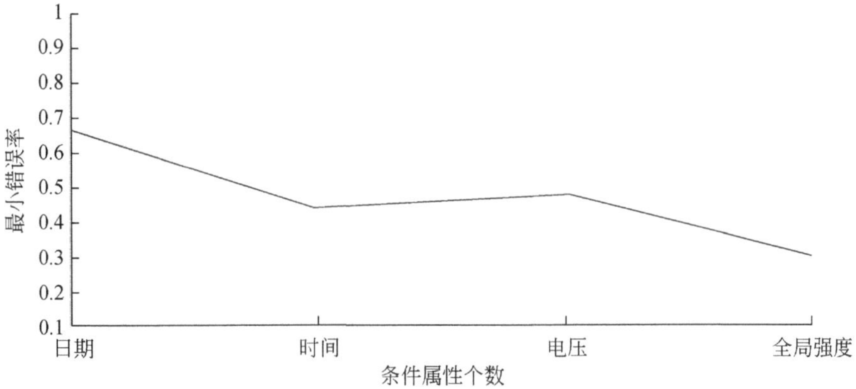

(b)最小错误率趋势图(a=0.5,b=0.5)

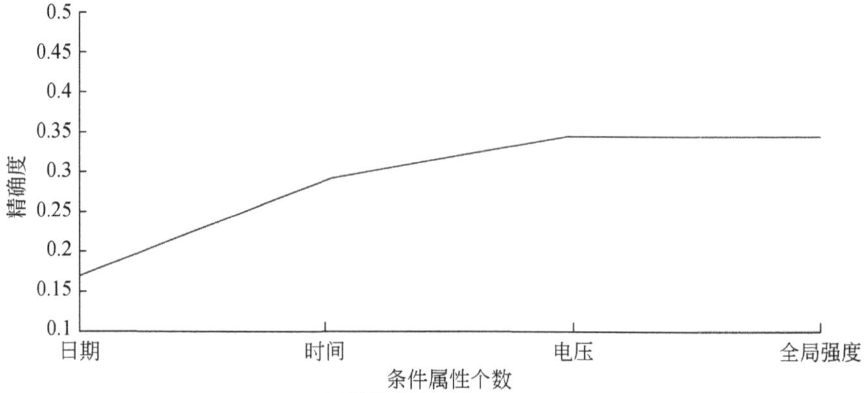

(c)精确度趋势图(a=0.5,b=0.8)

图 6.8　物理领域对象可信度、最小错误率和精确度随条件属性个数变化的趋势

由图 6.8(a)可以看出,当直接可信值与间接可信值所占比例相等时,即比例为 0.5∶0.5,物理领域对象具有目标属性的可信度随着条件属性个数的增加逐渐递增。

就可信测度的错误率而言,当条件属性的个数为 1 时,错误率最高;随着条件属性个数的增加,该领域的对象是否具有目标属性的可信测度模型的错误率逐渐降低。就可信测度的分类精确度而言,当条件属性的个数小于等于 2 时,精确度逐渐降低,而随着条件属性个数增加,精确度又开始上升。

物理领域对象是否具有目标属性的可信测度模型的错误率与分类精确度,随着条件属性个数的增加具有波动的特征。结合上述趋势图,对于该领域的对象而言,在对其具有目标属性的可信度进行测度时,应选择 4 个条件属性为宜。

实验三:对于商业领域的数据集,相关记录有 45 211 条记录,结合该对象的目标属性及条件属性,可构成 647 行、7 列的 0–1 矩阵,其中直接条件属性列是 4 列选择其中的 356 行作为测试集,计算得出最小错误率和精确度。实验结果如图 6.9 所示。

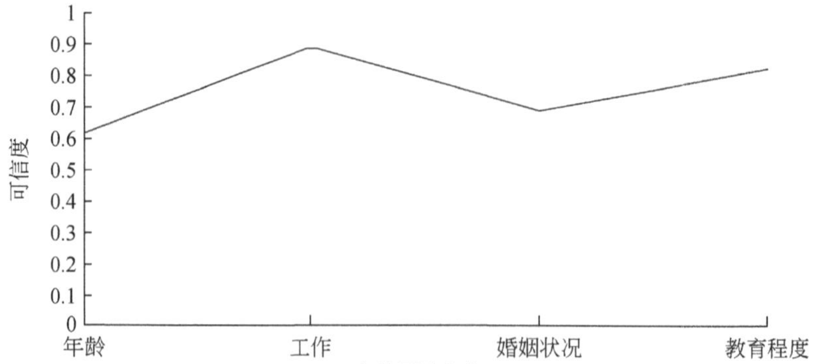

(a)可信度趋势图(a=0.5,b=0.5)

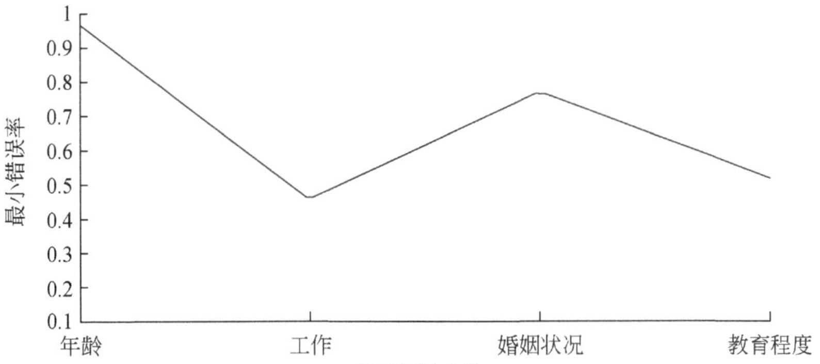

(b)最小错误率趋势图(a=0.5,b=0.5)

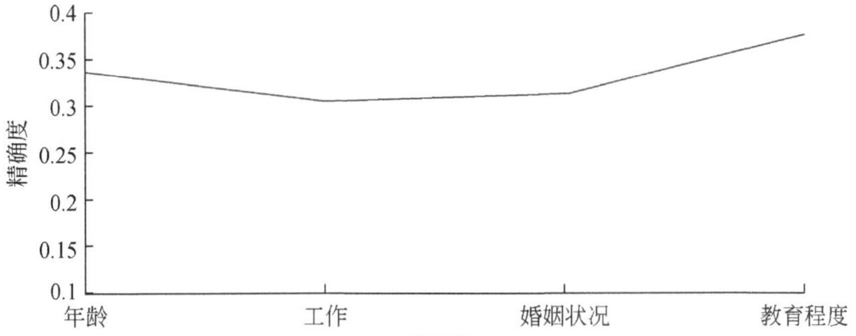

(c)精确度趋势图(a=0.5,b=0.5)

图 6.9 商业领域对象的可信度、错误率和精确度随条件属性个数变化的趋势

由图 6.9(a)可以看出,当直接可信值与间接可信值所占比例相等时,即比例为0.5∶0.5,商业领域对象具有目标属性的可信度随着条件属性个数的增加总体呈上升趋势。

就可信测度的错误率而言,当条件属性的个数为 1 时,错误率最高;当条件属性的个数为 2 时,错误率最低;随着条件属性个数的增加,该领域的对象是否具有目标属性的可信测度模型的错误率总体呈降低趋势。就可信测度的分类精确度而言,当条件属性的个数小于等于 3 时,精确度逐渐上升,而随着条件属性个数增加,精确度又随之下降。

商业领域对象是否具有目标属性的可信测度模型的错误率与分类精确度,随着条件属性个数的增加具有波动的特征。结合上述趋势图,对于该领域的对象而言,在对其具有目标属性的可信度进行测度时,应选择 2 个条件属性为宜。

上述实验结果表明,可信测度模型的错误率,会随着条件属性个数的增加,总体呈现降低,且始终大于 0 的趋势;可信测度模型的精确度,会随着条件属性个数的增加,总体呈现上升,且始终小于 1 的趋势;但对于不同领域的对象及目标属性而言,可信测度模型的错误率和精确度的变化趋势具有不同的波动特征。

6.2.4.2 结果讨论

在构建可信测度模型过程中,本书基于贝叶斯网络理论,首先针对特定对象所具备的诸多属性之间的部分相关关系,构建特定对象各个属性的网络拓扑结构;其次利用用户主动参与对网络信息内容进行标注或评价所生成的客观性行为数据集,按照贝叶斯公式,计算出各个属性节点的条件概率;最后按照可信测度公式,分别计算出特定对象具有目标属性的直接可信值与间接可信值,从而得到最终可信度值。

对于可信测度模型结果的评价,本书分别构建最小错误率模型和分类精确度模型。这两个模型在一定程度上揭示特定事件具有目标属性可信度的可靠性或可接受程度,为可信测度模型的实际运用提供更多的参照标准,即对于一定的条件属性个数,当其可信测度的错误率较高或是分类精确度较低时,相应的可信测度值的可靠性或可接受程度较低。并揭示随着参与者规模的增加,错误率总体降低的趋势及精确度总体上升的趋势,这其中体现集体智慧的规律。

针对三个不同领域的相关数据集进行实验,该实验结果揭示最小错误率随着条件属性关键字类型的增加而总体降低趋势,分类精确度随着参与者规模的增加而总体上升的趋势。

网络信息主要为文本信息,其内容可体现为相应的属性关键词。基于可揭示属性关键词之间条件性关联关系的贝叶斯网络理论,以及社会化媒体大众化用户生成内容过程中所蕴含的集体智慧,本书构建网络信息内容的相对可信测度模型。

对于模型的评价,本书构建最小错误率模型和分类精确度模型。基于三个不同领域的实际数据集,模型的实验结果表明:在一定的参与者规模前提下,随着可参照的条件属性关键词个数增加,社会化媒体网络信息内容具有目标属性关键词可信测度模型,其错误率总体会呈降低趋势,而精确度总体会呈现上升趋势。

网络信息内容可信度的影响因素较多,除了条件属性之外,其他因素对可信测度的影响程度需要进一步探索。6.3 节将考虑参照对象因素,基于迁移学习理论构建网络信息内容的可信测度模型。

6.3 基于迁移学习的社会化媒体网络信息内容的可信测度

6.1 节和 6.2 节分别从参与者规模和条件属性关键词这两个角度考虑网络信息内容可信测度模型的影响因素,它们均只使用一次原始数据训练模型,缺乏对参照数据的利用,尚未考虑不同参照对象之间、参照对象与目标对象之间的条件性关联关系。适用于不同对象的迁移学习理论,针对同一场景下的不同对象,基于同样的规律、模型,运用先验信息及关联信息进行迁移学习,可更快地解决新问题。因此,本节利用集体智慧及不同对象之间的条件性相关关系,构建网络信息内容的可信测度迁移模型,运用先验信息及关联信息进行迁移学习,并进一步探索可信度随着参照对象数量增加的演化趋势。

6.3.1 网络信息内容可信测度迁移模型

迁移学习是运用已存有的知识对不同但相关领域问题进行求解的一种新的机器学习方法。目的是迁移已有的知识来解决目标领域中仅有少量有标签样本数据甚至没有的学习问题[136]。本书拟以案例“苹果是否甜”的条件性推理问题展开研究。尝试基于迁移学习理论,构建网络信息内容可信度的定量测度模型。

将“苹果”作为目标对象,其他水果,如桃子、石榴、西瓜等,作为参照对象。为了简要说明,本书以“苹果基于一个参照对象‘桃子’的前提下是否具有属性甜”的条件性推理问题为例,说明网络信息内容可信度的迁移测度模型,如图 6.10 所示。

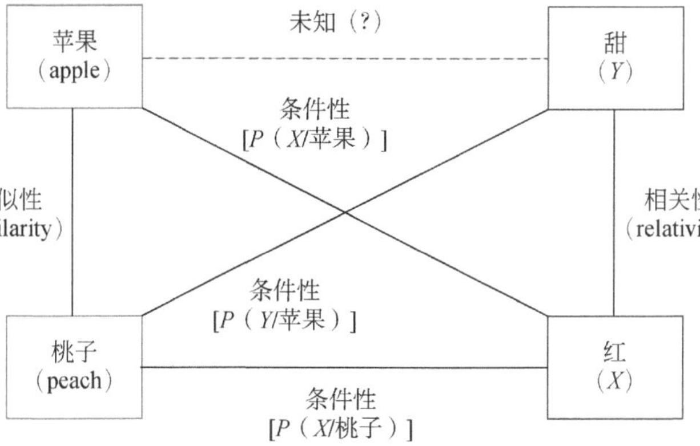

图 6.10 对象与各属性之间的关系图

图 6.10 中未知项“苹果是否具有属性甜”,即 P(甜/苹) 计算方法表示如下:

$$P(\text{甜}/\text{苹})=\frac{P(\text{红}/\text{苹})\times R(\text{甜},\text{红})+P(\text{红}/\text{桃})\times S(\text{苹},\text{桃})\times R(\text{甜},\text{红})+P(\text{甜}/\text{桃})\times S(\text{苹},\text{桃})}{R(\text{甜},\text{红})+S(\text{苹},\text{桃})}$$

式中,P(红/苹) 为目标对象“苹果”具有属性“红”的概率;P(红/桃) 为参照对象“桃子”具有属性“红”的概率;P(甜/桃) 为参照对象“桃子”具有属性“甜”的概率;S(苹,桃) 和 R(甜,红) 则分别为目标对象“苹果”与参照对象“桃子”之间的相似性,以及属性“甜”与“红”两者之间的相关性。上述条件分布概率均可基于实际数据统计得到。本书目标对象与参照对象均只选择“红”X 与“甜”Y 这两个属性,分别通过用户评价行为得出两个属性是否属于该对象的可能性,即以二值 0(不具备该属性)、1(具备该属性)表示的数据集。为简单说明,参照对象的红与甜两个属性表示为 X_i 和 Y_i,其中 $i=1,2,3,\cdots,n$,即有 n 个参照对象。此外,分别用 α 和 β 表示属性之间的相关性及目标对象与参照对象之间的相似性,上述公式可表示为

$$P(Y=1/0)=\frac{P(X=1)\times\alpha+P(X_1=1)\times\beta\times\alpha+P(Y_1=1)\times\beta}{\alpha+\alpha\beta+\beta} \tag{6-21}$$

式中,$P(Y=1/0)$ 为目标对象“苹果”具有属性甜的后验概率;$P(X=1)$ 则为目标对象“苹果”具有属性红的先验概率;而 $P(X_1=1)$ 和 $P(Y_1=1)$ 分别为第一个参照对象“桃子”具有属性红和甜先验概率。上述先验分布概率及条件分布概率均可基于实际数据统计得到。

同理,m 个目标对象,n 个参照对象的情况下,可信测度迁移模型为

$$P(Y=1/0)=\frac{\sum_{i=1}^{m}P(X_i=1)\alpha+\sum_{j=1}^{n}[P(X_j=1)\beta_j\times\alpha+P(Y_j=1)\times\beta_j]}{\sum_{j=1}^{n}(a+\beta_j\times\alpha+\beta_j)} \tag{6-22}$$

式中,参数 α、β 可通过训练集学习得出。在目标对象“苹果”中增加属性“专家标注甜”C,C 的取值为 0 或 1,基于目标对象和参数对象的训练集,生成多个包含未知参数的函数,从而学习出参数。

6.3.2 实验验证

为了验证上述基于迁移学习的网络信息内容可信测度迁移模型,本书针对两类真实数据集,通过实验绘制出 ROC 曲线(receiver operating characteristic curve,受试者工作特征曲线),并且探索曲线下面积(area under the ROC curve,AUC)随着参照对象规模的增加而变化的趋势。

6.3.2.1 实验思路及数据集

本书尝试基于 Logistic 回归确定参数。将网络信息内容可信测度迁移模型简化如下:

$$P(Y=1/0)=\frac{\sum_{i=1}^{m}P(X_i=1)\alpha+\sum_{j=1}^{n}[P(X_j=1)\beta_j\times\alpha+P(Y_j=1)\times\beta_j]}{\sum_{j=1}^{n}(a+\beta_j\times\alpha+\beta_j)}$$

$$=\frac{\alpha\sum_{i=1}^{m}P(X_i=1)}{\sum_{j=1}^{n}(a+\beta_j\times\alpha+\beta_j)}+\frac{\alpha\sum_{j=1}^{n}\beta_j\times\sum_{j=1}^{n}P(X_j=1)}{\sum_{j=1}^{n}(a+\beta_j\times\alpha+\beta_j)}+\frac{\sum_{j=1}^{n}\beta_j\times\sum_{j=1}^{n}P(Y_j=1)}{\sum_{j=1}^{n}(a+\beta_j\times\alpha+\beta_j)}$$

上式可简化为 $P(Y=1/0)=y=ax_1+bx_2+cx_3$；式中，$a,b,c$ 为参数；x_1,x_2,x_3 分别可由训练数据集统计得出。

其中，$a=\frac{\alpha}{\sum_{j=1}^{n}(a+\beta_j\times\alpha+\beta_j)}$，$b=\frac{\alpha\sum_{j=1}^{n}\beta_j}{\sum_{j=1}^{n}(a+\beta_j\times\alpha+\beta_j)}$，$c=\frac{\sum_{j=1}^{n}\beta_j}{\sum_{j=1}^{n}(a+\beta_j\times\alpha+\beta_j)}$

$x_1=\sum_{i=1}^{m}P(X_i=1)$，$x_2=\sum_{j=1}^{n}P(X_j=1)$，$x_3=\sum_{j=1}^{n}P(Y_j=1)$

上述思路主要基于自变量与因变量之间的线性依赖关系，鉴于现实的影响因素之间更多的是非线性依赖关系，因而本书尝试基于能够揭示变量之间非线性影响关系的 Logistic 回归来构建分类及参数学习模型：

$$P(Y=1/0)=y=\frac{1}{1+e^{ax_1+bx_2+cx_3}}$$

用于实验的数据集，均为真实的 0–1 数据集。实验参数包括目标对象个数 M，参照对象个数 N 和参与者个数 P。这两个数据集的参数分别是 $M_1=8$，$M_2=6$；$N_1=6$，$N_2=8$；$P_1=P_2=100$。

6.3.2.2 实验结果

基于本节所构建的可信测度模型，并且选择目前具有代表性的模糊测度法，对两个不同领域的相关数据集[123]进行比较实验，绘制出 ROC 曲线如图 1 ~4，并且计算出相应的 AUC。ROC 曲线的横坐标为假正率(false positive rate，FPR)，即被模型预测为正的负样本的概率；ROC 曲线的纵坐标为真正率(true positive rate，TPR)，即被模型预测为正的正样本的概率。

实验一：对于计算机领域的数据集，目标对象为 8 个 10 行 2 列的 0–1 矩阵，参照对象为 6 个 100 行、2 列的 0–1 矩阵。实验结果如图 6. 11 所示。

由 ROC 曲线图 6. 11 可知，计算机领域对象可信测度迁移学习模型的 AUC=73. 33%，模糊测度模型的 AUC=36. 67%。迁移模型优于模糊测度模型。

实验二：对于商业领域的数据集，目标对象为 6 个 200 行 2 列的 0–1 矩阵，参照对象为 8 个 100 行、2 列的 0–1 矩阵。实验结果如图 6. 12 所示。

由 ROC 曲线图 6.12 可知，商业领域对象迁移学习模型的 AUC = 79.88%，模糊测度模型的 AUC = 55.56%。迁移模型优于模糊测度模型。

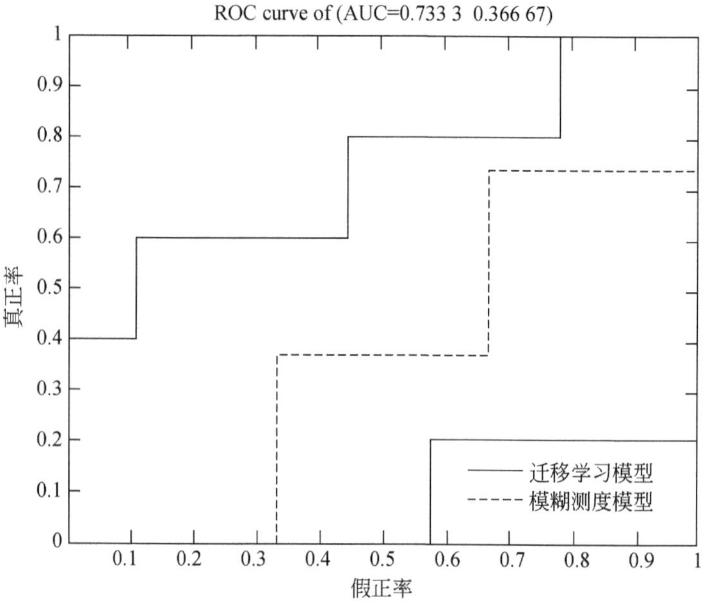

图 6.11 计算机领域对象具有目标属性的可信测度迁移学习模型的 ROC 曲线图

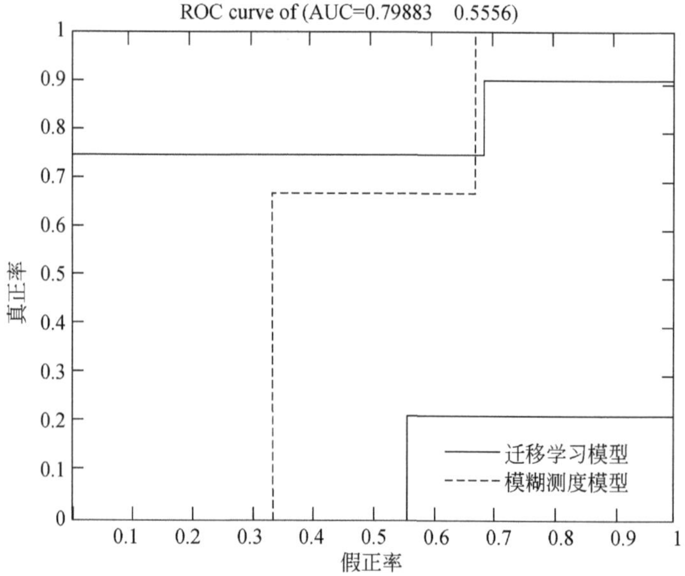

图 6.12 商业领域对象具有目标属性的可信测度迁移学习模型的 ROC 曲线图

上述实验结果表明:①在一定数量的参照规模内,ROC 曲线总体呈上升趋势,即被可信测度模型预测为正的正样本的概率逐渐上升,直接证明了可信测度模型的有效性;②随着参照对象的增加,迁移模型的 AUC 值总体大于模糊测度模型的 AUC 值,因此,可以证明迁移模型优于模糊测度模型。

6.3.2.3 结果讨论

该实验结果揭示本书构建的网络信息内容可信测度迁移模型的有效性,即随着参照对象个数的增加,ROC 曲线总体呈上升趋势,并且 AUC 值越来越大的变化趋势。

在构建可信测度模型过程中,本书基于贝叶斯推理和迁移学习理论,首先针对一定参与者规模的目标对象所具有目标属性的数据集,计算出具有目标属性的后验概率;其次针对一定参与者规模的参照对象所具有目标属性的数据集,分别计算各个参照对象具有目标属性的后验概率,从而分别代入可信测度模型,基于 Logistic 回归确定模型参数;最后提取样本作为测试集,基于可信测度模型计算目标对象具有目标属性的可信度。

对于可信测度模型结果的评价,选择具有代表性的模糊测度模型,将其与迁移模型进行比较,通过实验分别绘制出 ROC 曲线,并且计算出相应的 AUC。模型揭示随着参照对象个数增加,迁移学习的 ROC 曲线总体在模糊测度模型之上,迁移模型的 AUC 值大于模糊测度模型的 AUC 值,可以看出迁移学习模型优于模糊测度模型。

本节基于迁移学习理论,利用集体智慧及不同参照对象之间的条件性关联关系,构建了网络信息内容场景性相对可信测度模型。利用两个不同领域的真实数据集,绘制出 ROC 曲线,并且计算出相应的 AUC。该实验结果揭示本书构建的网络信息内容可信测度迁移模型的有效性,即随着参照对象个数的增加,ROC 曲线总体呈上升趋势,并且 AUC 值越来越大的变化趋势,并且迁移学习模型优于模糊测度模型。

7 语义性可信测度

本章尝试以语义网络为工具,通过构建语义网络来测度网络信息的可信度,便于直观的了解和感受网络信息可信测度的具体过程。语义网络通过语义关联将各种实体关联起来,将基于语义网络的知识库可视化展示出来,重在抽取关系,便于展示高关联性、高结构化的结果。语义网络实际上是让计算机理解人的意思,因而图形结构为推理提供很好的依据。语义网络把结构化及非结构化的数据通过数据抽取融合在一起,揭示数据治理、语义连接的思想,从而有利于大规模数据的利用和迁移。

7.1 基于专家性用户经验构建语义网络

本节基于专家性用户经验构建语义网络,专家性用户经验,即领域专家用户生成内容。专家性用户生成内容系统规范,可以作为领域范围内的参照标准。

首先进行文本预处理,然后基于 TF-IDF(term frequency-inverse document frequency)值计算余弦相似度,进而以平均联动距离进行层次聚类,作为同质网络聚类。接下来,构建高血压症状–治疗方案 2-mode 共现矩阵,进行社会网络分析,由于社会网络图中包含两种不同类型的节点,可以作为异质网络聚类。此外,本节还尝试基于纯度(purity)和熵值(entropy)两个指标构建聚类有效性评价模型,分析同质网络聚类和异质网络聚类各自的适用场景。本节基于专家性用户经验构建的模型可以作为领域范围内的参照标准。

7.1.1 基于文本聚类及共现分析的语义网络构建模型

本书拟获取专业性网站的相关数据,并对其进行文本预处理,将其从结构单一的文本数据集转化成结构化的矩阵数据集;利用 TF-IDF 选取关键词并且进行词间相似度度量,基于问题或方案的同质网络聚类构建语义网络;度量问题–方案之间的关联关系,将问题–方案词频矩阵关联分析得到 2-mode 共现矩阵,构建异质网络聚类语义网络。

语义网络构建如图 7.1 所示,该模型由 5 个模块构成:文本获取、文本预处理、同质网络聚类、异质网络聚类、语义网络可视化。

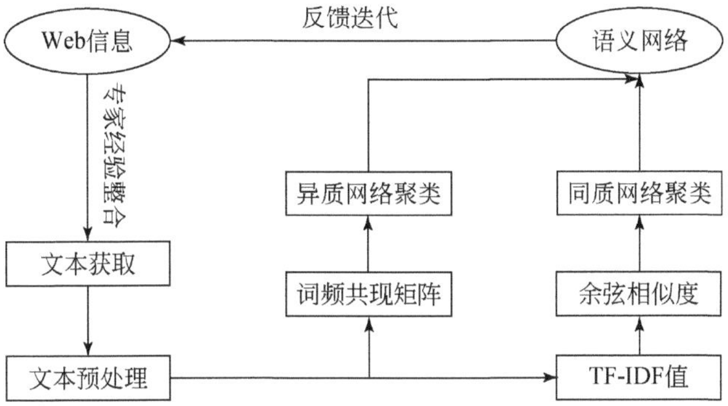

图 7.1　语义网络构建模型构建框架图

7.1.1.1　文本预处理

由于文本聚类或者分类处理的是大量非结构化的利用自然语言描述的非统一结构的文本数据,因此对文本进行特征提取前,需要先对这些文本数据进行预处理,这会影响文本聚类或者分类的准确率、效率及最终模式的有效性。由于中文文本的词语之间没有空格,那么分词就是一个必须要处理的问题。本书基于医疗词典利用爬虫软件对获取的文本进行分词。

中文分词后文本就变成了单个的词语,这些词语就是文本的特征项,如果直接用分词后的词语集合进行建模的话,一来词语空间比较大,导致性能比较低;二来词语集合中有很多低频词、无意义词等噪声,也会降低聚类和分类的效果,所以要通过特征项提取选出最能代表文本的特征项和最能区分文本的特征项。

在 TF-IDF 计算简洁、速度快的基础上,采用 TF-IDF 值来度量每个词语的重要程度,通过 TF-IDF 值排序及语义分析选取特征词语。

7.1.1.2　基于领域专家性用户经验的同质网络聚类

(1)计算词间相似度

1)TF-IDF 值计算。本书将每一个网站看成一个文本,总文本数即网站总数,总词数即矩阵行数减一,但 Python 运算时不能出现字符型数据,因此无须减去一行。

对于文本向量,本书应该转化为网站数量,其特征向量应该表示为

$Web_j = (Web_1, Web_2, \cdots, Web_{10})$,词语集合应该表示为 $rs = (w_1, w_2, \cdots, w_n)$,$n$ 表示为词语集合中的总词数,即矩阵的行数。TF-IDF 值计算公式可以表达为

$$w_{i,j}=\mathrm{tf}_{i,j}\times\mathrm{idf}_j=\frac{\mathrm{wf}}{\mathrm{rs}}\times\log\frac{|D|}{|j:r_i\in \mathrm{Web}_j|+1}(1\leqslant j\leqslant 10,i\leqslant n) \tag{7-1}$$

其中，$w_{i,j}$表示词语 i 在网站 j 的 TF-IDF 值；wf 表示词语 i 在网站 j 中出现的次数；rs 表示矩阵的总行数；$|D|$表示网站总数；$|j:r_i\in \mathrm{Web}_j|$表示出现词语 i 的网站数量（加 1 是为了防止被除数为零的情况出现）。

2）余弦相似度计算。将每一个词看成一个向量，每个医疗网站看成特征项，进行余弦相似度计算。文本向量显然是非常稀疏的，而余弦相似度非常适合处理稀疏向量，所以本节选取余弦相似度计算词间相似度。

设词一w_i和词二w_j是两个不同的词向量，那么它们的数学表示为$w_i=(m_1,m_2,\cdots,m_{10})$，$w_j=(m_1,m_2,\cdots,m_{10})$，其中，$m_1,m_2,\cdots,m_{10}$表示十个网站，就是根据$w_i$和$w_j$在每个网站的 TF-IDF 值计算余弦相似度，cosSim 公式可以表达为

$$\mathrm{cosSim}(w_i,w_j)=\sum_{k=1}^{10}[\mathrm{tfidf}(m_{ik})\times \mathrm{tfidf}(m_{jk})]/\sqrt{\sum_{k=1}^{10}[\mathrm{tfidf}(m_{ik})]^2\times\sum_{k=1}^{10}[\mathrm{tfidf}(m_{jk})]^2} \tag{7-2}$$

其中，$\mathrm{tfidf}(m_{ik})$表示词语w_i在某网站m_k的 TF-IDF 值，$\mathrm{tfidf}(m_{jk})$表示词语w_j与词语w_i在同一个网站m_k的 TF-IDF 值。经过迭代计算，生成一个对角线为 1 的对称的共现矩阵，这是因为迭代中每个词也会与自身进行相似度计算。

（2）同质网络聚类算法

由于对问题或方案分别进行聚类，因此各自的聚类过程中只有同种类型的节点进行聚类形成关联关系，所以可以看成同质网络的层次聚类。

本书以余弦相似度作为单个节点之间的距离计算方法，以平均联动（average）作为类间距离计算方法，并基于不同的距离阈值对相关的节点进行层次聚类。

层次聚类是递归地对数据对象进行合并或分裂，直到某种终止条件满足为止[137]。根据层次分解的方式，具体可以分为“自底向上”和“自顶向下”两种方案。“自底向上”又称为合并的方法，层次聚类大多采用合并的方式，主要思想，即给定 n 个对象的集合 $\boldsymbol{C}$，合并型层次聚类得到 $\boldsymbol{C}$ 的一系列划分：$c_n,c_{n-1},\cdots,c_1$，其中 c_n 有 n 个单成员聚类，c_1只有一个聚类，它包含所有的对象。

本书的合并型层次聚类及产生二分树图的基本步骤如下[138]：

①计算 n 个词语两两之间的距离，即余弦相似度。

②首先先将 n 词语进行单个聚类 $w_1,w_2,\cdots,w_n$，每一类的高度都为 0。

③找到相似度最大的两个词语 w_i,w_j，合并 w_i 和 w_j，那么聚类的个数就会减 1，以被合并的两个词语的间距作为上层的高度。

④计算新生成的聚类与本层中其他聚类的间距，一直迭代到满足终止条件，算

法结束,否则转③。

本书选取平均联动作为不同类间聚类间距的测量方法,也是最常用的方法之一。平均联动,定义两类之间的距离平方为这两类元素两两之间距离平方的平均,数学表示为

$$\mathrm{dist}_{\mathrm{ave}}(w_i,w_j)=\frac{1}{n_i n_j}\sum_{d\in w_i,d'\in w_j}|d-d'| \tag{7-3}$$

其中,$|d-d'|$ 是两个词语之间的距离,n_i 是簇 w_i 中词的数量。至此,完成同质网络聚类的整个过程。

7.1.1.3 基于领域专家性用户经验的异质网络聚类

在真实的社会网络应用场景中,如文本挖掘和电子商务,社会网络既包括由同种类型节点之间的链接关系而形成的网络,也包括不同类型节点之间由于链接关系而形成的网络。通常,将那些同时包含不同类型节点的网络称为多类型节点网络,或者是异质网络。本书中高血压症状和治疗方案各自所包含的词语之间的关联关系可以看成同质网络,同时包含症状–治疗方案的不同类型词语之间的关联关系可以看异质网络。

上文分别对问题及方案进行了层次聚类,接下来要测度问题–方案之间的关联关系。首先将方案词频矩阵和治疗词频矩阵相乘得到一个包含不同种类型节点的共现矩阵,以进行 2-mode 共现分析,然后利用这个矩阵进行症状–治疗 2-mode 共现的语义网络分析,生成关键词的语义关联网络,用于发现方案热点词。

以开源的 SNA 软件 UCINET 为例,其自带聚类分析功能可以直接处理共现矩阵,对网络中的节点进行自动聚类。所以先要计算出问题–方案的共现矩阵,矩阵乘法的数学表示为

$$\mathrm{ST}_{ik}=(S\times T)_{ik}=\sum_j s_{ij}t_{jk}(i=1,\cdots,n,j=1,\cdots,10,k=1,\cdots,m) \tag{7-4}$$

其中,s_{ij}记作症状词频矩阵 S 的第 i 行第 j 列的元素(即第 i 行的词语在第 j 列对应的网站出现的次数),t_{jk}记作治疗词频矩阵 T 的第 j 行第 k 列的元素(即第 k 列的词语在第 j 行所对应的网站出现的次数),由式(7-4)可以看出,决定最后ST_{ik}位置的是(i,k)。

对于ST_{ik}中每个元素(i,k)相关联的值(S,j,s_{ij})及(T,j,t_{jk}),根据相同的 j 值将s_{ij}和t_{jk}分别存入不同向量组,然后将两者的第 j 个向量中每个元素抽取出来分别相乘,然后相加,即可得到症状–治疗词频矩阵ST_{ik}。

$$\mathrm{ST}_{ik}=\begin{bmatrix} s_{1j}\times t_{j1} & \cdots & s_{1j}\times t_{jm} \\ \vdots & \ddots & \vdots \\ s_{nj}\times t_{j1} & \cdots & s_{nj}\times t_{jm} \end{bmatrix} \tag{7-5}$$

然后将矩阵ST_{ik}导入 UCINET 构建语义网络。

7.1.2 基于 purity 和 entropy 的聚类评价模型

对于聚类的有效性，常用的评价方法有外部评价法、内部评价法、相对评价法和模糊评价法[139]。本书选取外部评价法两种常用的评价指标聚类纯度及熵值。

7.1.2.1 purity——聚类纯度

对于某个聚类结果 C，令 H 表示 C 上的一个簇，其中在各个簇中数量最多的元素在聚类结果中的比例，数学表示为

$$P(C)=\frac{1}{m_i}\max_i(h_{ri}) \tag{7-6}$$

其中，C 表示一个聚类结果，m_i表示 C 的个体容量，h_{ri}表示 i 类中元素最多的数量。因此，整体聚类纯度可以通过对单个聚类纯度的加权平均得到：

$$\text{Purity} = \sum_{i=1}^{k} \frac{m_i}{m}p(c) \tag{7-7}$$

7.1.2.2 entropy——熵值

对于一个聚类 C，首先计算P_j。P_j指的是 C 中的成员属于类 j 的概率

$$p_j=\frac{m_j}{m} \tag{7-8}$$

其中，m_j是类 j 的容量，m 是整体聚类 C 的成员个数。C 中每个簇的 entropy 可表示为

$$e_i =- \sum_{j=1}^{l} p_j \log_2 p_j \tag{7-9}$$

其中，l 表示类 j 的容量。整体聚类的 entropy 可以表示为

$$e = \sum_{i=1}^{k} \frac{m_i}{m}e_i \tag{7-10}$$

其中，k 为聚类的数目；m 为整体聚类 C 的成员个数。

纯度越高越好，熵值越低越好。

7.1.3 实验验证

7.1.3.1 数据来源及预处理

实验数据源来源于专业性的医疗健康网站（寻医问药网、有问必答网、好大夫

在线、家庭医生在线、久久健康网、中华康网、三九养生堂、99 健康网、39 健康网、搜狐健康)。基于有针对性所开发的网络爬虫软件,获取了十个专业性的医疗健康网站中关于高血压症状和高血压治疗方案的专家性经验内容并整合成文本集然后进行文本预处理。首先分别对高血压症状及治疗方案分别进行同质网络聚类,以此构建语义网络;然后将症状词频矩阵和治疗词频矩阵相乘得到症状–治疗方案2-mode共现矩阵,以进行异质网络聚类并构建语义网络,将症状–治疗方案之间的关联关系可视化。

7.1.3.2 基于同质网络聚类语义网络构建可视化

(1)高血压症状样本数据语义网络

为了方便分析与观测,本书从实验数据中选取 80 个对于症状判断重要程度较高的词语作为样本数据进行分析。首先用 *R* 软件画出这个样本的碎石图(图 7.2)[140],可以确定最佳聚类数目,也可以方便提取出其中的几个小类具体展示。

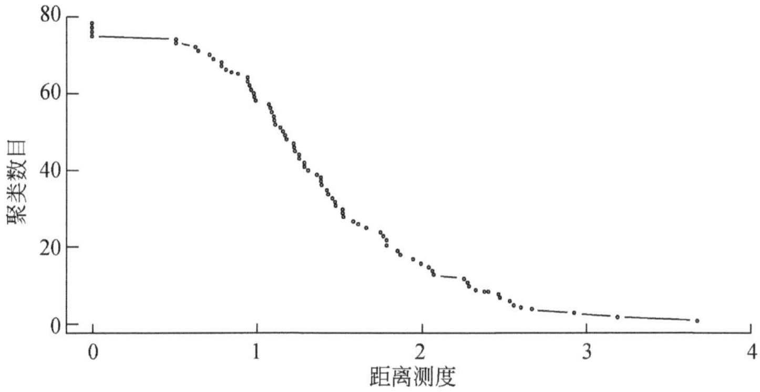

图 7.2 高血压症状碎石图

图 7.1 中纵坐标是聚类数目,横坐标表示距离,选取类数的首要原则就是聚类结果一定要清晰明白的展示,绝不可以堆集在一起。当词语在 *X* 轴对应的距离开始分散、越来越远的时刻,此时词语对应的 *Y* 轴数值为最佳聚类数目。

此样本数据有 80 个词语,也就是说可以分成 1 ~ 80 个类,根据图 7.3 可以看出,词语在 2 ~ 3 这个间距中间时开始分散,而这时所对应的 *Y* 轴聚类数目应该是 4 ~ 5类,那么该样本数据的最佳聚类数目应该为 4 ~ 5 类。

图 7.3 展示的是这个样本数据整体聚类结果的可视化结果。最底下一层就是所有的词语自成一类,也就是 80 类,此时它们的高度都为 0。从第二层开始两两聚类,由于本书选取了平均联动的方式进行聚类,因此高度就是两两之间距离间距的平均值。以此类推,层层递推,自底向上迭代进行两两聚类,直到所有的词语聚成

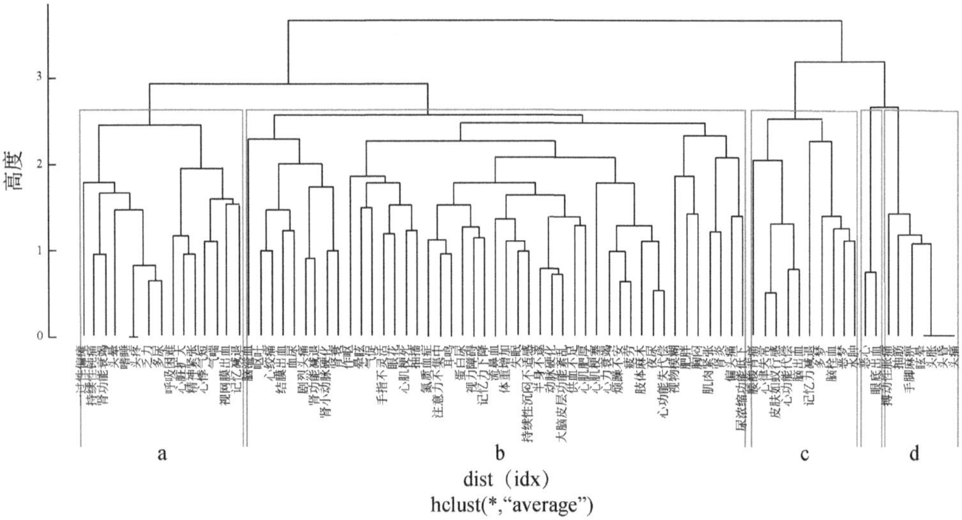

图 7.3　高血压症状样本整体聚类及类数概览图

一类,到达顶点。此外,本书是以余弦相似度作为距离进行层次聚类的,最终的高度只有 3,是因为余弦相似度取值区间是[0,1]。

区域 a、b、c 和 d 是根据碎石图标志的聚类数目,每一个区域都是一个小类,其中的成员都是相似程度更接近的词语。

图 7.4 和图 7.5 是从图 7.3 提取的两个小类,对它们进行更清晰的成果展示。图 7.4 可以很清晰地看出,头痛、头昏、头胀、眩晕从一开始聚成一类,说明它们彼此之间的关联性非常强;然后开始开始和手脚麻痹进行聚成一类,到达第二层;接着又和抽筋、搏动性胀痛分别聚成一类,直到顶部,该小类中所有词语聚成一类。通过提取整体聚类的一部分进行成果展示,可以很直接地感受到聚类的过程。

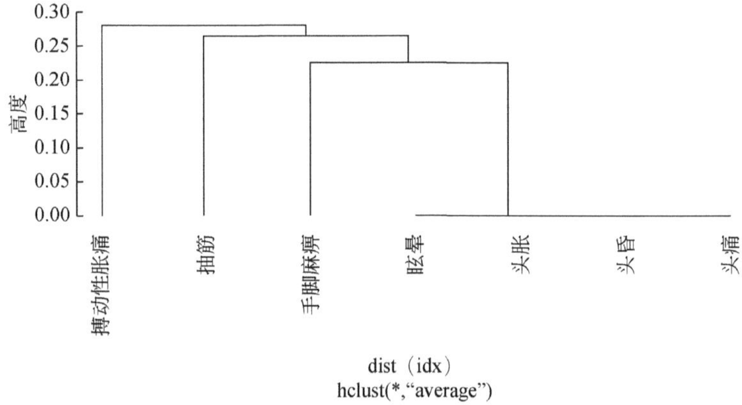

图 7.4　高血压症状小类 I

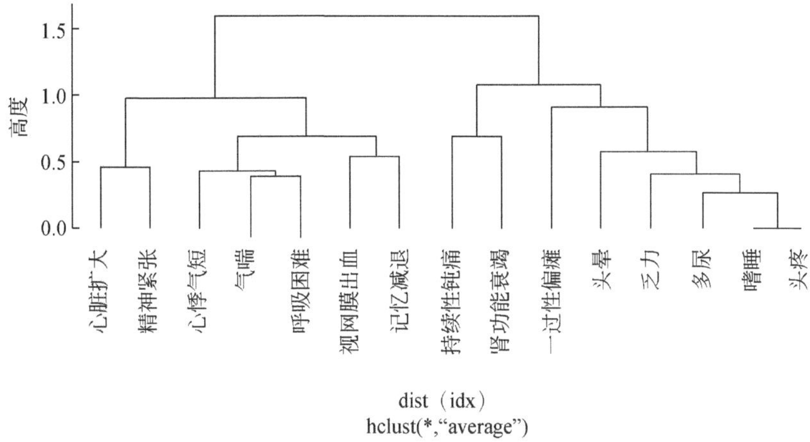

图 7.5　高血压症状小类Ⅱ

由图 7.5 可以看出,嗜睡和头疼之间是横线连接的,说明这两个词语的余弦相似度的值是相同的,所以从第一层就聚成一类,合并之后与多尿再进行聚类。此时,取嗜睡、头疼和多尿的余弦相似度值的平均值,接着与词语乏力进行合并,聚成一类,再取两者之间余弦相似度的平均值与词语头晕进行合并,以此类推,自底向上合并,直到顶层,聚成一类结束。

(2)高血压治疗方案样本数据语义网络

和高血压症状一样,为了方便分析与观测,依旧从实验数据中选取 80 个对于患者能给出安全有效的高血压治疗方案重要程度较高的词语作为样本数据进行分析,然后继续根据高血压治疗方案碎石图(图 7.6)确定最佳聚类数目。

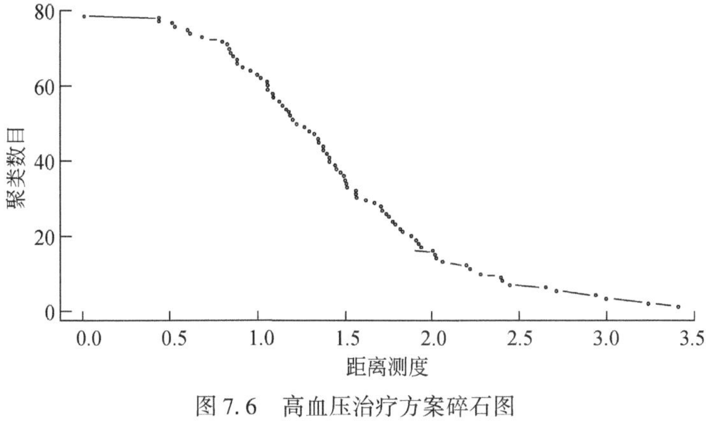

图 7.6　高血压治疗方案碎石图

如图 7.7 所示,词语在距离测度 2.0 ~2.5 这个间距范围中开始分散,对应的 Y 轴的聚类数目为 6 ~7 类,此时 6 ~7 类就是最佳聚类数目。

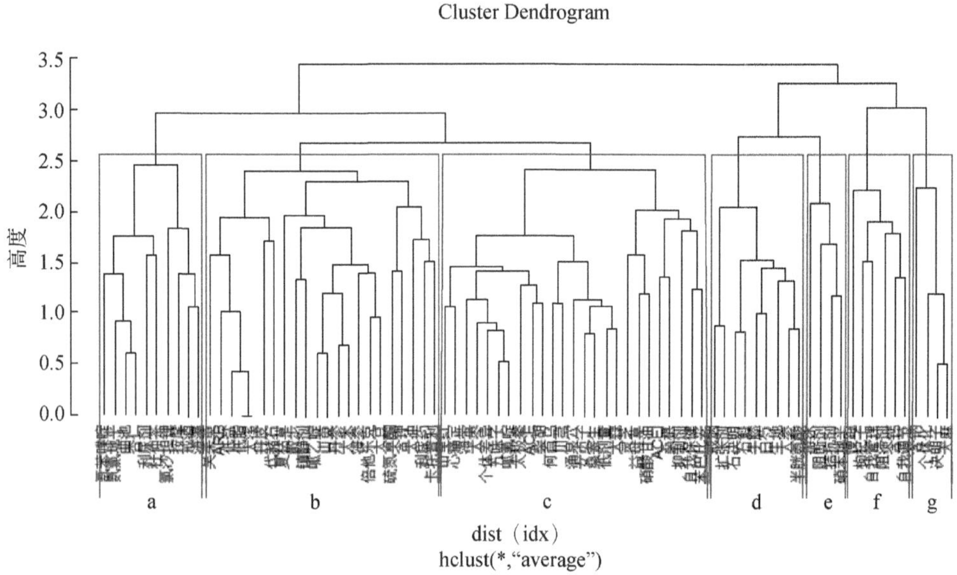

图 7.7　治疗方案样本整体聚类及类数概览图

图 7.7 高血压治疗方案样本数据进行层次聚类的整体结果展示,区域 a、b、c、d、e、f、g 就是根据碎石图(图 7.6)分成的 7 个小类,根据底部标签可以看到每个小类中包含的词语。

图 7.8 和图 7.9 从高血压治疗方案样本聚类中提取的两个小类,方便对聚类

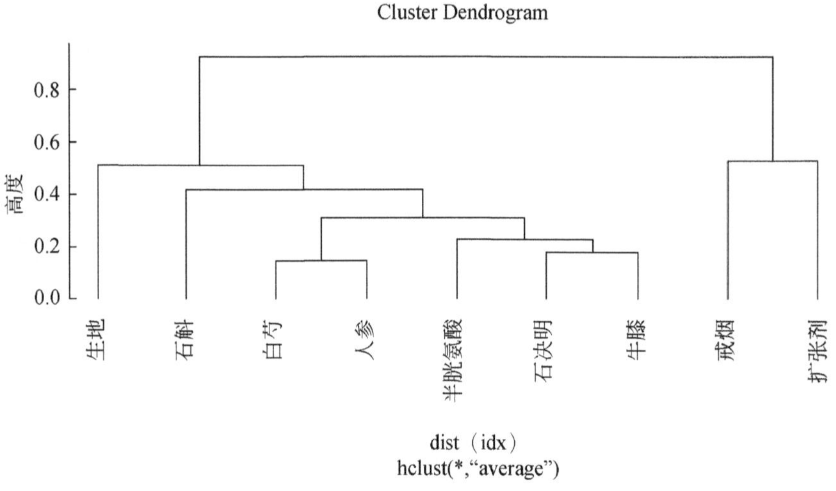

图 7.8　高血压治疗方案小类 I

过程和聚类结果的观测。图 7.8 可以看出生地、石斛、白芍、人参、半胱氨酸、石决明、牛膝这些关联关系很紧密的词语聚在一个小类里面,其实就是高血压治疗中医治疗方案的一个小的缩影。然后取这些词语的余弦相似度的平均值与词语戒烟、扩张剂的余弦相似度的平均值进行合并,就形成图 7.8 的小类。

图 7.9 聚类的词语,氨苯碟啶、氨氯地平、氯沙坦钾都是拮抗剂,是与利尿剂联合使用治疗高血压的药物治疗方案。由图 7.9 可以看出,此时这个小类中还可以细化再分成两类,氨苯蝶啶到杏仁是一类,海藻到按摩是一类,取这两个小类的余弦相似度的平均值进行合并就形成了图 7.9。研究工作中没有必要将每一个小类都细化分开,只需要在一定范围内对聚类结果进行分类,如果进行细化分类会发现每一个词语都是一类,背离了研究工作的初衷。

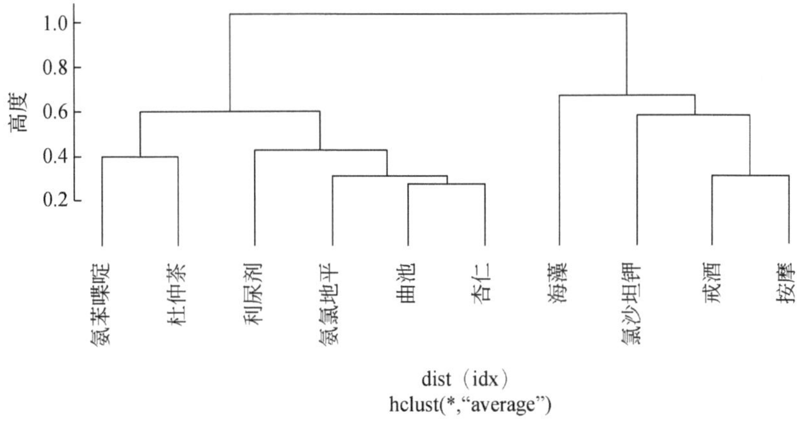

图 7.9　高血压治疗方案小类Ⅱ

7.1.3.3　基于异质网络聚类语义网络构建可视化

将部分症状词频矩阵和治疗方案词频矩阵相乘而得的 2-mode 共现矩阵作为样本,然后将这个 2-mode 数据集导入 UCINET 软件构建语义网络,选择症状-治疗双模式网络(2-mode network)进行中心度分析,然后设置不同的阈值进行不同层次的语义网络分析。

异质网络中节点和边都有语义信息,连接节点的不同路径都有不同的语义关系。节点中心是中心点,根据连线紧密程度可以看出中心点,中心点词语的重要程度比其他词语占更大比例。方形节点表示症状词语,圆形节点表示治疗词语。如图 7.10 心率加快、呱乙啶是整个图谱最关键的中心点,其他词语依据和这两个中心点的关联关系围绕它们自然分布形成社会网络图,另外情绪激动、泌尿系统异常、睡眠不踏实等症状也在局部形成中心点,周围自然分布一些与之关联的词语形成局部网络图。同样,ACEI、卡普利托、山萸等治疗词语也作为局部中心点,围绕它们也有一些词语依据和这些词语的关联关系生成局部网络图。这些边表示各个词语之间的关联关系,也就是症状和治疗之间的关联关系。

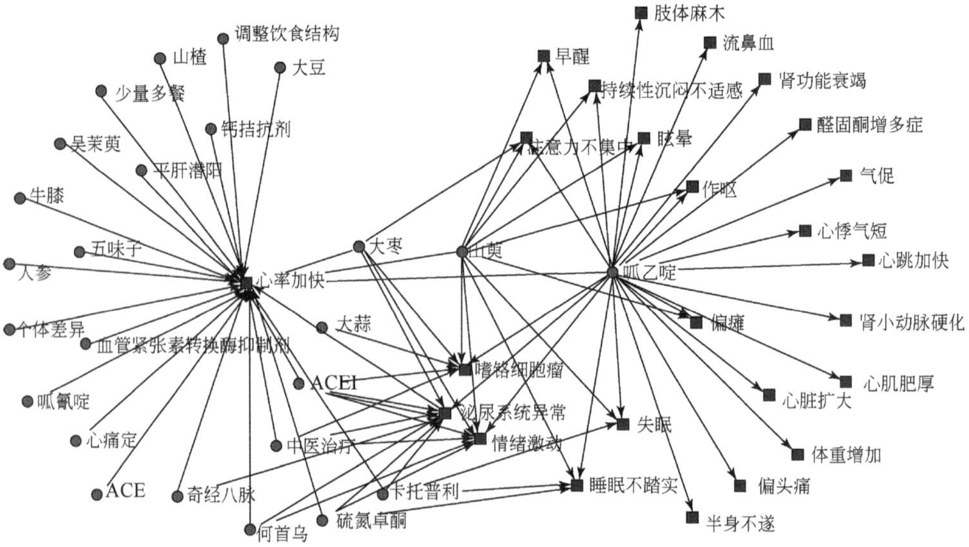

图 7.10　阈值>400 症状-治疗语义网络

ACEI 为血管紧张素转化酶抑制剂简称;ACE 为血管紧张素转化酶简称

图 7.11 阈值设为>600,心率加快和哌乙啶依然是主要中心点,周围与之关联的词语减少一些,而且局部中心点也减少几个,说明它们与其他词语的关联关系不如其他局部中心点紧密。与图 7.10 相比,治疗词语何首乌、大蒜等不再作为局部中心点,说明这些没有 ACEI、卡普利托等词语的重要程度高,可能在高血压的治疗过程中没有这些方案有效。同样,症状词语早醒、偏瘫等也不再作为局部中心点。

图 7.12 阈值设为>900,只剩下心率加快和哌乙啶这两个原始中心点,周围自然分布着与之关联最紧密的一些词语,大枣、大蒜、硫氮卓酮、何首乌、卡托普利和山萸这些词语是和心率加快相似度最高的词语,彼此之间的关联度最紧密;同样泌尿系统异常、睡眠不踏实、注意力不集中、情绪激动和嗜络细胞瘤这些词语与哌乙啶的关联关系最密切,相似程度最高。图 7.12 症状-治疗关联关系最原始的社会网络图,也是高血压症状和高血压治疗方案最核心的部分。

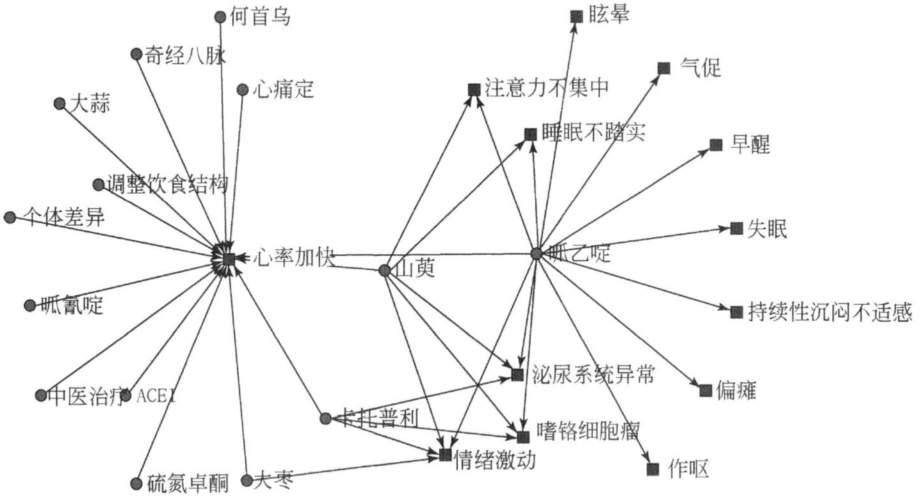

图 7.11　阈值>600 症状-治疗语义网络

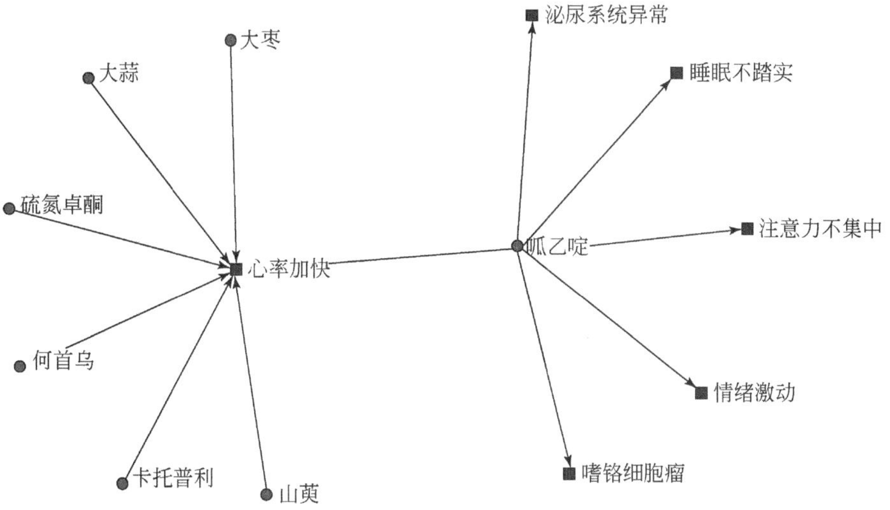

图 7.12　阈值>900 症状-治疗语义网络

7.1.4　实验结果分析与评价

7.1.4.1　结果分析

本书获取 10 个比较权威的医疗网站的高血压诊疗信息，整合多个网站多位专家的经验,避免单一网站各自所有的词与词之间的片面性。经过数据处理挖掘词与词之间的相似程度,分别基于高血压症状、高血压治疗方案的同质网络聚类和同时基于症状–治疗的异质网络聚类结果进行高血压诊疗语义网络分析,不是片面的针对某个人或者某机构,呈现的结果比较全面、更加准确。

在构建高血压诊疗信息语义网络模型的过程中,经过层层筛选,步步检验,根据上述样本的聚类结果来看,可见还是基本满足预期结果,通过词语聚类透现文本聚类结果,即各个网站之间的高血压诊疗信息的相似度非常接近,进而验证该模型的可行性。然后根据症状–治疗 2-mode 共现矩阵进行异质网络聚类,构建的社会网络图可以看出症状–治疗词语之间的关联关系,通过设置不同层次的词频阈值,得到不同层次词语紧密程度而且可以发现高血压领域的热点词。

7.1.4.2 结果评价

选取纯度和熵值作为聚类有效性评价指标,分别计算不同网络结构的层次聚类(hierarchical clustering,HC)和社会网络分析(SNA)的纯度及熵值。其比较结果如图 7.13 和图 7.14 所示。

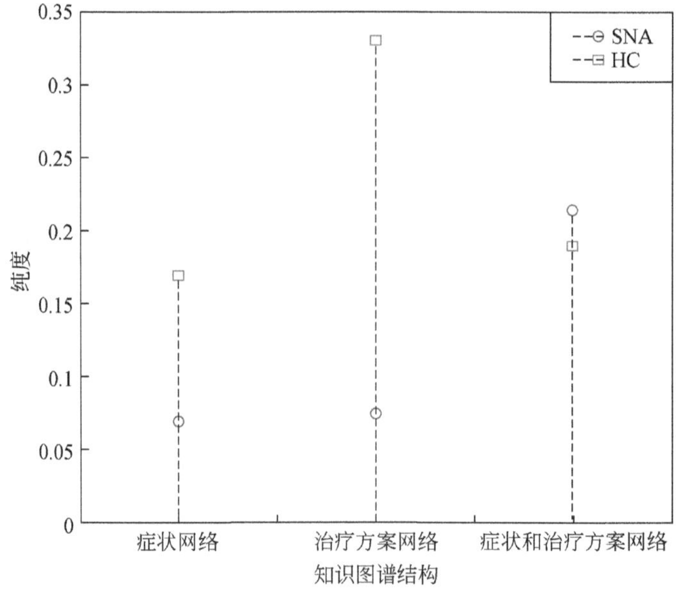

图 7.13 不同语义网络结构的纯度比较

根据纯度越高越好,熵值越低越好的评价等级可以看出,同质网络语义网络的纯度较高,而由症状和治疗方案所组成的异质网络语义网络的纯度较低;此外,同质网络语义网络的熵值较高,而由症状和治疗方案所组成的异质网络语义网络的

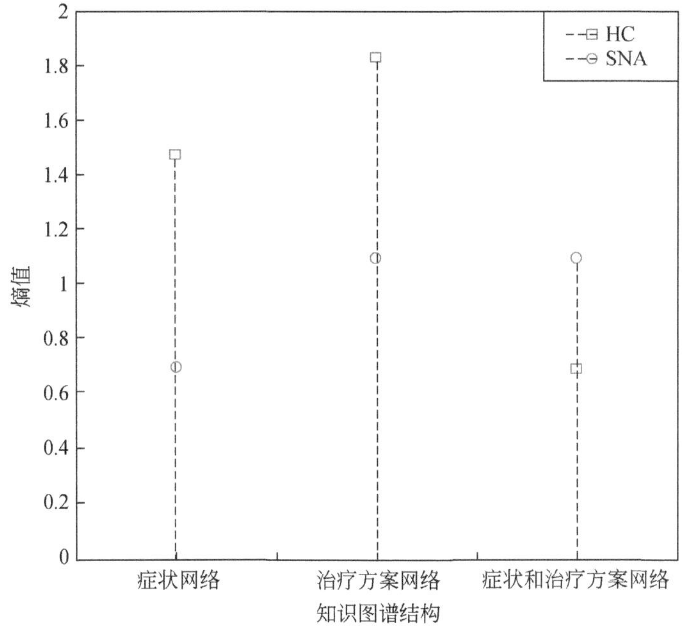

图 7.14　不同语义网络结构的熵值比较

熵值较低。由此可以看出,就纯度评价指标而言,进行同质网络语义网络构建较为合理,而就熵值指标而言,进行异质网络语义网络构建较为合理。不同语义网络的构建适用于不同场景,具体应用具体分析。

本节基于专家性用户经验构建文本聚类模型,并且基于聚类模型构建语义网络。以较为常见的慢性病高血压症状及其治疗方案的语义网络可视化为例,针对专业网络数据的选择性获取、相关自然语言的文本处理、基于 TF-IDF 值的余弦相似度计算、基于相似度的层次聚类,以及相应层次的症状及对应治疗方案的关联映射等模型的思路及步骤进行较为详尽的阐述。然而本节只基于领域内专业性用户经验做了相关研究,尚未基于社会化媒体平台大众性用户体验进行相关研究,毕竟专家属于少数,可以提供一个领域范围内的参照标准,基数巨大的大众用户更能检验模型的合理性。7.2 节将基于社会化媒体平台大众性用户体验展开研究工作,构建相关模型。

7.2　基于大众性用户体验构建语义网络

本节以 7.1 节专家性用户经验为参照标准,基于社会化媒体平台大众性用户体验构建语义网络。社会化媒体是一种给予用户极大参与空间的新型在线媒体,如新浪微博、天涯社区、知乎、百度贴吧等典型代表。大众性用户体验数据具有海量但是碎片化的特征,所以要以专家性用户经验为参照标准,使其更加规范化、系统化。然后与7.1节一样,对大众性用户体验数据进行预处理,基于TF-IDF值计算余弦相似度,进行层次聚类作为同质网络聚类;接着基于症状–治疗方案2-mode共现矩阵进行社会网络分析,作为异质网络聚类;最后构建语义网络。

7.2.1 基于文本聚类及共现分析的语义网络构建模型

7.2.1.1 基于社会化媒体平台大众性用户体验的同质网络聚类

(1)TF-IDF值计算

本节将从社交网站中获取每一条用户信息看成一个文本,总文本数即用户信息总数,本节共获取三个社交网站810条用户信息。通过TF-IDF值计算选取特征词。

对于文本向量,本节应该转化为获取的用户信息总数,其特征向量应该表示为$\mathrm{Web}_j=(\mathrm{Web}_1,\mathrm{Web}_2,\cdots,\mathrm{Web}_{810})$,词语集合应该表示为$\mathrm{rs}=(w_1,w_2,\cdots,w_n)$,$n$为词语集合中的总词数。本节的TF-IDF值计算公式可以表达为

$$w_{i,j}=\mathrm{tf}_{i,j}\times\mathrm{idf}_j=\frac{\mathrm{wf}}{\mathrm{rs}}\times\log\frac{|D|}{|j:r_i\in\mathrm{Web}_j|+1}(1\leqslant j\leqslant 810,i\leqslant n)\tag{7-11}$$

其中,$w_{i,j}$表示词语i在某条用户信息j中的TF-IDF值;wf表示词语i在某条用户信息j中出现的次数(词频);rs表示总词数;$|\mathrm{D}|$表示用户信息总数量,本节中D为810;$|j:r_i\in\mathrm{Web}_j|$表示出现词语i的用户信息数量(加1是为了防止被除数为零的情况出现)。

(2)词间相似度计算

将这些特征词构建成一维向量,分别计算两个词向量之间的余弦相似度。

设词一w_i和词二w_j是两个不同的词向量,那么它们的数学表示为$w_i=(m_1,m_2,\cdots,m_{810})$,$w_j=(m_1,m_2,\cdots,m_{810})$,其中,$m_1,m_2,\cdots,m_{810}$表示810条用户信息,就是根据$w_i$和$w_j$在每条用户信息中的TF-IDF值计算余弦相似度,本书的cosSim公式可以表达为

$$\mathrm{cosSim}(w_i,w_j)=\sum_{k=1}^{810}[\mathrm{tfidf}(m_{ik})\times\mathrm{tfidf}(m_{jk})]/\sqrt{\sum_{k=1}^{810}[\mathrm{tfidf}(m_{ik})]^2\times\sum_{k=1}^{810}[\mathrm{tfidf}(m_{jk})]^2}\tag{7-12}$$

其中,$\mathrm{tfidf}(m_{ik})$表示词语w_i在某条用户信息中m_k的TF-IDF值,$\mathrm{tfidf}(m_{jk})$表示

词语w_j与词语w_i在同一条用户信息中m_k的 TF-IDF 值。经过迭代计算，生成一个对角线为 1 的对称的共现矩阵，这是因为迭代中每个词也会与自身进行相似度计算。

7.2.1.2 基于社会化媒体平台大众性用户体验的异质网络聚类

首先将问题词频矩阵和方案词频矩阵相乘得到一个包含两种类型节点的 2-mode共现矩阵，利用这个矩阵构建语义网络，生成症状–治疗方案两种类型节点之间的语义关联网络。

首先计算出问题–方案的共现矩阵，矩阵乘法的数学表示为

$$\mathrm{ST}_{ik} = (S \times T)_{ik} = \sum_{j} s_{ij}t_{jk}(i = 1,\cdots,n;j = 1,\cdots,810,k = 1,\cdots,m) \quad (7\text{-}13)$$

其中，s_{ij}记作问题词频矩阵 S 的第 i 行第 j 列的元素（即第 i 行的词语在第 j 列用户信息中出现的次数），t_{jk}记作方案词频矩阵 T 的第 j 行第 k 列的元素（即第 k 列的词语在第 j 行用户信息中出现的次数），由公式可以看出，决定最后ST_{ik}位置的是 (i,k)。

对于ST_{ik}中每个元素(i,k)相关联的值(S,j,s_{ij})及(T,j,t_{jk})，根据相同的 j 值将 s_{ij}和t_{jk}分别存入不同向量组，然后将两者的第 j 个向量中每个元素抽取出来分别相乘，然后相加，即可得到问题–方案词频矩阵ST_{ik}。

$$\mathrm{ST}_{ik} = \begin{bmatrix} s_{1j}\times t_{j1} & \cdots & s_{1j}\times t_{jm} \\ \vdots & \ddots & \vdots \\ s_{nj}\times t_{j1} & \cdots & s_{nj}\times t_{jm} \end{bmatrix} \quad (7\text{-}14)$$

7.2.2 实验验证

实验数据来源于国内比较活跃的社会化媒体平台（百度贴吧、天涯社区、知乎）。基于专业的爬虫软件，获取以上三个社交网站上共 810 条用户数据，然后将专家词典作为大众性用户体验数据的分词词典并进行预处理。基于余弦相似度分别进行高血压症状、治疗方案同质网络聚类，构建语义网络；基于 2-mode 共现矩阵进行症状–治疗方案异质网络聚类，构建语义网络。

7.2.2.1 基于同质网络聚类语义网络构建可视化

(1)高血压症状样本数据语义网络

从数据集中选取 80 个词语作为样本数据。使用 R 画出该样本的碎石图（图 7.15），作为分簇依据。

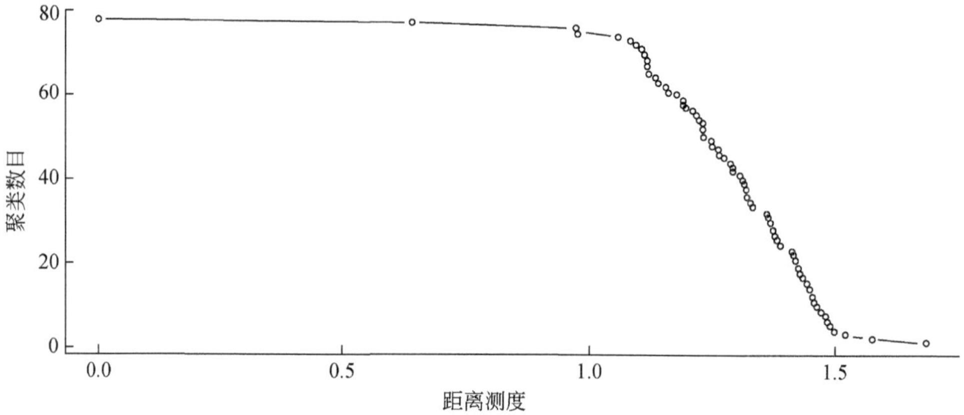

图 7.15　高血压症状碎石图

从图 7.15 可以看出,词语在距离测度 1.5 左右时开始分散,那么此时所对应的 Y 轴数值即为最佳聚类数目,聚类数目为 4 ~5 类。

图 7.16 展示的是大众性用户体验样本数据聚类的可视化结果。底层(height 为 0)为该样本 80 个词语,此时它们各成一类,然后根据自底向上的原则两两合并依次向上递推,直到所有的词语合成一类,到达顶层。由于社会化媒体平台用户基数大,信息内容碎片化,所以生成的数据更为稀疏,相似程度也略微偏低。

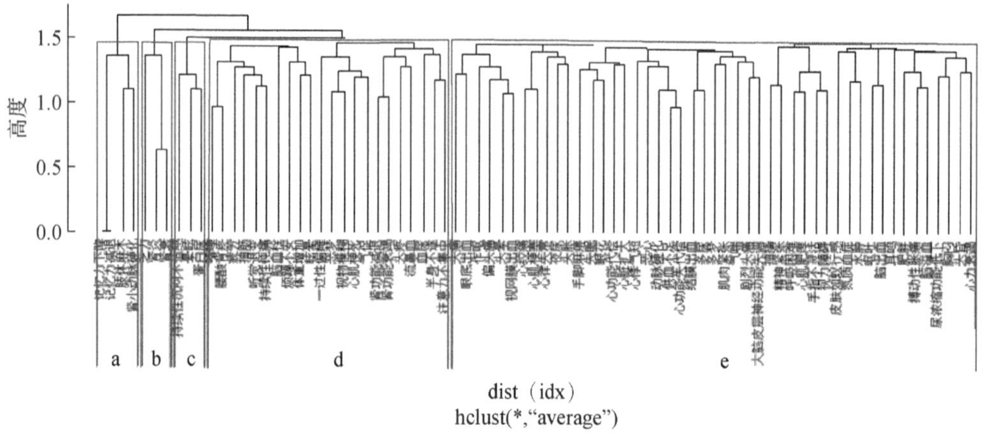

图 7.16　高血压症状样本整体聚类及类数概览图

图 7.17 和图 7.18 是从图 7.16 中提取的两个小类,以便更直观地感受聚类过程。图 7.17 提取的小类中一共有 22 个词语,眩晕和体重增加首先两两合并到达第二层,可以先将这两个词语看成一类再与烦躁不安进行合并到达第三层,此时又可以将这三个词语看作一类并与脑血栓进行合并到达第四层,这四个词语又

形成一类,接着再和左边的嗜睡、腰酸背疼、疲劳、抽筋、听觉退变、持续性钝痛六个词语生成的一个簇进行合并,到达第五层,最后再和右边 12 个词语生成的一个簇进行合并,到达顶层。层次聚类可以清晰地看出两个词语直接的关联程度,进而可以看出簇与簇之间的关联程度,越快聚类的词语相似程度越高,簇与簇之间亦然如此。

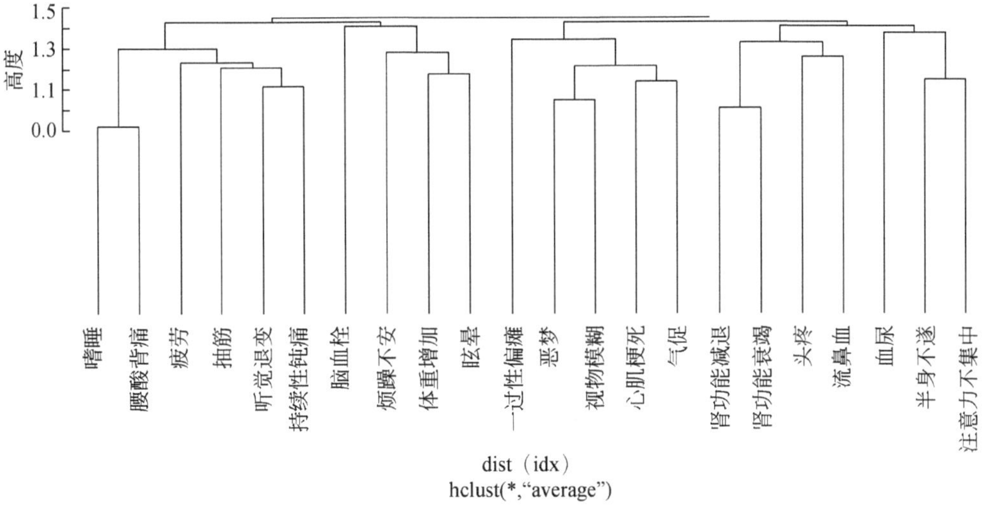

图 7.17　高血压症状小类 I

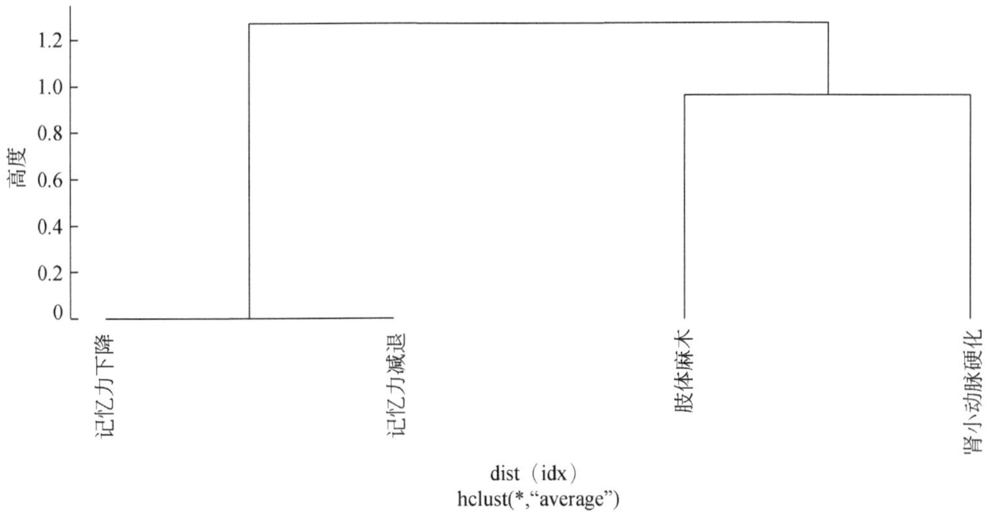

图 7.18　高血压症状小类 II

(2)高血压治疗方案样本数据语义网络

和高血压症状一样,依旧从数据集中选取 80 个词语作为样本数据,首先绘制高血压治疗方案碎石图(图 7.19)。

图 7.19 显示,词语在距离测度 1.6 ~ 1.7 开始分散,此时对应的 Y 轴的数值为最佳聚类数目,聚类数目为 7 ~ 8 类。

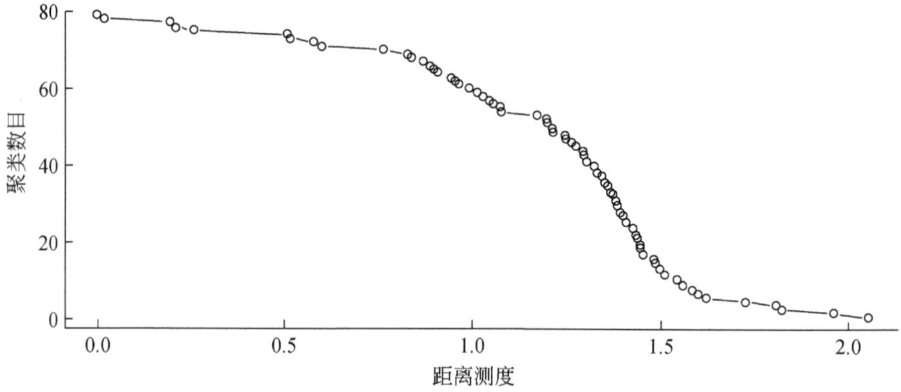

图 7.19　高血压治疗方案碎石图

图 7.20 是大众性用户体验样本数据聚类的可视化结果,将聚类分为 7 个簇。

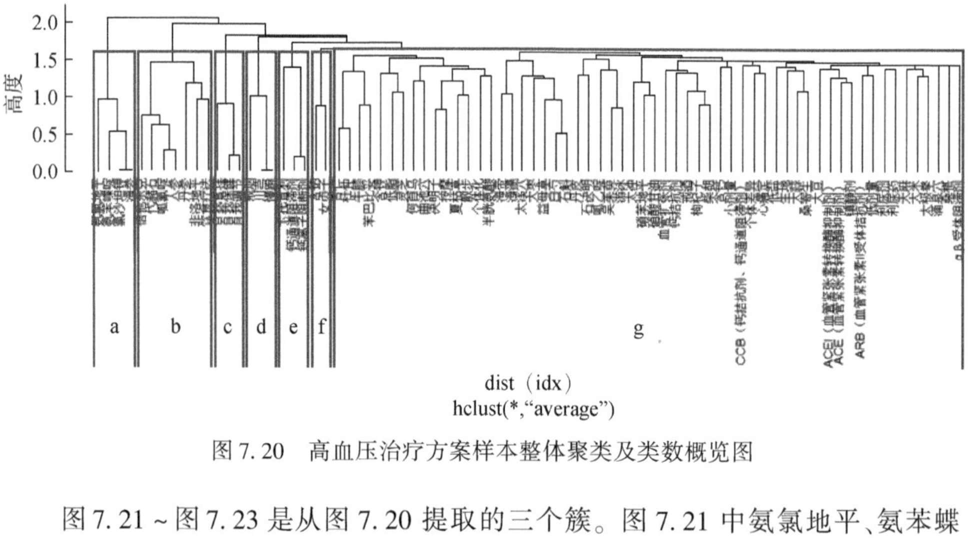

图 7.20　高血压治疗方案样本整体聚类及类数概览图

图 7.21 ~ 图 7.23 是从图 7.20 提取的三个簇。图 7.21 中氨氯地平、氨苯蝶啶、氯沙坦钾、海参四个词语相似度比较高聚成一个小类,由于前三个词语都是拮抗剂且海参也是对心血管有好处,因此可以看成高血压治疗方案中心血管治疗的缩影,可以看出聚类结果的科学性。

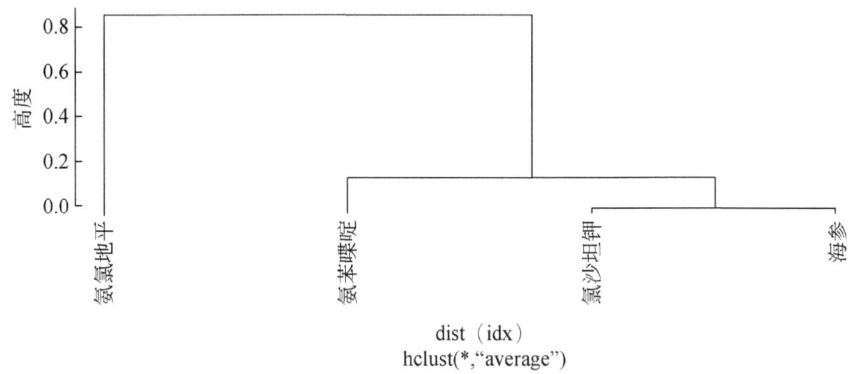

图 7.21　高血压治疗方案小类Ⅰ

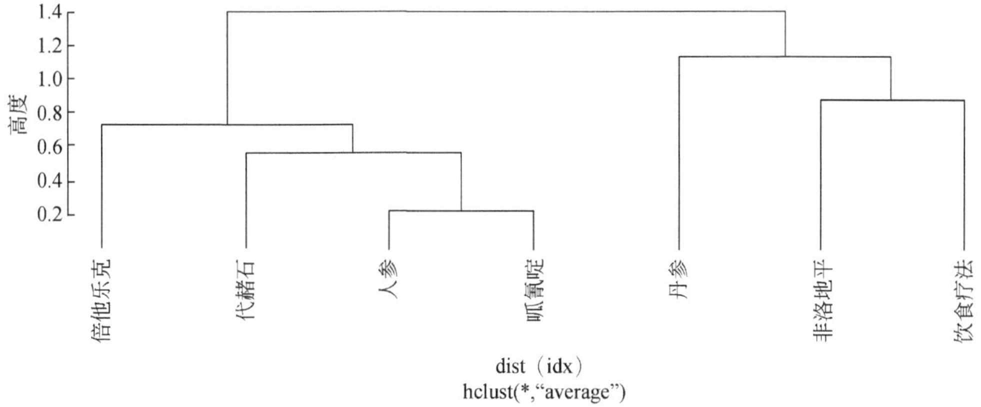

图 7.22　高血压治疗方案小类Ⅱ

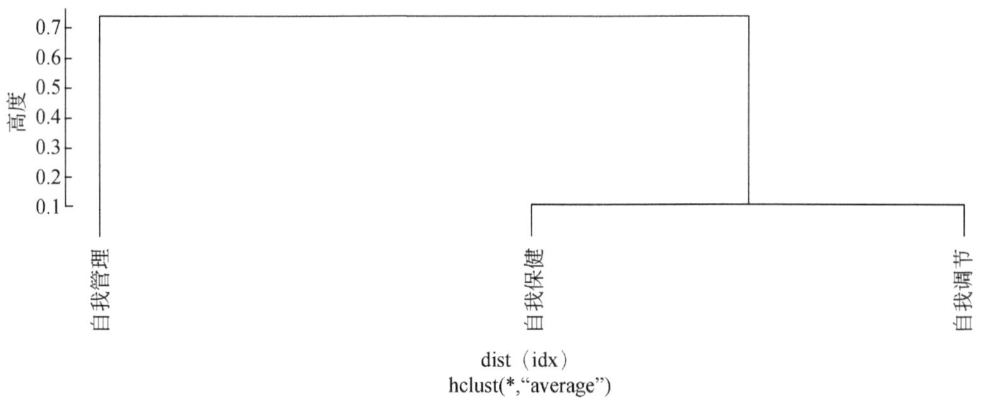

图 7.23　高血压治疗方案小类Ⅲ

图7.22中饮食疗法和非洛地平两个词语首先聚成一类，然后取两个词语余弦相似度的平均值与词语丹参进行合并，聚类一个小类。接着词语呱氰啶和人参聚成一类，取两者余弦相似度平均值与词语代赭石进行合并，再取平均值和词语美托洛尔进行合并，聚成一小类，然后与前面的小类进行合并，就形成了图7.22这一小类。

图7.23中自我管理、自我调节、自我保健三个词语关联关系很紧密，可以看到高血压治疗过程中自我约束的重要性。

7.2.2.2 基于异质网络聚类语义网络构建可视化

将部分症状词频和治疗方案词频相乘而得的2-mode共现矩阵作为样本，然后将这个2-mode数据集导入UCINET软件绘制语义网络，选择症状-治疗双模式网络(2-mode network)进行中心度分析，然后设置不同的阈值进行不同层次的语义网络分析。社会化媒体平台的用户对高血压专业知识缺乏系统和全面的学习，导致信息内容碎片化，因此用户数据也就十分稀疏，相似程度略微偏低，词语之间的交互关系比较繁杂。

异质网络中节点和边都有语义信息，连接节点的不同路径都有不同的语义关系。节点中心是中心点，根据连线紧密程度可以看出中心点，中心点词语词的重要程度比其他词语占更大比例。方形节点表示症状词语，圆形节点表示治疗词语。

当阈值设为3.8时，从图7.24中可以看出，供血不足是整个语义网络的中心点，作为桥梁连接ARB、控制体重、低剂量三个词语，形成症状-治疗语义网络的基本框架。当阈值不断降低时，会围绕这些词语增加更多的词语，产生更多的关联关系。

图7.25中阈值降低到2.5时，如上所述，有更多的词语聚集到这四个中心点处，产生更密切的关联关系，词语之间的交互关系更加复杂。此时词语心功能失代偿和图7.24中词语供血不足一样，同时和ARB、控制体重、低剂量产生关联关系，而中心词语供血不足周围则增加低钾和个体差异两个节点。

图7.26中阈值更是降低到1.5，此时词语之间的关联关系更密集、交互关系更纷杂。例如，词语个体差异既是主要中心点供血不足的附属节点，又是局部关系中的中心点，连接了四肢乏力、头痛、心悸等词语。随着阈值的降低，词语供血不足也同时和更多的词语产生关联关系，周围的词语更密集。然而无论阈值如何降低，供血不足连接的词语始终是最多的，更加证明其是症状-治疗语义网络最重要的中心点。

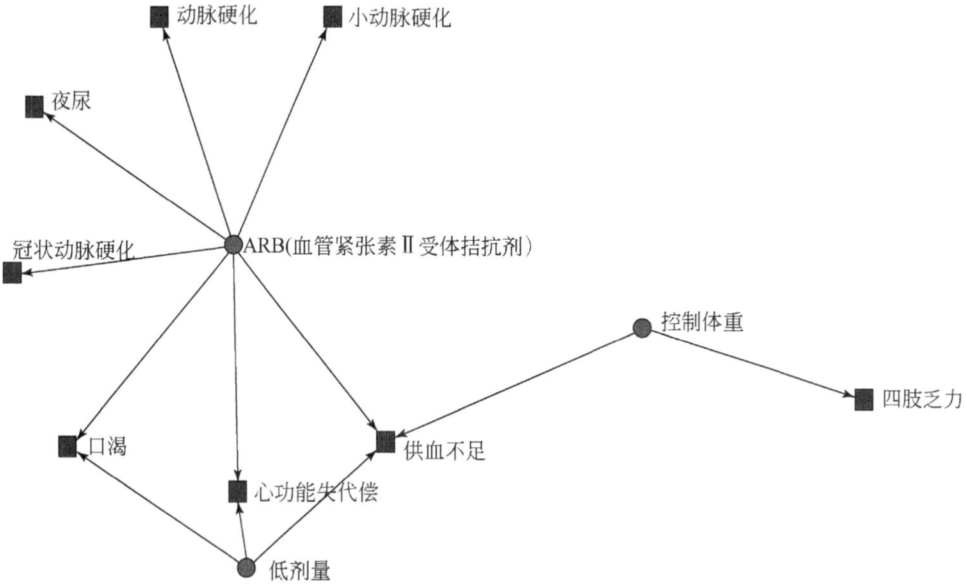

图 7.24　阈值 3.8 症状-治疗语义网络

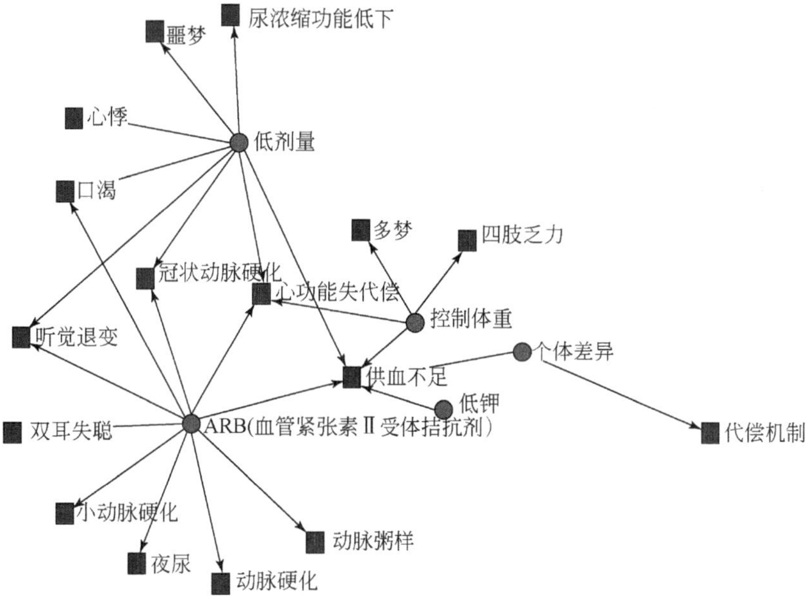

图 7.25　阈值 2.5 症状-治疗语义网络

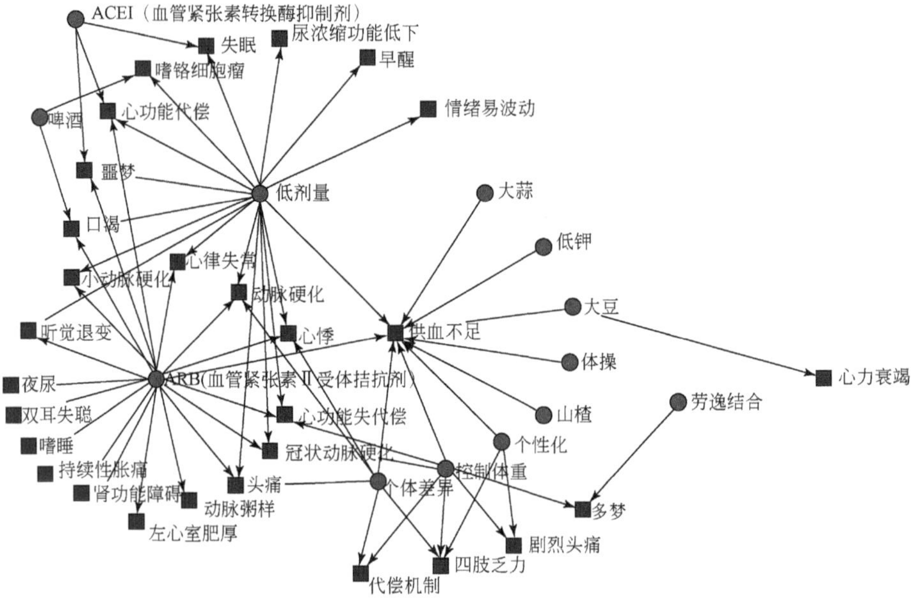

图 7.26　阈值 1.5 症状-治疗语义网络

7.2.3　实验结果与评价

7.2.3.1　结果分析

本节获取了三个社交网站的大众性用户体验数据，对其进行数据预处理后度量词语之间的相似程度，分别基于高血压症状、高血压治疗方案的同质网络聚类及基于高血压症状-治疗方案的异质网络聚类构建语义网络。在构建语义网络的过程中，选取样本进行层次聚类，分别将高血压症状、高血压治疗方案同质网络中词语的关联关系可视化，直观显示同种类型节点聚类过程。然后基于症状-治疗方案 2-mode 共现矩阵进行异质网络聚类，通过设定不同阈值，将不同层次的不同类型的词语的关联关系可视化，随着阈值的增大，关联关系越清晰。

7.2.3.2　结果评价

选取纯度和熵值作为聚类有效性评价指标，分别计算不同网络结构的层次聚类（HC）和社会网络分析（SNA）的纯度及熵值（图 7.27，图 7.28）。

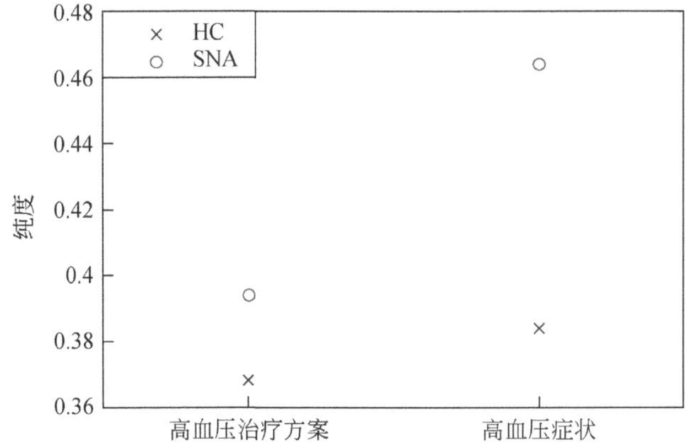

图 7.27　不同语义网络结构的纯度比较

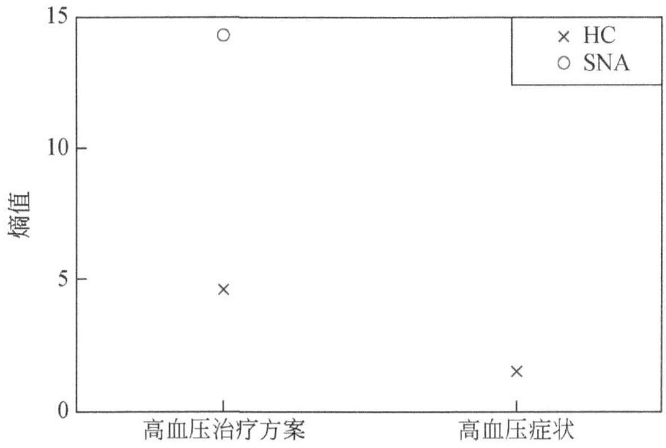

图 7.28　不同语义网络结构的熵值比较

根据纯度越高越好，熵值越低越好的评价等级来看，同质网络聚类的纯度较低，但是熵值也低，异质网络聚类的纯度较高，但是熵值也高。因此，就纯度评价指标而言，进行异质网络语义网络构建较为合理，而就熵值指标而言，进行同质网络语义网络构建较为合理。可以看出，同质网络聚类和异质网络聚类适用于不同场景，现实应用应该根据具体情况采取不同的方案。

本节以领域范围内专家性用户经验为参照标准，基于社会化媒体平台大众性用户体验构建语义网络。以高血压症状及其治疗方案为例，针对社会化网站中大众性用户体验数据的获取并且经过自然语言文本处理，基于 TF-IDF 值的余弦相似度计算、基于词间相似度的层次聚类及基于症状-治疗方案的关联映射等模型的构建思路及步骤进行了较为详细的阐述。基于 7.1 节的专家性用户经验为参考标准,基于社会化媒体平台的大众性用户体验构建了语义网络,但是缺乏两者的比较分析,因此7.3节将基于专家性用户经验测度大众性用户体验的可信程度。

7.3 基于KL散度的文本分类研究

7.1节和7.2节分别基于专家性用户经验和大众性用户体验构建了相关模型,然而缺乏对参照数据的充分利用,没有对两者进行比较分析,因此本节基于专家性用户经验测度社会化媒体平台大众性用户体验的可信程度。本节尝试基于KL散度构建分类模型,从而测度大众性用户体验的可信程度。

7.3.1 基于KL散度进行文本分类的可行性及合理性判断

KL散度又称KL距离,从概率分布的角度去衡量两个变量间的距离[141]。KL距离的用途:①衡量两个概率分布的差异,就是衡量两个概率分布的相似度;②衡量利用概率分布Q拟合概率分布P时的能量损耗,也就是说拟合之后丢失了多少的信息,可以参考前面曲线拟合的思想。基于KL散度可以测量出未添加标签的行为与已经添加标签的行为之间的差异,从而进行分类。

当两个随机分布相同时,KL值为0;当两个随机分布的差别增大时,KL值也会增大,所以KL散度可以用于比较文本相似度,先统计出词频,然后计算KL散度。本书的变量为离散变量,所以选取离散型的概率分布,当KL距离越小时,P和Q就越接近,反之亦然。

综上,本节选取KL散度进行相似度计算,然后基于KL散度进行文本分类,基于领域范围内专家性用户体验测度社交平台大众性用户体验的可信程度。

7.3.2 基于KL散度的文本分类模型

对于某个词$i=1,\cdots,74$(如“乏力”),其专业性网站具有用户数据列X_i(10维向量),社交网站具有用户数据列Y_i(810维向量),首先计算Y_i到X_i的KL散度值,记作KL_i,然后对$\mathrm{KL}_i(i=1,\cdots,74)$从小到大进行排列,最后根据74个词语的KL散度值的大小分类,这里假设S类。分类结果由每一类的阈值决定,本书拟通过交叉验证(cross-validation)[142]方法来比较不同阈值分类结果的优劣。

7.3.2.1 基于KL散度的相似度计算

采用格子法[143],首先计算出词i的分布区间$[a,b]$,$a=\min\{\min(X_i),\min$

$(Y_i)\}-e, b=\max\{\max(X_i), \max(Y_i)\}+e$,其中 e 为一个非常小的数,可以将其设成 $e=0.001$。然后将 $[a,b]$ 分成 Z 份,每一格子为 $[s_z, s_{z+1})$,$z=1,\cdots,Z+1$,$s_1=a$,$s_{Z+1}=b$。最后计算X_i和Y_i在每个格子的比例,具体如下:

$$P_z=\frac{\sum_{j=1}^{10} I(X_{ij}\in[S_z,S_{z=1}))}{10} \tag{7-15}$$

$$Q_z=\frac{\sum_{j=1}^{810} I(Y_{ij}\in[S_z,S_{z+1}))}{810} \tag{7-16}$$

根据式(7-15)和式(7-16)可以计算出X_i和Y_i的 KL 散度,如下所示:

$$\mathrm{KL}_i=\sum_{z=1}^{Z} p_z \log\frac{p_z}{q_z} \tag{7-17}$$

其中,p_z为专家性用户经验数据的概率分布,q_z为社会化媒体平台大众性用户体验数据的概率分布。p_z为原分布或者真实分布,q_z为近似分布或者非真实分布,KL 散度计算的就是原分布与近似分布的概率的对数差的期望值,即近似分布与原分布的差异,本书将其理解为相似程度。

概率分布p_z和概率分布q_z越相近,则它们之间的 KL 距离值就越小,相似程度就越高,可信程度也就越高;同理 KL 距离值越大,相似程度就越低,可信程度自然也就越低。

7.3.2.2 基于 KL 散度的文本分类

计算得出 KL 值为[0,40],因此可以设定不同的阈值,将不同单词分类。例如,设定阈值是 $[t_s, t_{s+1})$,$s=1,\cdots,S+1$,$t_1=0$,$t_{S+1}=40$,那么$\mathrm{KL}_i\in[t_s,t_{s+1})$,则将单词 i 分到第 s 类。

7.3.3 阈值设定及评价指标

设定阈值对分类结果十分关键,已知 KL 距离值是通过有限样本计算出来的,KL 值会随着计算样本的不同有微小变化,对于阈值设定,当样本不同时,分类结果也会产生变化,所以阈值设定方法必须保证分类足够稳健。本书采用交叉验证的方法,来判断不同种阈值设定方法的稳健性,具体算法如下[143]:

输入:阈值,判别矩阵 $Q\in R^{S\times S}$,$q_{ij}=0$,$i=1,\cdots,S$,$j=0,\cdots,S$。

1)将样本分成大小差不多相等的 K 份,K 一般取 5 或者 10。

2)for $k=1,\cdots,K$。

3)对于第 k 次实验,将第 k 份样本作为测试集,其他 $K-1$ 份样本作为训练集。

4)对于训练集,用上述方法算出每个单词的 KL 值,记做KL_i^{0k}。

5)对于测试集,用上述方法算出每个单词 KL 值, 记做KL_i^{1k}。

6)用给定的阈值基于KL_i^{0k}将每个单词分类,结果记做s_i^0。

7)用给定的阈值基于KL_i^{1k}将每个单词分类, 记过记做s_i^1。

8)for $i=1,\cdots,74$。

9)$Q(s_i^0,s_i^1)=Q(s_i^0,s_i^1)+1$。

10)end。

11)end。

最后对于这种输入阈值的评价指标为

$$T=\frac{\sum_{i=1}^{74}q_{ij}}{\sum_{i=1}^{74}\sum_{i=j}^{74}q_{ij}} \tag{7-18}$$

指标值越高越好,说明测试集合训练集的分类结果越一致。其中,q 矩阵第(i,j)项代表训练集分到 i 类但是测试集分到 j 类的词语个数,Q 矩阵对角线的个数是分类结果最一致的个数,所以对角线上的就是正确的分类结果,T 就是对角线的和除以 Q 矩阵所有行列的和。

7.3.4 实验验证

7.3.4.1 词语的 KL 散度值及结果排列

分别从专业性用户经验数据和社交平台大众性用户体验数据中选取标签相同的样本,随机选取 74 个词语的 TF-IDF 值作为样本数据,计算高血压症状及治疗方案词语的 KL 值。

(1)高血压症状

图 7.29 是样本数据中 74 个高血压症状词语的 KL 散度值,为了方便分类,将其按照从大到小的顺序排列,由图 7.30 可以看出 KL 散度值在[0,40]。当 KL=0 时,即两个随机分布是相同的,也就是说此时社会化媒体平台大众性用户体验和专家性用户经验是相同的,相似度非常高,说明此时社会化媒体平台的大众性用户体验内容的可信程度非常高。随着 KL 散度值的递增,社会化媒体平台的大众性用户体验内容和专家性用户经验内容的差异也就越来越大,相似度不断降低,可信程度也越来越低。可见,KL 散度值越小,社会化媒体平台大众性用户体验内容越可信;KL 散度值越大,大众性用户体验内容越不可信。

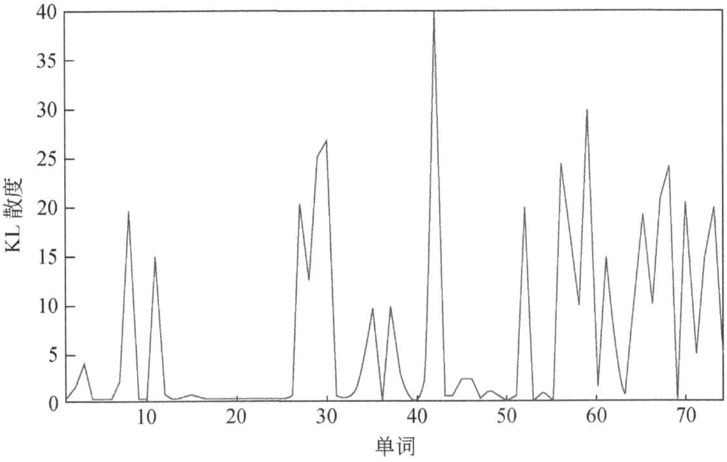

图 7.29　高血压症状单个词语 KL 散度值

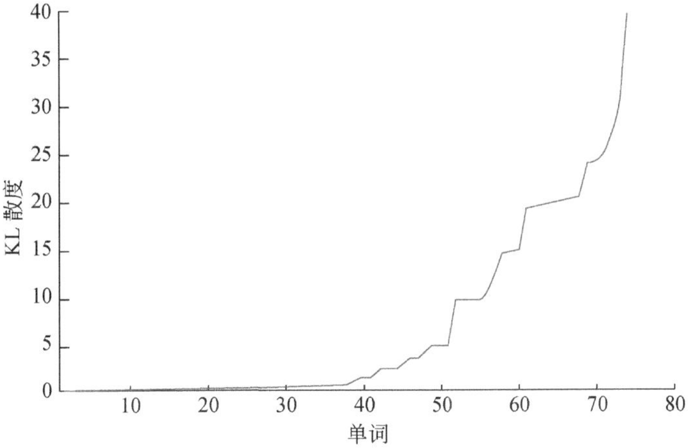

图 7.30　高血压症状 KL 散度值由小到大排列

(2)高血压治疗方案

图 7.31 是样本中 74 个高血压治疗方案词语的 KL 散度值,和高血压症状一样,按照从小到大的顺序排列,如图 7.32 所示,其 KL 散度值区间为(0,35)。同高血压症状的 KL 散度值描述一样,KL 散度值越小,说明社会化媒体平台的大众性用户体验内容与专家性用户经验内容的相似度越大,社会化媒体平台中关于高血压治疗方案的大众性用户体验内容可信程度越高,是可信的;随着 KL 散度值的增加,两者的相似度越小,说明社会化媒体平台大众性用户体验内容的可信程度越低,是不可信的。

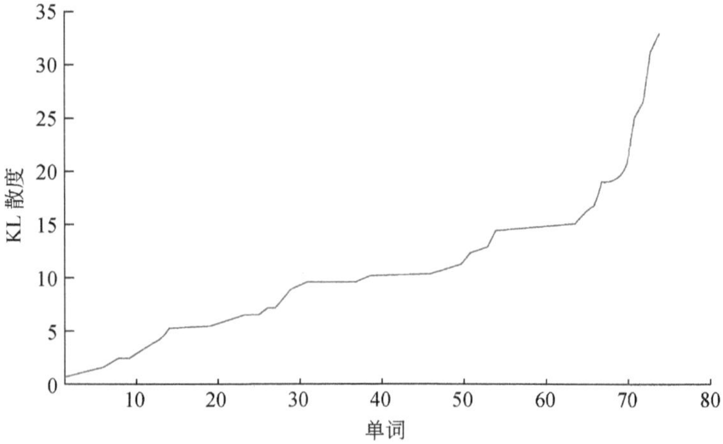

图 7.31　高血压治疗方案单个词语 KL 散度值

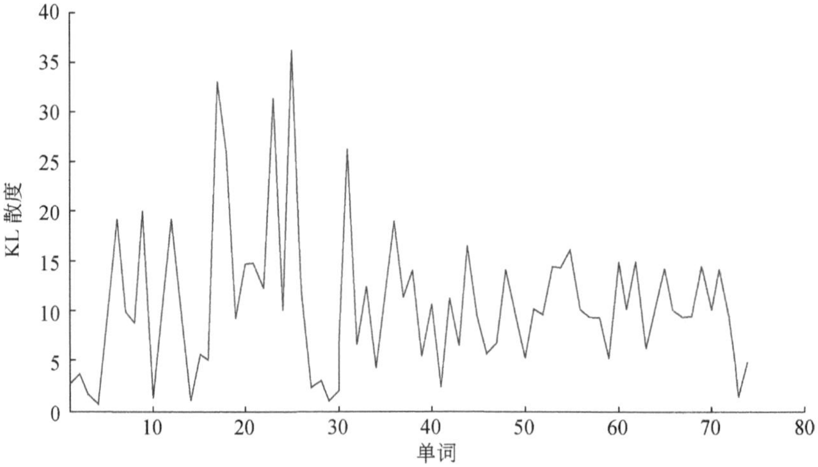

图 7.32　高血压治疗方案 KL 散度值由小到大排列

另外需要注意的是,高血压治疗方案词语的 KL 散度值没有等于 0 的,说明关于高血压治疗方案的描述社会化媒体平台大众性用户体验内容和专家性用户经验内容没有相同的,这是因为高血压症状是客观存在的,高血压病人发病的症状都在同一个范畴内,然而关于高血压的治疗是因人而异的,专家给出的治疗方案未必适合所有人,用户会从自身具体情况出发,给出相应的治疗方案,这就导致两者的概率分布没有相同的。

接下来的工作就是基于 KL 散度值的大小设定不同的阈值,通过阈值设定进行分类,并且根据指标值的大小选取使分类最稳健的阈值设定方法。

7.3.4.2 不同阈值设定对分类结果影响

(1)高血压症状

前文章节中依据碎石图将高血压症状聚类结果分成5类,因此本节依然将其类别预设为5类,然后再设定不同的阈值。当阈值设定为[0,0.5,1,5,10,40]时,指标值最高,说明此时测试集合训练集的分类结果最一致,分类结果最稳健(表7.1)。

表7.1 不同阈值设定对高血压症状分类结果影响

阈值	指标 T
[0,0.1,0.5,2,5,20,40]	0.7297
[0,0.1,0.5,2,5,10,40]	0.7351
[0,0.5,1,2,5,20,40]	0.7432
[0,0.5,2,5,10,40]	0.7703
[0,0.5,1,5,10,40]	0.7865
[0,0.2,1,5,10,40]	0.7514
[0,0.2,0.6,1,5,40]	0.7189

(2)高血压治疗方案

前文章节依据碎石图将高血压治疗方案聚类结果分成7类,那么依然将治疗方案的类别预设为7类,再设定阈值。当阈值设定为[0,1,5,15,20,30,35,40]时,指标值最高,说明此时分类结果最稳健(表7.2)。

表7.2 不同阈值设定对高血压治疗分类结果影响

阈值	指标 T
[0,1,10,15,20,30,35,40]	0.5016
[0,1,5,15,20,30,35,40]	0.6133
[0,1,2,10,20,30,40,50]	0.5307
[0,1,5,10,15,20,30,40]	0.4960
[0,5,10,15,20,25,30,40]	0.4933
[0,6,10,15,20,25,30,40]	0.4427
[0,1,8,15,22,29,35,40]	0.4880

7.3.4.3 最佳阈值设定的分类结果

(1)高血压症状

表7.3为高血压症状分类最稳健的结果。Ⅰ类中词语的KL散度值区间为0~0.5,说明这31个词语在社会化媒体平台大众性用户体验内容及在专家性用户经验内容中的相似程度非常高,此时大众性用户体验内容的可信度非常高,是非常可信的。另外Ⅰ类中的词语个数是最多的,说明无论是专家性用户经验内容还是社会化媒体平台大众性用户体验内容中,关于高血压症状的描述这些词语出现的频率较为集中。

表7.3 阈值为[0,0.5,1,5,10,40]的高血压症状分类结果

类别(词语数量)	词语
Ⅰ(27)	一过性偏瘫、供血不足、剧烈头痛、动脉硬化、呼吸困难、嗜睡、夜尿、大脑皮层功能紊乱、头疼、头痛、头胀、尿浓缩功能低下、心力衰竭、心功能代偿、心功能失代偿、心律失常、抽搐、搏动性钝痛、搏动性胀痛、气喘、烦躁不安、皮肤如蚁行感、眩晕、眼底出血、精神紧张、耳鸣、氮质血症
Ⅱ(8)	多梦、失眠、心脏扩大、噩梦、水肿、疲劳、结膜出血、脑出血
Ⅲ(12)	乏力、体重增加、半身不遂、手指不灵活、持续性沉闷不适感、晕眩、注意力不集中、流鼻血、肾炎、胸闷、视物模糊、记忆力减退
Ⅳ(4)	手脚麻痹、抽筋、肾功能衰竭、腰酸背疼
Ⅴ(19)	呕吐、多尿、心绞痛、心肌梗塞、心肌梗死、心肌肥厚、气促、眼花、肢体麻木、肾功能减退、肾小动脉硬化、肾衰、脑溢血、脑血栓、蛋白尿、血尿、视力障碍、视网膜出血、记忆力下降

Ⅱ类中词语的KL散度值区间为0.5~1,此区间内的8个词语的相似程度还是较为接近的,说明大众性用户体验内容与专家性用户经验内容对比时可信程度还是比较高的,此时依然是可信的,在网络用户的生成内容中出现的集中度也较为密集。Ⅲ类中词语的KL散度值区间为1~5,此时大众性用户体验内容与专家性用户经验内容的相似程度也就没有那么高了,大众性用户体验内容的可信度也降低了,用户提到这些词语的频率也越来越碎片化。

Ⅳ类词语KL散度值区间为5~10,大众性用户体验内容与专家性用户经验内容的相似程度越来越低,大众性用户体验内容的可信度越来越低,越来越不可信,用户提到的频率越来越低,越来越不集中。

Ⅴ类词语KL散度值区间为10~40,此时社会化媒体平台中的大众性用户体验内容与专家性用户经验内容的相似程度是最低的,此时大众性用户体验内容的可信度是最低的,是最不可信的,离散程度也是最高的。

总体来看,大众性用户体验内容和专家性用户经验内容的分类结果在Ⅰ类中的数量是最多的,Ⅰ类也是相似程度最高的,说明大众性用户和专家性用户关于高血压症状的描述是非常一致的,大众性用户体验的内容的可信度还是比较高的,是较为可信的。

(2)高血压治疗方案

表7.4是高血压治疗方案分类最稳健的结果。其中,Ⅰ类中词语的KL散度值区间为0~1,此时社会化媒体平台中大众性用户体验内容与专家性用户经验内容在样本数据中的相似程度是最高的,大众性用户体验内容的可信度是最高的,是最可信的,用户提到的集中度也是最密集的,也就是说,用户在描述高血压治疗方案时,提到天麻的同时最大概率会涉及决明子和个体化。

表7.4 阈值为[0,1,5,15,20,30,35,40]的高血压治疗方案分类结果

类别(词语数量)	词语
Ⅰ(3)	个体化、决明子、天麻
Ⅱ(10)	ACE、ACEI、ARB、低剂量、大蒜、大豆、太冲、山萸、抑制剂、镇静剂
Ⅲ(50)	个体差异、丹皮、人参、低盐、何首乌、利尿剂、利尿药、卡托普利、含钙、含钠、含钾、夏枯草、大米、太溪穴、女贞子、山楂、硝苯地平、慢跑、戒烟、戒酒、拮抗剂、按摩、曲池穴、杏仁、杜仲茶、枸杞子、柴胡、桑寄生、桑葚、氨氯地平、氨苯喋啶、氯沙坦钾、海带、海藻、涌泉穴、游泳、灵芝、牛膝、白芍、益母草、石决明、石斛、自我保健、自我管理、自我调节、苯巴比妥、硝苯地平、硝酸甘油、阻断剂、阻滞剂
Ⅳ(6)	丹参、低脂、川芎、散步、海参、生地
Ⅴ(3)	代赭石、美托洛尔、太极拳
Ⅵ(2)	哌乙啶、吴茱萸
Ⅶ(1)	大枣

Ⅱ类中词语的KL散度值区间为1~5,大众性用户体验内容和专家性用户经验内容在样本数据中的相似程度也是较高的,此时大众性用户体验内容的可信度也是较高的,是较为可信的,用户同时提到这些词语的概率也是非常大的。例如,ACE(血管紧张素转化酶)、ACEI(血管紧张素转化酶抑制剂)、ARB(血管紧张素Ⅱ受体拮抗剂)必然会同时出现,ACEI是治疗ACE的药剂,也可以和ARB联合用药进行治疗,所以这三个词语捆绑出现在用户交互数据的可能性非常大。

以此类推,Ⅲ类中词语的KL散度值区间为5~15,即大众性用户体验内容和专家性用户经验内容的相似度为5~15,此时大众性用户体验内容的可信度有所降低,但还是较为可信的,并且高血压治疗方案的描述在5~15的区间是最集中的,数量是最多的。

Ⅳ类中词语的KL散度值区间为15~20,此时大众性用户体验内容和专家性用户经验内容的相似程度越来越低,大众性用户体验内容的可信度也越来越低。

Ⅴ类中词语的 KL 散度值区间为 20 ~ 30,大众性用户体验内容和专家性用户经验内容的相似度为 20 ~ 30,此时大众性用户体验内容的可信度更低。

Ⅵ类词语 KL 散度值区间为 30 ~ 35,大众性用户体验内容和专家性用户经验内容的相似程度已经非常低,大众性用户体验内容的可信度也非常低了,已经很不可信。

Ⅶ类词语 KL 散度值区间为 35 ~ 40,此时大众性用户体验内容和专家性用户经验内容的相似程度是最低的,大众性用户体验内容的可信度也是最低的,是最不可信的。

纵观整个分类结果,大众性用户体验内容和专家性用户经验内容在Ⅲ类中的分类数量是最多的,这是因为高血压治疗方案具有个体差异性,专家给出的高血压治疗方案不一定适合每一个人,而且用户对高血压治疗有自己的偏好,导致高血压治疗方案的分类结果集中在Ⅲ类。不过此时的 KL 散度值区间为 5 ~ 15,相似程度还是比较高的,大众性用户体验的内容还是比较可信的。

7.3.5 实验结果分析

基于 KL 散度计算社会化媒体平台大众性用户体验内容和专家性用户经验内容的相似度,KL 散度值越小,相似度越大,大众性用户体验内容的可信度也就越高。通过交叉验证的方法判定不同阈值设定对分类结果的影响,通过评价指标 T 的大小选取保证分类结果最稳健的阈值。通过样本数据展示最稳健的阈值下社会化媒体大众性用户体验内容参照专家性用户经验内容的分类结果,可以看出分类还是很成功的。

本节以专家性用户经验内容为参照标准,将社会化媒体平台大众性用户体验内容与人专家性用户经验内容进行比较,从而测度大众性用户体验内容的可信程度,判断其可不可信。通过 KL 散度计算大众性用户体验和专家型用户经验之间的相似程度,并且将 KL 散度值从小到大进行排序,KL 散度值越小,相似度越大,可信度也就越高;通过设定阈值的方法对大众性用户体验内容和专家性用户经验内容进行分类,然后通过交叉验证的方法选出保证分类结果最稳健的阈值。选取样本数据对提出的方法进行实验验证,最终证明该方法是可行的。

参考文献

[1] 吴慰慈,张久珍. 网络信息资源管理的标准化体系研究. 情报科学,2001,19(1):40-45.

[2] O'reilly T. What is Web 2.0. O'Reilly Media,Inc. 2009.

[3] ManessJ M. Library 2.0 theory: Web 2.0 and its implications for libraries. 2006.

[4] 彭兰. 社会化媒体时代的三种媒介素养及其关系. 上海师范大学学报(哲学社会科学版),2013,42(3):52-60.

[5] 林升梁. 国内外社会化媒体研究现状与趋势. 广告大观(理论版),2013(4):7-18.

[6] Herlocker J L,Konstan J A,Terveen L G,et al. Evaluating collaborative filtering recommender systems. ACM Transactions on Information Systems (TOIS),2004,22(1): 5-53.

[7] 马费成,姜婷婷. 信息构建对当代情报学发展的影响. 图书馆论坛,2003,23(6):20-25.

[8] 肖希明. 图书馆学研究进展. 武汉:武汉大学出版社,2007.

[9] Kim J K, Kim H K, Oh H Y, et al. A group recommendation system for online communities. International Journal of Information Management,2010,30(3): 212-219.

[10] Resnick P, Varian H R. Recommender systems. Communications of the ACM, 1997, 40(3): 56-58.

[11] Linden G, Smith B, York J. Amazon. com recommendations: Item-to-item collaborative filtering. IEEE Internet computing,2003 (1): 76-80.

[12] Vander Wal T. Folksonomy. 2007[2018-10-9]. http://www. vanderwal. net/essays/051130/folksonomy. pdf.

[13] Vander Wal T. Explaining and showing broad and narrow folksonomies. 2005[2018-10-9]. http://www. vanderwal. net/random/category. php.

[14] Furner J, Smith M, Winget M. Collaborative indexing of cultural resources: Some outstanding issues//1st ADHO International Conference, Paris, France. 2006.

[15] Golder S A, Huberman B A. Usage patterns of collaborative tagging systems. Journal of Information Science,2006,32(2): 198-208.

[16] Marlow C,Naaman M,Boyd D,et al. HT06,tagging paper,taxonomy,Flickr,academic article,to read//Proceedings of the Seventeenth Conference on Hypertext and Hypermedia. ACM,2006: 31-40.

[17] Shevade B,Sundaram H,Xie L. Modeling personal and social network context for event annotation in images//Proceedings of the 7th ACM/IEEE-CS Joint Conference on Digital libraries. ACM, 2007: 127-134.

[18] Miller A D, Edwards W K. Give and take: a study of consumer photo-sharing culture and practice//Proceedings of the SIGCHI Conference on Human Factors in Computing Systems. ACM,2007: 347-356.

[19] Murison J. Messageboard topic tagging: User tagging of collectively owned community content//Proceedings of the 2005 Conference on Designing for User Experience. AIGA: American Institute of Graphic Arts,2005: 5.

[20] 让·皮亚杰. 人文科学认识论. 郑文彬,译. 北京:中央编译出版社,1999.

[21] Ramage D, Hall D, Nallapati R, et al. Labeled LDA: A supervised topic model for credit attribution in multi-labeled corpora//Proceedings of the 2009 Conference on Empirical Methods in Natural Language Processing: Volume 1-Volume 1. Association for Computational Linguistics, 2009: 248-256.

[22] 林之达. 传播的两级效果论. 社会科学研究,2005(2):176-182.

[23] 汉诺·哈特,刘燕南. 范式转变:大众传播研究话语中心的消解. 国际新闻界,2002(3): 54-59.

[24] 戴汝为. 从基于逻辑的人工智能到社会智能的发展. 自然杂志,2006,28(6):311-314.

[25] Hedström P, YlikoskiP. Analytical sociology, SAGE handbook of philosophy of social science. Calif. :SAGE,2011.

[26] 丁科芝. 社交网络信息可信度研究. 武汉:华中师范大学硕士学位论文,2015.

[27] Manaman H S, Jamali S, Aleahmad A. Online reputation measurement of companies based on user-generated content in online social networks. Computers in Human Behavior,2016,54(C): 94-100.

[28] 王平,程齐凯. 网络信息可信度评估的研究进展及述评. 信息资源管理学报,2013(1): 46-52.

[29] Fogg B J,Tseng H. The elements of computer credibility//Proceedings of the SIGCHI Conference on Human Factors in Computing Systems. ACM,1999: 80-87.

[30] 马费成. 信息资源开发与管理. 北京:电子工业出版社,2009.

[31] 查先进,张晋朝,严亚兰. 微博环境下用户学术信息搜寻行为影响因素研究——信息质量和信源可信度双路径视角. 中国图书馆学报,2015,41(217): 71-85.

[32] Lucassen T, Schraagen J M. Factual accuracy and trust in information: The role of expertise. Journal of the American Society for Information Science and Technology,2011,62(7): 1232-1242.

[33] Ltifi M. Roles of social media in the retail sector in Tunisia: The case of Facebook. International Strategic Management Review,2014,2(2): 79-88.

[34] Westerwick A. Effects of sponsorship, web site design, and Google ranking on the credibility of online information. Journal of Computer-Mediated Communication,2013,18(2): 194-211.

[35] 夏志杰,王筱莉,王冰冰. 灾害事件中公众社会化媒体使用意愿的影响因素研究. 情报学报,2015,34(3): 313-323.

[36] 李保珍,卢海燕,马少辉. 社会选择函数研究综述. 系统工程,2015(3):72-77.

[37] 姒琪莹. 学生用户对 SNS 网站信任度的实证研究. 上海:上海交通大学硕士学位论文,2010.

[38] 代宝,刘业政. SNS 用户采纳影响因素实证研究综述. 情报资料工作,2015,36(1):53-57.

[39] 丘惠翠. 微信口碑可信度的影响因素分析. 市场研究,2014(12):32-33.

[40] Westerman D, Spence P R, van der Heide B. A social network as information: The effect of system generated reports of connectedness on credibility on Twitter. Computers in Human

Behavior,2012,28(1): 199-206.

[41] Savolainen R. Judging the quality and credibility of information in internet discussion forums. Journal of the American Society for Information Science and Technology,2011,62(7): 1243-1256.

[42] Castillo C,Mendoza M,Poblete B. Information credibility on twitter//Proceedings of the 20th International Conference on World Wide Web. ACM,2011.

[43] Carroll B,Richardson R R. Identification,transparency,interactivity: Towards a new paradigm for credibility for single-voice blogs. International Journal of Interactive Communication Systems and Technologies (IJICST),2011,1(1): 19-35.

[44] Pasternack J, Dan R. Latent credibility analysis// International Conference on World Wide Web. 2013:1009-1020.

[45] Bonneau J,Miller A,Clark J,et al. Sok: Research perspectives and challenges for bitcoin and cryptocurrencies//Security and Privacy (SP),2015 IEEE Symposium on. IEEE,2015.

[46] Balcerzak B, Jaworski W, Wierzbicki A. Application of TextRank algorithm for credibility assessment//Proceedings of the 2014 IEEE/WIC/ACM International Joint Conferences on Web Intelligence (WI) and Intelligent Agent Technologies (IAT)- Volume 01. IEEE Computer Society,2014: 451-454.

[47] Davison B. Propagating trust and distrust to demote web spam. 2006[2018-10-9]. http://citeseerx. ist. psu. edu/viewdoc/download? doi=10. 1. 1. 905. 3461&rep=rep1&type=pdf.

[48] Cao Q,Sirivianos M,Yang X,et al. Aiding the detection of fake accounts in large scale social online services//Proceedings of the 9th USENIX Conference on Networked Systems Design and Implementation. USENIX Association,2012: 15-15.

[49] Flanagin A J,Metzger M J,Pure R,et al. Mitigating risk in ecommerce transactions: Perceptions of information credibility and the role of user-generated ratings in product quality and purchase intention. Electronic Commerce Research,2014,14(1): 1-23.

[50] Castillo C, Mendoza M, Poblete B. Predicting information credibility in time-sensitive social media. Internet Research,2013,23(5): 560-588.

[51] Mun Y Y,Yoon J J,Davis J M,et al. Untangling the antecedents of initial trust in Web-based health information: The roles of argument quality, source expertise, and user perceptions of information quality and risk. Decision Support Systems,2013,55(1): 284-295.

[52] 孙春华,刘业政. 网络口碑信息可信度的实验研究. 财经论丛(浙江财经大学学报),2009,145(4):96-102.

[53] Patra K, Mondal S K. Multi-item supplier selection model with fuzzy risk analysis studied by possibility and necessity constraints. Fuzzy Information and Engineering,2015,7(4): 451-474.

[54] Lee E S, Li R J. Comparison of fuzzy numbers based on the probability measure of fuzzy events. Comp. Math. Applic.,1988,15(10): 887-896.

[55] Zadeh L A. Probability measures of fuzzy events. Journal of Mathematical Analysis and Applications,1968,23(2): 421-427.

[56] Szabo G, Huberman B A. Predicting the popularity of online content. Communications of the ACM,2010,53(8): 80-88.

[57] 尤薇佳,李红,刘鲁. 突发事件 Web 信息传播渠道信任比较研究. 管理科学学报,2014,17(2): 19-33.

[58] Aharon M,Elad M,Bruckstein A. SVD: An algorithm for designing overcomplete dictionaries for sparse representation. IEEE Transactions on Signal Processing,2006,54(11):4311-4322.

[59] 王梦云,曹素青. 基于字频向量的中文文本自动分类系统. 情报学报,2000,19(6): 644-649.

[60] Landauer T K, Foltz P W, Laham D. An introduction to latent semantic analysis. Discourse Processes,1998,25(2-3): 259-284.

[61] Landauer T K,Dumais S. Latent Semantic Analysis. Scholarpedia,2008,3(11):4356.

[62] Moon T K. The expectation- maximization algorithm. IEEE Signal Processing Magazine, 1996, 13(6):47-60.

[63] 唐晓波,房小可. 基于隐含狄利克雷分配的微博推荐模型研究. 情报科学,2015(2):3-8.

[64] Steyvers M,Griffiths T. Probabilistic topic models. Handbook of Latent Semantic Analysis,2007, 427(7): 424-440.

[65] Lee D D,Seung H S. Learning the parts of objects by non-negative matrix factorization. Nature, 1999,401(6755): 788.

[66] Box G E P, Tiao G C. Bayesian Inference in Statistical Analysis. Hoboken: John Wiley & Sons,2011.

[67] Friedman N, Geiger D, Goldszmidt M. Bayesian network classifiers. Machine Learning, 1997, 29(2-3): 131-163.

[68] Wasserman S, Faust K. Social network analysis: Methods and applications. Contemporary Sociology,1994,(91):219-220.

[69] Shi C, Li Y, Zhang J, et al. A survey of heterogeneous information network analysis. IEEE Transactions on Knowledge and Data Engineering,2017,29(1): 17-37.

[70] Chen C L P,Liu Z. Broad learning system: An effective and efficient incremental learning system without the need for deep architecture. IEEE Transactions on Neural Networks and Learning Systems,2018,29(1): 10-24.

[71] 李蕾,郭祥昊. 基于语义网络的概念检索研究与实现. 情报学报,2000,19(5): 525-531.

[72] 李阳,高大启. 知识图谱中实体相似度计算研究. 中文信息学报,2017,31(1):140-146.

[73] Hongfei L, Tianshun Y. Text browsing based on latent semantic indexing. Journal of Chinese Information Processing,2000,14(5): 49-56.

[74] 林鸿飞,姚天顺. 基于潜在语义索引的文本浏览机制. 中文信息学报,2000,14(5): 49-56.

[75] Kintsch W. Predication. Cognitive Science,2001,25(2):173-202.

[76] Hofmann T. Probabilistic latent semantic analysis//Proceedings of the Fifteenth Conference on Uncertainty in Artificial Intelligence. Morgan Kaufmann Publishers Inc. ,1999.

[77] Hofmann T. Probabilistic latent semantic analysis//Proceedings of the Fifteenth Conference on Uncertainty in Artificial Intelligence. Morgan Kaufmann Publishers Inc. ,1999.

[78] Hofmann T. Unsupervised learning by probabilistic latent semantic analysis. Machine Learning, 2001,42(1-2): 177-196.

[79] Deerwester S, Dumais S T, Furnas G W, et al. Indexing by latent semantic analysis. Journal of the American Society for Information Science, 1990, 41(6): 391-407.

[80] Wu X, Zhang L, Yu Y. Exploring social annotations for the semantic web//Proceedings of the 15th International Conference on World Wide Web. ACM, 2006: 417-426.

[81] 王嵩,代逸生,李保珍. 基于 PLSA 的大众标注资源主题挖掘. 数据分析与知识发现, 2010,26(3): 47-51.

[82] Benz D, Tso K H L, Schmidt- Thieme L. Supporting collaborative hierarchical classification: Bookmarks as an Example. Elsevier North- Holland, Inc. 2007, 51(16):4574-4585.

[83] 刘延章,余义芳. 近五年来网络信息分类组织研究的现状及其展望. 情报学报, 2004, 23(2):173-178.

[84] Mimno D, Mccallum A. Expertise modeling for matching papers with reviewers// ACM SIGKDD International Conference on Knowledge Discovery and Data Mining, San Jose, California, USA, August. DBLP, 2007:500-509.

[85] Griffiths T L, Steyvers M, Blei D M, et al. Integrating topics and syntax// International Conference on Neural Information Processing Systems. MIT Press, 2005:537-544.

[86] Wang X, Mccallum A. Topics over time: A non-markov continuous-time model of topical trends// ACM SIGKDD International Conference on Knowledge Discovery and Data Mining. ACM, 2006: 424-433.

[87] Blei D M, Lafferty J D. Correlated topic models// International Conference on Neural Information Processing Systems. MIT Press, 2005:147-154.

[88] Li W, Mccallum A. Pachinko allocation: DAG- structured mixture models of topic correlations// International Conference on Machine Learning. ACM, 2006:577-584.

[89] Blei D M, Ng A Y, Jordan M I. Latent dirichlet allocation. Journal of Machine Learning Research Archive, 2003, 3:993-1022.

[90] Griffiths T L, Steyvers M. Finding scientific topics. Proceedings of the National Academy of Sciences, 2004, 101 Suppl 1(1):5228-5235.

[91] 石晶,范猛,李万龙. 基于 LDA 模型的主题分析. 自动化学报, 2009, 35(12):1586-1592.

[92] Radicchi F, Castellano C, Cecconi F, et al. Defining and identifying communities in networks. Proceedings of the National Academy of Sciences of the United States of America, 2004, 101(9):2658-2663.

[93] Lee K. The net as a foraging society: Flexible communities. Information Society, 1998, 14(2): 97-106.

[94] Leskovec J, Lang K J, Dasgupta A, et al. Community structure in large networks: Natural cluster sizes and the absence of large well-defined clusters. Internet Mathematics, 2009, 6(1):29-123.

[95] Girvan M, Newman M E J. Community structure in social and biological networks. Proceedings of the National Academy of Sciences, 2002, 99(12): 7821-7826.

[96] Dutt S. New faster kernighan- lin- type graph- partitioning algorithms//Proceedings of the 1993 IEEE/ACM International Conference on Computer- aided Design. IEEE Computer Society Press, 1993: 370-377.

[97] Barnard S T, Simon H D. Fast multilevel implementation of recursive spectral bisection for partitioning unstructured problems. Concurrency: Practice and Experience, 1994, 6 (2): 101-117.

[98] Rattigan M J, Maier M, Jensen D. Graph clustering with network structure indices//Proceedings of the 24th International Conference on Machine Learning. ACM, 2007: 783-790.

[99] Palla G, Derényi I, Farkas I, et al. Uncovering the overlapping community structure of complex networks in nature and society. Nature, 2005, 435(7043): 814.

[100] Everett M G, Borgatti S P. Analyzing clique overlap. Connections, 1998, 21(1): 49-61.

[101] Guan J, Liu N. Exploitative and exploratory innovations in knowledge network and collaboration network: A patent analysis in the technological field of nano- energy. Research Policy, 2016, 45(1): 97-112.

[102] Ramasco J J, Dorogovtsev S N, Pastorsatorras R. Self- organization of collaboration networks. Physical Review E 70, 2004, 70(3): 036106.

[103] Director A L B. Statistical Mechanics Of Complex Networks. Review of Modern Physics, 2007, 74 (xii).

[104] Lambiotte R, Ausloos M. Uncovering collective listening habits and music genres in bipartite networks. Physical Review E Statistical Nonlinear & Soft Matter Physics, 2005, 72(2): 066107.

[105] Zhou T, Ren J, Medo M, et al. Bipartite network projection and personal recommendation. Physical Review E, 2007, 76(4): 046115.

[106] Gastner M T, Newman M E. Diffusion- based method for producing density- equalizing maps. Proceedings of the National Academy of Sciences of the United States of America, 2004, 101(20): 7499-7504.

[107] Thomas Mann. "Cataloging must change!" and indexer consistency studies: Misreading the evidence at our peril. Cataloging & Classification Quarterly, 1997, 23(3-4): 3-45.

[108] Aitchison J, Bawden D, Gilchrist A. Thesaurus construction and use: A practical manual. Oxon: Routledge, 2003.

[109] Baeza- Yates R, Ribeiro- Neto B. Modern Information Retrieval. New York: ACM press, 1999.

[110] 闻新,李新,张兴旺. 应用 MATLAB 实现神经网络. 北京:国防工业出版社,2015.

[111] 阎平凡,张长水. 人工神经网络与模拟进化计算. 北京:清华大学出版社,2005.

[112] 高永兵,周环宇,聂知秘,等. PWSWE:个人微博主题词提取算法的研究. 计算机应用与软件,2015,32(7):86-89.

[113] 曲云鹏,王文玲. 一种分布式语义增强的词汇链文本表示模型构建方法. 现代图书情报技术,2016,32(9):34-41.

[114] Wu X, Zhang L, Yu Y. Exploring social annotations for the semantic web//Proceedings of the 15th International Conference on World Wide Web. ACM, 2006: 417-426.

[115] Kohonen T. Self-organized formation of topologically correct feature maps. Biological Cybernetics, 1982, 43(1): 59-69.

[116] Lu H, Setiono R, Liu H. Effective data mining using neural networks. Knowledge & Data Engineering IEEE Transactions on, 1996, 8(6): 957-961.

[117] 闻新,周露,李翔,等. MATLAB 神经网络仿真与应用. 北京: 科学出版社,2003.

[118] 刘海鑫,刘人境. 集体智慧的内涵及研究综述. 管理学报,2013,10(2):305-312.

[119] 董剑. 贝叶斯推理中概率信息作用的认知神经机制. 长沙:湖南师范大学硕士学位论文,2014.

[120] 荆钟,何明. 基于最小错误率的贝叶斯决策在手写英文字母分类识别中的应用. 辽宁工业大学学报(自然科学版),2009,29(2):98-100.

[121] 杨会云. 基于最小错误率贝叶斯决策和平滑滤波的图像去噪算法研究. 石家庄:河北师范大学硕士学位论文,2010.

[122] 王科欣,徐辉. 基于最小错误率与最小风险的贝叶斯分类比较与研究. 科技信息,2009,(23):236-236.

[123] Zaitlen B, Fisher R A. UCI Machine Learning Repository: Iris Data Set. 2013[2018-10-9]. https://archive.ics.uci.edu/ml/datasets/iris.

[124] 夏火松,李保国,杨培. 基于改进 K-means 聚类的在线新闻评论主题抽取. 情报学报,2016,35(1):55-65.

[125] 温源. 互联网文本信息挖掘与个性化推荐的研究. 北京:北京交通大学博士学位论文,2014.

[126] 毛进,易明,操玉杰,等. 一种基于用户标签网络的个性化推荐方法. 情报学报,2012,31(1):23-30.

[127] 孟美任,丁晟春. 在线中文商品评论可信度研究. 现代图书情报技术,2013,29(9):60-66.

[128] 盛宇. 基于内容的微博信息质量评价研究——以新浪微博为例. 情报科学,2013(5):51-54.

[129] 叶跃祥,糜仲春,王宏宇,等. 基于贝叶斯网络的不确定环境下多属性决策方法. 系统工程理论与实践,2007,27(4):107-113.

[130] 胡志刚,付毅,肖鹏,等. 基于贝叶斯网络的网格 QoS 可信度评估方法. 计算机工程,2009,35(7):32-34.

[131] 王新富,王瑞然,卢蛟. 基于贝叶斯网络算法的空中目标可信度计算. 国防科技,2009,30(4):34-37.

[132] 周志远,沈固朝,朱小龙. 贝叶斯网络在情报预测中的应用. 情报科学,2014(10):3-8.

[133] 李欣. 基于贝叶斯网络和遗传算法的测试用例生成模型. 重庆:重庆交通大学硕士学位论文,2012.

[134] 金焱,胡云安,张瑾,等. 互信息与爬山法相结合的贝叶斯网络结构学习. 计算机应用与

软件,2012,29(9):122-125.

[135] Li H J, Dong H H, Jia L M, et al. A new measure for evaluating spatially related properties of traffic information credibility. Journal of Central South University, 2014, 21(6):2511-2519.

[136] 张博,史忠植,赵晓非,等. 一种基于跨领域典型相关性分析的迁移学习方法. 计算机学报,2015(7):1326-1336.

[137] 吴启南. 一种改进的基于层次的聚类和异常检测算法及其在数据挖掘平台上的应用. 乌鲁木齐:新疆大学硕士学位论文,2002.

[138] Johnson S C. Hierarchical clustering schemes. Psychometrika, 1967, 32(3):241-254.

[139] Halkidi M, Batistakis Y, Vazirgiannis M. Cluster validity methods: Part Ⅰ. Acm Sigmod Record, 2002, 31(2):40-45.

[140] Chinglai H, Tingyun L, Youngjou L, TOPSIS for MODM. European Journal of Operational Research, 1994, 76(3):486-500.

[141] 王永,邓江洲. 基于 KL 散度的用户相似性协同过滤算法. 北京邮电大学学报,2017, 40(2):110-114.

[142] 范永东. 模型选择中的交叉验证方法综述. 太原:山西大学硕士学位论文,2013.

[143] 俞立平,潘云涛,武夷山. 修正 TOPSIS 及其在科技评价中的应用研究. 情报杂志,2012, 31(6): 103-107.